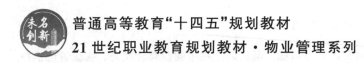

普通高等教育"十四五"规划教材

21世纪职业教育规划教材·物业管理系列

物业管理实务

（第二版）

主　编　王怡红
副主编　朱余锋　刘宁辉
　　　　袁梦秋

北京大学出版社

PEKING UNIVERSITY PRESS

内 容 简 介

本书以培养物业管理应用型中高级人才为目标，系统地介绍了物业管理实务、物业管理招投标、物业管理早期介入与前期物业管理、物业承接查验、入住与装修管理、物业服务合同、房屋维修管理、物业公共秩序管理、物业环境管理、物业服务企业风险防范与紧急事件处理、物业客户服务与管理、物业服务企业的人力资源管理等内容。本书理论体系完整，内容新颖、充实，具有较强的操作性与实用性，同时符合高职教育的特点，可满足学生学习物业管理实务课程的需求。

本书为高等职业院校物业管理、城市与社区管理、房产管理等专业的教材，同时也可作为物业服务企业的培训教材，以及物业管理专业成人教育、自学考试及从业人员学习物业管理实务的参考用书。

图书在版编目(CIP)数据

物业管理实务/王怡红主编. —2版. —北京：北京大学出版社，2024.7
ISBN 978-7-301-34645-7

Ⅰ.①物… Ⅱ.①王… Ⅲ.①物业管理－高等学校－教材 Ⅳ.①F293.347

中国国家版本馆 CIP 数据核字（2023）第 221301 号

书　　名	物业管理实务（第二版）
	WUYE GUANLI SHIWU（DI-ER BAN）
著作责任者	王怡红　主编
责 任 编 辑	张玮琪
标 准 书 号	ISBN 978-7-301-34645-7
出 版 发 行	北京大学出版社
地　　址	北京市海淀区成府路 205 号　100871
网　　址	http://www.pup.cn　新浪微博：@北京大学出版社
电 子 邮 箱	编辑部 zyjy@pup.cn　总编室 zpup@pup.cn
电　　话	邮购部 010-62752015　发行部 010-62750672　编辑部 010-62754934
印 刷 者	山东百润本色印刷有限公司
经 销 者	新华书店
	787 毫米×1092 毫米　16 开本　18 印张　458 千字
	2010 年 3 月第 1 版
	2024 年 7 月第 2 版　2024 年 7 月第 1 次印刷（总第 10 次印刷）
定　　价	59.00 元

未经许可，不得以任何方式复制或抄袭本书之部分或全部内容。
版权所有，侵权必究
举报电话：010-62752024　电子邮箱：fd@pup.cn
图书如有印装质量问题，请与出版部联系，电话：010-62756370

前　言

近年来,受政策利好、高新技术的普遍应用、居民消费升级等多方因素影响,我国的物业管理行业进入了发展的快车道。物业管理行业的快速发展对高层次物业管理应用型人才产生了极大的市场需求,物业管理专业毕业生供不应求。因此,高校物业管理专业急需快速发展,教材建设也迫在眉睫。

物业管理专业是典型的培养应用型人才的专业,物业管理应用型人才需要把成熟的物业管理技术和理论应用到物业管理与服务中,因此,需要学生具有较深厚的基础理论知识和从事物业服务的技能,全面了解物业管理领域的生产、服务、管理和运营。

"物业管理实务"这门课程满足"产学研用"深度融合和校企"双元"育人需求,是高等职业院校物业管理专业必开的一门专业核心课程,也是一门实践性很强的课程。"物业管理实务"课程总体设计方案按照物业服务企业工作岗位设置。经过整合与序化,力求与物业服务企业对人才的需求保持同步,共设置五个教学模块：物业管理实务基础知识模块、物业管理招投标模块、物业管理与服务日常实务模块、房屋及设施设备管理模块、各种不同类型物业的管理与服务模块。每个模块的教学,以案例导入,以实践操作作为教学的主要内容,根据具体操作的需要安排相关的专业理论知识与实训课程,使理论与实践融为一体,在教学活动中同步传授给学生从事物业管理与服务工作的技能。学生学习时应主要在"了解知识、学会技能"和"掌握学习方法"上下功夫,为上岗就业做好准备。

本教材按照各高等职业院校对物业管理专业高等技术应用型人才的培养目标编写,力求既符合规范要求,又适应不断变化的物业管理行业转型升级的需要和企业用人的需求,突出科学性、新颖性、前沿性、适用性等特点。

本教材力图在全面论述基础理论的基础上,重点培养和提高学生处理物业管理与服务中实际工作问题的能力,给即将从事物业管理工作的毕业生提供具体操作方法,使他们掌握物业服务业务处理程序和从业能力。因此,我们在教材编写过程中,确立了"有主有次、有所侧重"和"打牢基础,为学生上岗服务做好全面准备"这两个基本原则,把培养学生端正专业认识、提高专业知识和服务技能作为教材编写目标。

本教材的设置与教学模块对应,使学生既能够全面学习物业管理实务理论,也能够了解物业管理与服务的日常实务性业务工作,同时掌握各种不同业态的物业管理与服务技能与方法,从而更好地发挥本课程的核心作用。

本教材于 2010 年 3 月出版第一版,发行量较大,本次再版力求融入物业服务行业的最新理论与实践研究成果,使内容更充实,系统性更强,应用性更广,其课程体系、内容设计、结构逻辑、案例分析所呈现出来的知识体系更加符合应用型物业管理人才培养的要求,对于物业管理专业建设发展和高层次应用型物业管理技术人才的培养有着重要意义。

本教材既可以满足高等院校物业管理专业教学需求,也可以供物业服务企业高级管理人员和其他人员进行物业管理与服务实务操作时参考使用,还可以供企业培训、继续教育、自学考试、物业管理专业技能考试的教学培训使用。

  本教材由山东青年政治学院王怡红教授负责编写大纲。本教材的编写分工具体如下：第一、三、四、五、六、七、八、十章由王怡红编写，第二、十五章由朱余锋编写，第十一、十四章由刘宁辉编写，第九、十二、十三章由袁梦秋编写。

  在教材的编写过程中，编者力求教材内容满足科学性、规范性、普适性、实用性和适度超前性，但受限于高等院校物业管理教师的教学实践经验和国内物业服务企业在探索中的发展，教材中难免有不足之处，望业界同人在使用本教材的过程中提出宝贵意见和建议，帮助我们不断提高教材的质量和水平。

  本教材在出版过程中，得到北京大学出版社张玮琪编辑的大力支持与帮助，在此一并表示感谢。

编 者

2023 年 9 月

目 录

第一章 物业管理实务概述 (1)
第一节 物业管理实务的研究对象、性质与特点 (3)
第二节 物业管理实务的目标、宗旨、基本内容和基本环节 (6)
第三节 我国物业管理行业的发展现状与发展趋势 (8)

第二章 物业管理招投标 (11)
第一节 物业管理招投标概述 (14)
第二节 物业管理投标 (23)

第三章 物业管理早期介入与前期物业管理 (35)
第一节 物业管理早期介入 (37)
第二节 前期物业管理 (42)

第四章 物业承接查验 (47)
第一节 新建物业的承接查验 (49)
第二节 物业管理机构更迭时的承接查验 (55)
第三节 物业管理工作移交 (56)

第五章 入住与装修管理 (59)
第一节 物业入住与入住服务内容 (62)
第二节 入住的服务应注意的问题 (66)
第三节 物业装饰装修管理 (67)

第六章 物业服务合同 (71)
第一节 物业服务合同概述 (73)
第二节 物业服务合同订立及效力 (76)
第三节 物业服务合同履行与终止 (81)
第四节 物业服务合同违约责任 (83)

第七章 房屋维修管理 (87)
第一节 房屋维修管理概述 (90)
第二节 房屋维修工程 (93)
第三节 房屋安全管理与鉴定 (97)
第四节 房屋的日常养护 (99)
第五节 老旧小区管理与实施城市更新行动 (106)

第八章 物业公共秩序管理服务 (115)
第一节 公共安全防范管理服务 (118)
第二节 消防管理 (121)
第三节 车辆停放管理服务 (126)

第九章　物业环境管理 (131)
 第一节　物业环境管理概述 (133)
 第二节　物业环境保洁管理 (136)
 第三节　物业环境绿化管理 (142)

第十章　物业服务风险防范与紧急事件处理 (149)
 第一节　物业服务风险概念 (151)
 第二节　物业服务风险类型 (152)
 第三节　物业服务风险防范管理 (154)
 第四节　物业服务紧急事件处理 (159)

第十一章　物业客户服务 (165)
 第一节　物业客户服务概述 (167)
 第二节　物业服务企业客户沟通 (170)
 第三节　物业服务企业客户投诉的处理 (173)
 第四节　物业服务企业客户满意度调查 (176)

第十二章　物业人力资源管理 (179)
 第一节　物业员工招聘与解聘 (181)
 第二节　物业员工培训与管理 (186)
 第三节　物业员工薪酬管理 (190)
 第四节　物业员工考核与激励 (192)

第十三章　物业档案管理 (203)
 第一节　物业档案的概念与分类 (205)
 第二节　物业档案的收集和整理 (207)
 第三节　物业档案的保管与检索利用 (212)
 第四节　物业服务企业信用档案 (215)

第十四章　物业保险管理 (219)
 第一节　保险基本知识 (221)
 第二节　保险合同 (224)
 第三节　物业管理涉及的险种 (229)

第十五章　各种不同业态物业管理与服务 (233)
 第一节　住宅小区物业管理与服务 (235)
 第二节　写字楼物业管理与服务 (240)
 第三节　超高层建筑物业管理与服务 (245)
 第四节　商业物业管理与服务 (248)
 第五节　酒店物业管理与服务 (251)
 第六节　工业园区物业管理与服务 (254)
 第七节　高校物业管理与服务 (263)
 第八节　医院物业管理与服务 (267)
 第九节　交通类物业管理与服务 (272)
 第十节　其他类型物业的管理与服务 (277)

第一章
物业管理实务概述

【教学目的与重点难点】

通过本章的学习,学生可了解物业管理实务的研究对象、性质与特点,了解物业管理实务的目标、宗旨、基本内容和基本环节,掌握物业管理行业的发展现状、机遇与趋势。教学过程中,注意培养学生灵活运用物业管理各工作环节具体运作所需的实务知识的能力,为学生将来直接从事物业管理与服务工作打下基础。本章重点是物业管理实务的基本理论知识。

案例导入

【案例1-1】某市加州花园住宅建筑外立面着火案

案情介绍：

20××年1月1日16时55分，某市加州花园A栋2楼住宅建筑外立面着火，2至30层外阳台不同程度过火。该市消防救援总队指挥中心接警后，先后调派了7个消防支队、10个消防中队、38辆消防车赶赴现场处置。现场视频显示，起火建筑系一栋高层建筑，有十几层都可见明火。

……

记者在现场看到，有一辆白色车辆疑似占用救援通道，被群众掀翻在一旁。火灾发生时，小区周边消防通道被隔离桩、停放的轿车等占用，附近市民合力掀翻、抬走堵路车辆，给消防车让路。

消防人员提醒，冬季是火灾高发期，市民应当做好防火工作，同时保障消防通道的通畅。

案例点评：

消防通道是火灾发生时的生命通道，很多火灾之所以造成重大人员伤亡，原因之一就是消防通道被堵上了。占用消防通道，不仅会造成消防车无法通行，影响消防人员救援，而且更是违法行为。根据《中华人民共和国消防法》（以下简称《消防法》）第二十八条的规定，任何单位、个人不得占用、堵塞、封闭疏散通道、安全出口、消防车通道。人员密集场所的门窗不得设置影响逃生和灭火救援的障碍物。根据《消防法》第六十条的规定，占用、堵塞、封闭消防车通道，妨碍消防车通行的单位，责令其改正，处五千元以上五万元以下罚款；有以上行为的个人，对个人处警告或者五百元以下罚款。

近年来，因为通道被占用封堵而影响逃生和救援的情况时有发生。

消防安全无小事，每一个细节的疏忽，都可能造成致命的伤害。物业服务企业要竭力保证消防通道畅通无阻，因为消防安全涉及业主的生命安全。

第一节 物业管理实务的研究对象、性质与特点

一、物业管理实务的研究对象

物业管理实务的研究对象是物业管理与服务的基本理论、工作程序、工作方法和基本技能，主要包括物业管理实务工作程序、工作标准和工作内容。物业管理实务强调的是如何具体地做好物业管理与服务的日常实务工作，它是一项以基础服务为本质，以管理体现服务的工作。物业管理实务的实践性很强，因此熟练掌握物业管理各方面、各环节具体运作的实务知识和技能是从事物业管理与服务工作的必备条件。物业管理基础服务仍是物业服务企业的"基本盘"，增值服务成为物业服务企业的"进攻盘"。

二、物业管理实务的性质

中国的物业管理从诞生至今,经过几十年的探索与实践,从默默无闻到妇孺皆知,从星星之火到燎原之势,从蹒跚起步到壮大崛起,从传统的房产管理发展到市场化、社会化、专业化、万物互联的物业管理时代。今天,我国物业管理行业拥有了世界上最大的管理规模、最快的增长速度、最多的物业服务企业和最庞大的从业队伍,并在国家重大活动,如奥运会、世博会等中发挥了极其重要的作用,尤其是在构建红色物业及党的建设和社区建设方面发挥了重要的作用。物业管理有利于改善人们工作、学习、生活环境,有利于维护社会的稳定,有利于增加社会的财富,有利于促进国民经济的增长。物业管理已成为城市社区管理的重要组成部分,它体现了现代化城市管理的水平。可以说,没有高水平的物业管理就没有现代化的城市管理。

对中国来说,大力发展现代服务业,是我国实现产业结构优化升级和经济发展方式转变必然要求。服务科学研究的重要任务就是将服务业的相关知识系统化、科学化并发展新的知识。物业管理实务作为服务科学研究的一个组成部分,其性质如下。

1. 服务性

物业管理的基本出发点是根据房地产业迅速发展和人们对住房需求的变化,运用现代管理科学、先进的维修养护技术和经济手段来管理物业,为业主与物业使用人提供所需要的全方位、多层次的管理与服务。物业管理是物业赖以保值升值的依托,通过量化的、规范性的操作技术和方法,物业服务企业可以在较长的时期内,贯彻物业服务企业的服务理念和提高服务水平。因此,物业管理实务的各项工作内容均需定员、定时、定量、定制进行,以满足物业管理实际工作的需要。

2. 无形性

商品与服务之间最基本的,也是最常被提到的区别就是服务的无形性。因为物业服务是由一系列活动所组成的过程,而不是实物。这个服务不能像有形产品那样被看到、被感觉或者触摸到。因此,物业管理实务具备无形性。

3. 标准性

物业管理与服务是一项社会性很强的工作,但也要坚持有偿服务原则。物业服务企业以特定的工作团队和工作内容满足业主与物业使用人的各种显性需求和可能产生的隐性需求,并提供有价值的服务产品,使服务与需求匹配、价格与内容相符。因此该服务产品必须具备可评价、易商量的工作标准,即能够以标准化指标指导和落实物业管理实务的各项工作。

4. 社区性

由于物业管理与服务工作涵盖了社区管理的很多日常工作的各项内容,涉及工作内容、工作程序、工作方法和工作手段,为提高管理的科学性、有效性,应对复杂多变的外部环境,因此物业服务企业必须参照社区管理的工作将日常工作制度化,固定程序,确保服务质量稳定。

5. 创新性

近年来,互联网、云计算、物联网、智慧社区的迅猛发展正在为物业管理的服务创新提供有力的工具和支撑环境,促使服务业内部结构不断升级。新兴产业不断兴起和整个产业的科技含量不断提高,使服务业日益具有了现代与创新的特征,成为推动经济和社会发展的高端和战略性产业。

因此,物业对管理实务工作不能一成不变,需要持续更新迭代,不断为客户送去最佳的服务体验。

6. 易逝性

易逝性是指物业管理具备不能被储存、转售或者退回的特性。由于服务无法储存和运输,服务分销渠道的结构和性质与有形产品差异很大,因此物业管理无法像有形产品一样存在,物业服务企业必须追求服务品质的不断提升,以满足业主和物业使用人对物业服务品质的要求。

三、物业管理实务的特点

物业管理实务是服务实践,它强调的是如何具体地创新文化理念,提升服务创新能力,提高品质及管控成本,提升行业的竞争力,所以物业管理实务具有以下特点。

1. 实践性与操作性强

物业管理实务涉及的是物业管理的具体工作,包括的内容繁杂,涉及招标、经营、管理与服务的各个方面,要解决物业管理每一步做什么、怎么做、注意什么问题。因此,物业管理实务实践性和操作性很强。

2. 与业主和物业使用人相关性强

物业管理实务是为业主与物业使用人提供的服务,与他们的生活、工作密切相关。治安不佳,人们就不能安心居住、生活与工作,停水、断电、屋顶漏雨、管道堵塞会给业主与物业使用人带来无尽的烦恼,更不用说消防事故的出现可能导致业主与物业使用人的生命、财产的损失。所以,物业管理的各方面工作必须做好,让业主与物业使用人满意。

3. 时效性强

正因为与业主与物业使用人的工作或生活密切相关,所以物业管理实务有很强的时效性。停水、断电、屋顶漏雨、管道堵塞需要及时处理。

4. 系统性、综合性强

物业管理实务涉及的工作面广而复杂,具有很强的系统性和综合性。一个环节出了问题,便会对其他环节产生影响。这一特征要求物业服务企业在做物业管理的具体工作时,既要分工明确、各司其职,又要统筹兼顾、互相协调配合,否则就会出现业主投诉与纠纷不能及时解决、影响工作实效的问题。

5. 服务项目递增性强

随着人们对物业服务的需求不断地变化,物业管理实务所包括的内容和项目也在不断地变化。物业服务企业应适应这种增加的变化和需求,同时也应主动开辟一些新的服务领域和项目,增强自身的管理造血活力,提高企业的服务水平和竞争力。

6. 法律性强

《中华人民共和国民法典》(以下简称《民法典》)的颁布实施对物业管理行业的法律法规进行了一次大梳理,为行业健康有序发展保驾护航,使得物业管理实务有法可依。《民法典》的相关规定不仅是业主及物业服务人的权利依据,还对物业管理行业发展有着重大意义。

《民法典》颁布实施后,物业有关法律法规更加完善、系统,体现了国家对物业服务行业的重视。相关法律法规对有关行政部门提出了充分发挥其政府职能并对物业服务行业予以指导、协助的要求。

第二节 物业管理实务的目标、宗旨、基本内容和基本环节

党的二十大报告指出："坚持以人民为中心的发展思想。维护人民根本利益，增进民生福祉，不断实现发展为了人民、发展依靠人民、发展成果由人民共享，让现代化建设成果更多更公平惠及全体人民。""江山就是人民，人民就是江山。中国共产党领导人民打江山、守江山，守的是人民的心。治国有常，利民为本。为民造福是立党为公、执政为民的本质要求。必须坚持在发展中保障和改善民生，鼓励共同奋斗创造美好生活，不断实现人民对美好生活的向往。""我们要实现好、维护好、发展好最广大人民根本利益，紧紧抓住人民最关心最直接最现实的利益问题，坚持尽力而为、量力而行，深入群众、深入基层，采取更多惠民生、暖民心举措，着力解决好人民群众急难愁盼问题，健全基本公共服务体系，提高公共服务水平，增强均衡性和可及性，扎实推进共同富裕。"

当前，大数据、物联网、云计算、人工智能、区块链等新一代信息技术，正不断驱动全球新一轮产业变革和技术革新，数字经济成为全球经济增长的新引擎。

中国物业管理行业以民生为导向，推动现代服务业转型升级，推进"美好环境与幸福生活共同缔造"物业品牌建设年活动，打造共建共治共享的社会治理格局，坚持全面落实"创新、协调、绿色、开放、共享"的新发展理念，助力社区发展，提升行业从业人员素质，提高物业服务水平与服务能力。

一、物业管理实务的目标与宗旨

1. 物业管理实务的目标

物业服务企业属于典型的服务企业，管理与服务并举，寓管理于服务之中，以服务促进管理。业主与物业服务企业之间是合同关系。物业服务企业生存下去的唯一途径就是为业主提供更优质的物业服务。从这个意义来说，物业管理实务的目标是通过有效的服务和管理，为业主与物业使用人提供一个优美整洁、舒适方便、安全文明的工作和生活环境，并通过加强经营管理，使业主的物业费用投入获得最大的收益。此外，物业管理实务的目标还包括完善物业的使用功能，提高物业的使用效率，延长物业的使用年限，促使物业保值和增值。

2. 物业管理实务的宗旨

物业管理实务的宗旨是：一切从业主与物业使用人的利益出发，以满足业主与物业使用人的需要为宗旨，通过科学、有效的管理，为业主与物业使用人提供健康、方便和舒适、优质的服务，让业主与物业使用人得到真正的实惠。

二、物业管理实务的基本内容

近年来，物业管理进入转型升级的关键时期，面对各方面带来的发展机遇，物业服务企业更需要遵守契约精神，依法诚信经营，维护市场正常秩序，共同构建行业诚信体系。我国

物业管理法律所规定的管理内容已成为现代物业管理行业服务的基本内容。物业管理实务的基本内容应由公共性专业服务和非公共性延伸服务两大部分组成,具体内容将随着我国物业管理的不断发展而不断延伸。

1. 公共性专业服务的内容

(1) 为业主服务。

为业主服务是指物业服务企业为物业管理区域内的业主提供的入住管理服务、装修管理服务、接待与投诉服务、房地产权籍管理服务和业主资料档案服务等。

(2) 维保服务。

维保服务是指物业服务企业为物业管理区域和业主提供的房屋、设备、设施的运行管理服务,保养管理服务,维修管理服务和设备设施应急处理服务等。

(3) 秩序维护服务。

秩序维护服务是指物业服务企业为物业管理区域内的业主提供的安全防范服务(包括门卫值勤、安全巡视、安全监控与消防管理)、礼仪接待服务(包括秩序维护、礼仪值勤与接待服务)、车辆管理服务(包括泊位管理、停车管理与交通秩序管理)、紧急应急处理服务(包括火警事故、治安事件和自然灾害事件)等。

(4) 保洁服务。

保洁服务是指物业服务企业为物业管理区域内的业主提供的公共场地、公共环境、共用部位、物业外墙、幕墙玻璃等的保洁,以及生活垃圾的收集、清运、管理等服务。

(5) 绿化服务。

绿化服务是指物业服务企业为物业管理区域内的业主提供的室外公共绿地养护(包括草坪、树木、花坛)、室内公共场所观赏植物养护(包括观叶、观花植物)的管理等服务。

(6) 接待服务。

接待服务是指物业服务企业为业主提供的大堂接待、前厅接待、会议接待、特殊客人接待和礼仪接待等方面的服务。

(7) 应急服务。

应急服务是指物业服务企业为业主提供的物业管理区域内火警应急处理、停水应急处理、停电应急处理、水浸应急处理、电梯故障应急处理、治安事件应急处理和其他突发事件应急处理等方面的服务。

(8) 车辆管理服务。

车辆管理服务是指物业服务企业提供的规范车辆的停放与行驶,维护公共环境,保障业主的利益,加强交通安全管理等方面的服务。

2. 非公共性延伸服务的内容

(1) 代办服务。

代办服务是指物业服务企业在专业服务之外为业主提供的诸如代订报纸杂志、代缴公用事业费、代办票务、代办假日旅游、代办家政服务和代购简单物品等方面的非公共性服务。

(2) 特约服务。

特约服务是指物业服务企业在专业服务之外为业主提供的诸如上门清洁、上门维修、上门绿化、装潢监理、照看老弱病残、接送孩子上下学和清运建筑垃圾等特约服务。

三、物业管理实务的基本环节

物业管理实务有以下四个基本环节。

1. 早期介入

物业管理是以经济为手段,从事对物业的使用、保养、维修、经营工作并提供服务,是使物业发挥最佳效益的一种管理形式。它同物业的形成过程,即投资决策、规划设计、工程建设及房屋营销等阶段均有着密不可分的联系。因此,物业管理应建立追求全过程最佳效益的现代化管理模式。在物业的开发阶段应充分考虑建成以后的使用和管理需求。考虑到社会经济发展后居住水平提高的需要,物业管理要有一定的超前性,即从项目规划设计阶段就开始关注物业的全过程效益。物业管理是一种对物业全过程的管理,其首要环节是物业管理的早期介入。

2. 前期物业管理

前期物业管理是指业主和业主大会选聘物业服务企业之前,由建设单位选聘的物业服务企业按照《前期物业服务合同》的约定,对房屋及配套的设施设备和相关场地进行维修、养护和管理,维护相关区域内的环境卫生和秩序的活动。前期物业管理有助于提高接管验收质量,有利于后期物业管理的正常进行,有利于业主与物业使用人的顺利入住。前期物业管理的顺利开展有利于正式物业管理阶段工作的进行。

3. 物业的承接查验

物业的承接查验是指物业服务企业为了维护业主和自身的利益,在正式接管物业前代表业主对即将交付使用物业的建造质量管理资料等进行的综合性验收。它先于业主入住之前进行,是确保物业的使用质量、奠定管理基础的极为重要的物业管理前期工作。承接查验合格是物业可以交付使用、交付管理和交付业主的前提条件。

4. 物业管理与服务阶段

物业管理与服务阶段是指物业服务企业与业主委员会、业主大会签订物业服务合同,按合同开展正式的物业管理与服务的阶段,以前期物业管理与服务的终止点为起始点,是前期物业管理的继续。

第三节　我国物业管理行业的发展现状与发展趋势

一、我国物业管理行业的发展现状

物业管理作为房地产的售后服务环节,实际上是房地产开发的延续和完善,是在房地产开发经营中为完善市场机制而逐步建立起来的一种综合性经营服务方式。物业管理既是房地产经营管理的重要组成部分,又是现代化城市管理不可缺少的一环。物业管理有别于许多其他行业,它与民生关系十分密切,而民生问题又是各级政府关心的头等大事,这就使得物业管理日益成为社会关注的热点问题。中国物业管理行业在过去几十年保持稳步增长态势。物业管理是城市管理和房地产开发经营的重要组成部分,一方面,良好的物业管理有利于树立城市形象,在改善城市投资环境等方面有着积极的作用;另一方面,保持物业和附属设施的完好,不仅可以提高居民的生活质量,而且可以使物业保值、升值。因此,管理好、使用好、维护好物业,对城市发展、社会进步都具有极为重要的意义。物业管理的推进与发展,推动了我国城市管理体制与房地产管理体制升级,改善了广大居民的生活、工作环境,推动了社会经济的建设。

二、我国物业管理行业的发展趋势

我国物业管理行业在过去几十年保持稳步增长态势。在物业管理渗透率的逐步提升以及高品质物业管理的强劲需求支撑下,预计未来我国物业管理行业仍将保持快速增长。

从竞争态势来看,物业管理市场整体呈现碎片化,但是整合兼并的态势在加剧。当前,我国有超过10万家物业服务企业,其中营收规模在1亿元以上的仅有大约200家,长尾效应明显,而且部分企业面临亏损。头部企业纷纷通过内生增长、外部并购、合作共赢等方式扩大规模,集中度不断提升。

借鉴国外等发达国家市场发展经验,结合中国的物业管理行业现状和宏观机遇,我国物业管理行业将大有作为,并呈现以下四大发展趋势。

1. 专业化

未来,物业管理行业专业化分工将进一步明晰,预计国内将出现三类主导性企业:

(1) 物业资产管理企业。物业资产管理企业的业务重心以物业资产管理为主,包括咨询、租赁、销售、并购、招商等,兼顾部分日常运营物业管理,例如商场、写字楼的日常运营物业管理。

(2) 物业运营管理企业。物业运营管理企业的业务重心以制定物业管理方案、组织调度专业服务商提供相应服务为主,此外物业运营管理企业将会根据市场需求和自身能力择机拓展一部分专业服务能力及资产管理能力。

(3) 物业专业服务提供企业。物业专业服务提供企业的业务重心在专业的外包服务,例如设备维修、园林绿化等,企业不直接托管楼盘。

此外,专业化还体现在服务流程的专业化以及人才培养的专业化。波士顿咨询公司(BCG)团队在对美国领先的物业企业实地考察过程中发现,领先的物业服务企业不仅对于各类服务项目均有专业的流程指导,而且在每一个设备周边均粘贴了详细操作指南并配有图例,从而便于指导操作。专业的物业人才培养机制和人才考核认证机制则保证了专业人才的数量和质量。

2. 多元化

无论是住宅物业,还是商业写字楼、公共建筑等非住宅物业,物业服务企业提供的服务将趋于多元化。服务的多元化一方面体现为面向地产运营环节的服务横向延展,在"四保一服务"的基础服务以外,企业可拓展家装、房屋经纪、家政、财务运营管理、楼宇招商、市场营销管理等多元化服务;另一方面则体现为从运营环节向投资、设计、建设、销售等地产产业链上游环节延伸,提供相配套的服务,例如项目选址、资产评估、设计咨询、项目开发管理、案场服务等。

3. 定制化

物业管理标准将进一步趋于定制化,即物业服务企业从目标客户的需求出发,制定清晰、可衡量的服务标准。服务标准的定制化能够为物业服务收费价格的调整提供充分依据，推进定价的市场化；同时也能够提升服务定价的透明度，减少物业服务企业和业主之间的潜在纠纷。

4. 智慧化

智慧社区是指通过利用各种智能技术，整合社区现有的各类服务资源，为社区群众提供政务、商务、娱乐、教育、医护及生活互助等多种便捷服务的模式。从应用方向来看，智慧社区应实现以智慧政务提高办事效率，以智慧民生改善人民生活，以智慧家庭打造智能生活，以智慧小区提升社区品质的目标。如今的"互联网＋物联网"时代，互联网思维不仅改变了世界，而且改变了我们的生活，通过新一代信息技术（如物联网、云计算、移动互联网等）的集成应用，智能社区为居民提供了安全、舒适、便捷的现代化、智慧化的生活环境。随着我国数百个智慧城市的规划和实施，智慧社区也得到了进一步发展。基于大数据，开展业务模式创新，提升企业价值在全球很多行业均有所应用，也将是我国物业智慧化发展的长期趋势。目前我国物业行业正处在数据整合的起步阶段，随着数据的不断积累，长期来看，基于大数据开展的业务模式创新也将逐步展开。

在物业管理行业向专业化、多元化、定制化和智慧化发展的过程之中，我们相信，未来的行业胜出者需要对自身战略有深刻认识，包括愿景定位，目标群体，模式特色，地域重点，组织、流程、人力、IT、资本市场对接等支撑体系的打造。符合行业趋势的战略指引将会推动物业服务企业的跨越式发展。

思 考 题

1. 简述物业管理实务的研究对象。
2. 简述物业管理实务的性质与特点。
3. 简述物业管理实务的基本内容。
4. 简述物业管理实务的宗旨。
5. 简述物业管理行业的四大发展趋势。

第二章
物业管理招投标

【教学目的与重点难点】

通过本章的学习,学生可了解物业管理招标的主体、类型、方式和原则;熟悉物业管理招标和投标的程序;掌握物业管理投标书的组成、物业管理方案的主要内容及物业管理投标的技巧与策略,为以后从事物业管理招投标工作打好坚实的理论基础。本章的重点和难点是物业管理招标的程序、物业管理投标的程序、物业管理方案的主要内容、物业管理投标的策略和技巧。

案例导入

【案例2-1】某省交通银行护国大厦办公楼物业管理服务项目以单一来源方式采购的公示信息

内容：交通银行某省分行关于护国大厦办公楼物业管理服务项目以单一来源方式采购的公示

关键词：物业管理

我行护国大厦办公楼20××年物业管理服务合同已到期，为确保办公楼及护国支行的日常维护正常运转，将对护国大厦办公楼物业管理服务进行采购。护国大厦物业管理服务指定供应商昆明某管理有限公司，是1996年经昆明市城乡建设局市建字〔1996〕××号文件和云南省建设厅云建房〔1996〕第×××号文件批准成立，专门对护国大厦进行物业管理的公司。公司营业执照经营范围中，第一项就是护国大厦物业管理，我行护国大厦办公楼物业管理服务一直由该公司提供，具有市场唯一性和服务的连续性，拟按单一来源方式进行采购，特此公示。公示期5天（20××年12月9日—20××年12月13日）。公示期间若无异议，将于20××年12月16日对该项目进行单一来源谈判。

联系人：×××　联系电话：6603××××

交通银行云南省分行集中采购中心
20××年12月9日

来自：招标网（http://www.bidchance.com）

【案例2-2】某市横峰街道全域改造R25-2（XQ040201-02地块）前期物业管理中标公告

公告摘要

受业主某市横峰街道委托，招标网于某年某月某日发布中标公告：某市横峰街道全域改造R25-2（XQ040201-02地块）前期物业管理。

请中标单位及时与业主相关负责人联系，及时签署相关商务合同；未中标供应商也可及时向业主提出相关质疑。与此项目有关的其他供应商也可与中标商联系，及时提供后续设备与服务。

部分信息内容如下：

中标候选人公示

某市横峰街道全域改造R25-2（XQ040201-02地块）前期物业管理项目已于某年某月某日某时某分开标，按招标文件规定的评标方法，经评标委员会评定，已确定中标候选人。现根据《中华人民共和国招标投标法》《中华人民共和国招标投标法实施条例》《浙江省招标投标条例》等相关规定对评标结果予以公示，接受社会监督。如有问题或异议，投标人及其他利害关系人均可进行异议和投诉。就《中华人民共和国招标投标法实施条例》第五十四条规定事项投诉的，应当先向招标人提起异议，异议应当在中标候选人公示期间提出。

> 一、项目名称：某市横峰街道全域改造 R25-2（XQ040201-02 地块）前期物业管理
> 二、招标人：某中船建设发展有限责任公司
> 三、招标方式：公开招标
> 四、第一中标候选人：KB 物业服务有限公司
> 项目负责人：×××
> 来自：招标网（http://www.bidchance.com）

第一节　物业管理招投标概述

一、物业管理招标的概念和主体

（一）物业管理招标的概念

物业管理招标是指物业招标人在选聘物业服务企业时，通过制定符合其项目管理服务要求和条件的招标文件向社会或特定的物业服务企业公开，由响应招标的多家物业服务企业参与竞争，经依法评审，从中确定中标企业并与之签订物业服务合同的一种物业服务产品预购的交易行为。

（二）物业管理招标的主体

物业管理招标的主体一般是物业建设单位、业主大会和物业产权人。

1. 物业建设单位

根据我国法律、法规的规定，产权多元化的居住物业，在业主大会选聘物业服务企业之前的前期物业管理阶段，由物业建设单位负责选聘物业服务企业承担前期物业管理工作。这时物业招标主体为物业建设单位，由其负责物业管理招标的组织工作。

2. 业主大会

根据我国法律、法规的规定，产权多元化的居住物业，在业主大会成立后即可选聘物业服务企业。因此，业主大会成立后，应由业主大会负责实施物业管理招标的组织工作。这时物业管理的招标主体为业主大会。

3. 物业产权人

单一产权的物业，在选聘物业服务企业时，由物业产权人作为招标人负责物业管理招标的组织实施工作。另外，凡国有资产管理部门作为产权人负责管理的项目实施招标时，须经其批准后，方可由物业的管理使用单位、政府采购中心作为招标人组织招标。

二、物业管理招标的类型

从不同的角度可将物业管理招标分为以下几种类型。

1. 居住物业招标和非居住物业招标

根据物业业态的不同，可以将物业管理招标分为居住物业招标和非居住物业招标两大类。

居住物业招标包括多层住宅、高层住宅和别墅等类型项目的招标。

非居住物业招标包括商业区、写字楼、工业区、医院、学校和码头等项目的招标。

2. 整体物业服务项目的招标和单项物业服务项目的招标

根据服务内容的不同，可以将物业管理招标分为整体物业服务项目的招标和单项物业服务项目的招标。

整体物业服务项目的招标是指由所聘物业服务企业对招标物业进行全方位的常规物业管理服务，如对房屋共用部位、共用设施设备、公共秩序维护、绿化和卫生保洁等进行综合性的维修、养护和管理。

单项物业服务项目的招标是指由所聘物业服务企业对招标物业常规物业服务项目中的某一项或某几项进行管理和服务。如招标人选聘一家企业对卫生保洁或秩序维护进行管理。这时物业服务企业或其他的专业公司均有资格参与投标。

3. 由建设单位、业主大会、物业产权人组织的招标

根据招标主体的不同，可以将物业管理招标分为由建设单位、业主大会、物业产权人组织的招标。

前期物业管理阶段一般以物业建设单位为招标主体；业主大会成立后，一般以业主大会为招标主体；政府投资的项目，一般以国有资产管理部门、根据资金来源不同确定政府采购中心或招标代理机构为招标主体。

4. 全权管理项目招标和顾问项目招标

根据物业项目服务的方式不同，可以将物业管理招标分为全权委托管理项目招标和顾问项目招标。

全权委托管理项目招标是由所聘物业服务企业根据物业服务合同约定对物业服务项目自行组织实施管理服务工作。

顾问项目招标是由物业服务企业派驻相应的管理人员，对招标项目管理进行顾问指导服务，日常运作完全由招标人自行负责。这种管理方式实际是咨询服务的一种延伸。

三、物业管理招标的方式

物业管理招标分为公开招标、邀请招标、政府采购、竞争性磋商招标。

1. 公开招标

公开招标是指物业管理招标人通过公共媒介发布招标公告，邀请所有符合投标条件的不特定的物业服务企业参加竞标的一种招标方式。招标人发布的招标公告必须载明招标人的名称、地址、招标项目的基本情况和获取招标文件的办法等具体事项。《前期物业管理招标投标管理暂行办法》规定，招标人除在相关公共媒介上发布招标公告外，还必须在中国住宅与房地产信息网和中国物业管理协会网上发布免费招标公告。

公开招标的主要特点是招标人以公开的方式邀请不确定的企业法人参与投标，招标程

序和中标结果公开,评选条件和程序是预先设定的,且不允许在程序启动后自行改变。公开招标最能体现公开、公正和公平的原则。

2. 邀请招标

邀请招标又称有限竞争性招标或选择性招标,是指物业管理招标人以投标邀请书的方式邀请特定的物业服务企业参加竞标的一种招标方式。采用这种方式招标时,招标人须在投标邀请书和招标文件中明确招标人的名称、地址、招标项目的基本情况、获取招标文件的办法以及开标日期、时间和地点等具体事项。采取邀请招标方式的,招标人必须向3个以上物业服务企业发出投标邀请书。

邀请招标的主要特点是招标方式不公开,投标人是特定的且数量有限。这种方式具有"省时省钱"的优点,主要适用于标的规模较小的物业服务项目,是我国物业管理招标主要采用的方式。尽管这种招标方式有明显的优点,但其缺点也十分明显。由于邀请招标是招标人预先选择了投标人,因此可选择范围大为缩小,容易诱使投标人之间产生不合理竞争,造成招标人和投标人之间产生作弊现象。因此,邀请招标成功的关键是在选择范围缩小的情况下,防止不合理竞争和作弊行为。

3. 政府采购

根据《中华人民共和国政府采购法》(以下简称《政府采购法》)的第二十六条至三十二条的规定,政府采购采用以下六种方式:

① 公开招标。公开招标是政府采购的主要采购方式。采购人采购货物或者服务应当采用公开招标方式,其具体数额标准,按照分级管理的原则属于中央预算的政府采购项目,由国务院规定;属于地方预算的政府采购项目,由省、自治区、直辖市人民政府规定;因特殊情况需要采用公开招标以外的采购方式的,应当在采购活动开始前获得设区的市、自治州以上人民政府采购监督管理部门的批准。

② 邀请招标。采取邀请招标方式采购货物或者服务应当符合下面两种情况之一:一是具有特殊性,换句话说采购货物或者服务只能向有限范围的供应商采购的;二是采取公开招标方式的费用占政府采购项目总价值的比例过大的。

③ 竞争性谈判。采用竞争性谈判方式进行政府采购应当具备以下四项条件之一:一是招标后没有供应商投标或者没有合格标的或者重新招标未能成立的;二是技术复杂或者性质特殊,不能确定详细规格或者具体要求的;三是采用招标所需时间不能满足用户紧急需要的;四是不能事先计算出价格总额的。

④ 单一来源采购。单一来源采购形式源自于《政府采购法》,采购机构会直接与单一供应商进行谈判,以确定是否成交。该采购方式是政府采购法定方式中的特例,它不能体现政府采购的竞争性原则,因此,采购机构使用该方式一般比较慎重。对于达到公开招标数额标准,只能从唯一供应商处采购的项目,有关信息应当在财政部门指定的官方媒介上发布公告,以听取相关供应商的意见,接受社会各界的监督。采用此种采购方式应当具备下列情形之一:一是只能从唯一供应商处采购的;二是发生了不可预见的紧急情况不能从其他供应商处采购的;三是必须保证原有采购项目一致性或者服务配套的要求,需要继续从原供应商处添购,且添购资金总额不超过原合同采购金额百分之十的。

⑤ 询价。询价即采取询问供应商价格的方式进行政府采购,它一般适用于采购的货物

规格统一、标准统一、现货货源充足且价格变化幅度小的政府采购项目。

⑥ 国务院政府采购监督管理部门认定的其他采购方式。

4. 竞争性磋商招标

为了深化政府采购制度改革,适应推进政府购买服务、推广政府和社会资本合作模式(public-private partnership,PPP)等工作需要,根据《政府采购法》和有关法律法规,财政部制定了《政府采购竞争性磋商采购方式管理暂行办法》。该暂行办法第二条规定:本办法所称竞争性磋商采购方式,是指采购人、政府采购代理机构通过组建竞争性磋商小组(以下简称磋商小组)与符合条件的供应商就采购货物、工程和服务事宜进行磋商,供应商按照磋商文件的要求提交响应文件和报价,采购人从磋商小组评审后提出的候选供应商名单中确定成交供应商的采购方式。第三条规定:符合下列情形的项目,可以采用竞争性磋商方式开展采购:① 政府购买服务项目;② 技术复杂或者性质特殊,不能确定详细规格或者具体要求的;③ 因艺术品采购、专利、专有技术或者服务的时间、数量事先不能确定等原因不能事先计算出价格总额的;④ 市场竞争不充分的科研项目,以及需要扶持的科技成果转化项目;⑤ 按照招标投标法及其实施条例必须进行招标的工程建设项目以外的工程建设项目。第四条规定:达到公开招标数额标准的货物、服务采购项目,拟采用竞争性磋商采购方式的,采购人应当在采购活动开始前,报经主管预算单位同意后,依法向设区的市、自治州以上人民政府财政部门申请批准。该暂行办法第五条规定:采购人、采购代理机构应当按照政府采购法和本办法的规定组织开展竞争性磋商,并采取必要措施,保证磋商在严格保密的情况下进行。任何单位和个人不得非法干预、影响磋商过程和结果。该暂行办法第六条规定:采购人、采购代理机构应当通过发布公告、从省级以上财政部门建立的供应商库中随机抽取或者采购人和评审专家分别书面推荐的方式邀请不少于3家符合相应资格条件的供应商参与竞争性磋商采购活动。

竞争性磋商最早出现在财政部印发的《财政部关于印发〈政府和社会资本合作模式操作指南(试行)〉的通知》(财金〔2014〕113号,以下简称"113号文")中,明确PPP项目采购可以选择竞争性磋商采购方式。为推广PPP模式,规范PPP项目采购行为,财政部又相继印发了《关于印发〈政府采购竞争性磋商采购方式管理暂行办法〉的通知》(财库〔2014〕214号)、《政府和社会资本合作项目政府采购管理办法》(财库〔2014〕215号),对竞争性磋商方式的适用范围、采购程序等作了规定。

四、物业管理招标的特点

无论是公开招标还是邀请招标,招标人既可自行组织实施招标活动,也可以委托招标代理机构代为办理。《中华人民共和国招标投标法》规定,招标人具有编制招标文件和组织评标能力的,可以自行办理招标事宜。任何单位和个人不得强制其委托招标代理机构办理招标事宜。如招标人不具有自行组织实施招标活动的能力,也可自行选择招标代理机构代为实施招标活动。

由于物业管理服务的特殊性,物业管理招标与其他类型的招标相比具有自身的特点,概括起来就是具有超前性、长期性和阶段性。

(一)物业管理招标的超前性

由于物业管理具有提前介入的特点,因此物业管理招标必须超前。物业价值巨大且不可移动,一旦建成便很难改变。因此,在项目的可行性研究、规划设计、建筑施工和综合验收等各个阶段,建设单位应当提前选聘物业服务企业或物业管理的专业人士以提前介入物业管理,从日后物业管理和物业使用人的角度向建设单位提出自己合理的建议和要求,确保物业设施设备的配套符合国家规划要求,进一步提高房屋质量。既然物业管理的提前介入是必要的,那么物业管理招标也必须具备超前性。

(二)物业管理招标的长期性和阶段性

物业管理招标的长期性和阶段性是指针对不同的物业管理阶段和不同的物业服务内容,物业管理招标的内容和方式也有所不同。由于建设单位或业主在不同的时期对物业管理有不同的要求,招标文件中的各项管理要求、管理价格都具有阶段性,会随时间的变化而调整。另外,随着物业管理行业竞争的不断加剧,中标企业并非高枕无忧、一劳永逸,随时有被其他的企业"挤掉"的危险。根据我国的法律、法规的规定,在前期物业管理阶段,建设单位有权选聘首任物业服务企业承担前期物业管理工作;业主大会成立后,业主有权依法更换建设单位聘请的物业服务企业。这些都说明物业管理招标具有长期性和阶段性。

五、物业管理招标的策划与实施

(一)物业管理招标的原则

作为推动行业健康、有序发展的重要手段,物业管理招标只有按照一定的原则进行才能真正地体现其优胜劣汰的功能。物业管理招标应当遵循公平、公正和公开的原则。

1. 公平原则

所谓公平原则,是指在招标文件中向所有的物业服务企业提出的投标条件都是一致的。招标人不得以不合理条件限制或排斥潜在投标人,不得对潜在投标人实行歧视性待遇,不得对潜在投标人提出与招标物业服务项目实际不符的资格要求。如有的地方采取地方保护主义,限制外地的物业服务企业参加投标;有的地方从企业所有制角度进行限制,不允许民营物业服务企业参加投标;有的地方对某些潜在投标人详尽介绍项目情况并允许其考察项目,而对其他的潜在投标人则掩盖项目情况。这些做法不但损害了投标人的合法权益,而且也会导致不公平的招标结果。

2. 公正原则

所谓公正原则,是指投标评定的准则是衡量所有投标书的尺度,即在公平原则的基础上,整个投标评定中所使用的准则应具有一贯性和普遍性。这一原则要求评标委员会在开标、评标、答辩、定标等过程中严格遵守法律、法规和投标文件的规定,公正地对待每一个投标人,禁止任何单位或个人利用特权或优势获取不当利益。

3. 公开原则

所谓公开原则,是指在招标活动的各个环节要使相关信息保持高度透明,确保招标活动公平、公正地实施。这一原则要求在招标过程中,有关招标的条件、程序、评标方法、投标文件的要求、中标结果等信息,不但对所有的潜在投标人保持一致,而且要公开透明,不能对个别投标人公开而对其他的投标人隐瞒。若违背这一原则,实行暗箱操作,必然搅乱物业管理招标市场,严重损害物业管理行业的健康发展。

另外,在物业管理招标活动中还应坚持合理性原则。招标人选定投标的价格和要求必须合理,不能接受低于正常服务成本的标价,也不能脱离市场的实际情况,提出不切实际的管理服务要求。

为更好地落实以上招标原则,《中华人民共和国招标投标法》规定了以下招标活动中的禁止行为:

(1) 招标人不得事先预定中标单位或设定不公平条件,不得在招标过程中以言行影响评标委员会或协助某一投标单位获得竞争优势;

(2) 招标人不得违反规定拒绝与中标人签订合同;

(3) 投标人不得与招标人或其他投标人串通报价,损害国家利益、社会公共利益或者他人的合法权益;

(4) 投标人不得向招标人或者评标委员会成员行贿或以其他不正当手段中标。

(二) 物业管理招标的条件

1. 主体条件

主体条件是指物业管理招标人必须具有的法律法规资格。在前期物业管理阶段,招标人为依法设立的物业建设单位;业主大会成立后,招标主体为业主大会。业主委员会实施招标的,须经业主大会授权,同时应将招投标的过程和结果及时向业主公开。招标项目为国家投资的项目,须经国有资产管理部门批准或授权后,方可由物业使用单位组织实施招标工作。

2. 项目条件

根据《物业管理条例》的规定,国家提倡建设单位通过招投标的方式选聘具有相应资质的物业服务企业。住宅物业建设单位,应当通过招投标的方式选聘具有相应能力的物业服务企业;投标人少于3个或者住宅规模较小的,经物业所在地的区、县人民政府房地产行政主管部门批准,可以采用协议方式选聘具有相应能力的物业服务企业。由上述规定可知,必须通过招投标方式选聘物业服务企业的项目仅为建设单位新开发的住宅及同一物业管理区域内的非住宅;新开发的非住宅项目及业主大会选聘物业服务企业的项目,既可采取招投标方式,也可采取协议等其他方式。

(三) 物业管理招标的程序

1. 成立招标机构

任何一项物业管理招标,招标人都应在房地产行政主管部门的指导、监督下成立招标机构,并由该机构全权负责整个招标活动。招标机构的主要职责是:拟定招标文件,组织投标、开标、评标和定标,组织签订物业服务合同。招标机构一旦成立,其职责将贯穿整个招投标过程。

成立招标机构主要有两种途径:一是招标人自行成立招标机构,自行组织招投标工作;二是招标人委托专门的物业管理招标代理机构招标。这两种途径都符合我国的相关规定,并各有特点。

2. 编制招标文件和标的

编制招标文件是招标工作最重要的任务之一。招标文件是招标机构向投标人提供的为进行投标工作所必需的文件。它是投标单位编制标书的主要依据。招标人应当根据项目的特点和需要,在招标前完成招标文件的编制工作。招标文件包括以下内容:

(1) 招标公告或邀请书;

(2) 投标企业资格文件审查表;

(3) 投标须知;

(4) 招标章程;

(5) 招标项目说明书;

(6) 合同主要条款;

(7) 技术规范;

(8) 其他事项的说明及法律法规规定的其他内容。

标的是招标人对招标项目的一种预期价格或预算价格。关于物业管理标的的编制,在实践中有多种情况。对于只对目标物业的服务进行服务方案策划招标的招标项目,主要是根据当地政府确定的收费标准、投标人的管理方案等选择中标人,一般可以不设标的;对于增加了收费报价测算的招标,由于在物业的服务费用报价上存在竞争,这时招标方可以依据有关规定和招标文件中所阐述的各种技术、质量和服务方面的要求测算出标的。这时,编制的标的可以作为衡量投标单位报价的准绳,也是评标和确定中标人的重要依据。

招标人应当在发布招标公告或发出投标邀请书的 10 日前,持物业服务项目开发建设的政府批件、招标公告或招标邀请书、招标文件及法律法规规定的其他材料,报物业服务项目所在地的县级以上人民政府房地产行政主管部门备案。

3. 发布招标公告或投标邀请书

根据《前期物业管理招标投标管理暂行办法》的规定,招标人采取公开招标方式的,应当通过公共媒介发布招标公告,并同时在中国住宅与房地产信息网和中国物业管理协会网上发布免费招标公告。招标公告应当载明招标人的名称和地址、招标项目的基本情况以及获取招标文件的办法等事项。

招标人采取邀请招标方式的,应当向 3 个以上物业服务企业发出投标邀请书,投标邀请书应当包含上述招标公告载明的事项。

4. 审查与确认投标申请人资格

资格审查是招标人的一项权利,也是招标实施过程中的一个重要步骤,特别是一些大型的公开招标项目,资格审查更是不可缺少的。招标人对投标申请人的资格审查可以分为资格预审和资格后审两种形式。在实践中,招标人采用资格预审方式的较多。根据《前期物业管理招标投标管理暂行办法》的规定,实行投标资格预审的物业服务项目,招标人应当在招标公告或者投标邀请书中载明资格预审的条件和获取资格预审文件的办法。资格预审文件一般包括资格预审申请书格式,投标申请人须知,投标申请人需提供的企业资质文件、业绩、技术装备、财务状况及拟派项目负责人与主要管理人员的简历、业绩等证明材料。

在资格审查合格的投标申请人过多时,招标人可以从中选择不少于 5 家资格审查合的投标申请人。资格审查后,招标人应当向资格审查合格的投标申请人发出资格审查合格通知书,告知获取招标文件的时间、地点和方法,并同时向不符合资格的投标申请人告知资格审查的结果。

5. 发售招标文件

招标人应当按招标公告或投标邀请书规定的时间、地点向投标方提供招标文件。除不可抗力外,招标人或招标代理机构在发布招标公告或发出投标邀请书后不得终止招标。招标人应当确定投标人编制投标文件所需要的合理时间。公开招标的物业服务项目,自招标文件发出之日起至投标人提交投标文件截止之日止,最短不得少于20日。招标人需要对已发出的招标文件进行必要的澄清或者修改的,应当在招标文件要求提交投标文件截止时间至少15日前,以书面形式通知所有的招标文件收受人。澄清或修改的内容为招标文件的组成部分。

6. 召开标前会议

标前会议是招标人在投标人递交投标文件前统一组织的一次项目情况介绍和问题答疑会议。其目的是澄清投标人提出的各类问题。标前会议通常安排在现场,或者先到现场考察,再集中开标前会议。《投标人须知》中一般应注明标前会议的日期,如日期变更,招标人应立即通知所有购买招标文件的投标人。标前会议通常在招标人所在地或招标项目所在地召开,以方便组织投标人进行项目考察。标前会议的记录和各种问题的统一解释或答复,均应整理成书面文件分发给参加标前会议和缺席的投标人。当标前会议形成的书面文件和原招标文件有不一致之处时,应以会议文件为准。

7. 接受投标文件

招标人应当按照招标文件规定的时间和地点接受投标文件。投标人送达投标文件时,招标人应检验投标文件的密封情况及送达时间是否符合要求,否则招标人有权拒收或作为废标处理。对符合条件者,招标人应发给回执。按国家规定,在投标截止时间以前,投标人可以通过正式函件的形式调整报价及作补充说明。

招标人不得向其他人透露已获取招标文件的潜在投标人的名称、数量以及可能影响公平竞争的有关招投标的其他情况。

8. 成立评标委员会

评标委员会由招标人或招标代理机构负责组建。评标委员会由招标人的代表和物业管理专家组成,专家的确定采取从房地产行政主管部门建立的物业管理评标专家库中随机抽取的方式。评标委员会的人数一般为5人以上单数,其中招标人代表以外的物业管理专家人数不得少于成员总数的2/3。与投标人有利害关系的人员不得成为评标委员会成员。评标委员会成员名单在开标前应严格保密。

评标委员会成员应遵守职业道德,客观、公正地履行职责,对所有的投标人一视同仁。评标委员会成员不得与任何投标人或者与投标结果有利害关系的人进行私下接触,不得收受投标人、中介人和其他利害关系人的财物或其他好处。

9. 开标、评标及中标

(1) 开标。

开标应当在招标文件确定的提交投标文件截止时间的同一时间公开进行,开标地点应当为招标文件中指定的地点。开标由招标人主持,邀请所有的投标人参加。开标时,先由招标人或其推选的代表或其委托的公证机构检查投标文件的密封情况;确认无误后,由工作人员当众拆封,宣读投标人名称、投标价格和投标文件的其他内容。开标过程应当进行记录,并存档备查。

(2) 评标。

物业管理评标一般分为评议标书和现场答辩两个阶段。开标过程结束后立即进入评标程序。评标由评标委员会负责。评标委员会成员评议投标人递交的标书。评议标书应当在严格保密的情况下,由评标委员会根据招标文件规定的要求、评分方式和标准,采取集中会议的方式对所有的投标文件进行严格的审查和比较。评标由每位评委按百分制独立评分,然后按简单算术平均法计算每份投标书的分值。如果招标文件中规定进行现场答辩的,在标书评议结束后由评标委员会进行现场答辩。现场答辩成绩由评委按评分标准独立评分,并按简单算术平均法计算各投标单位的分值。最后由评标委员会根据标书评议分、现场答辩分以及招标单位到投标单位现场采样的信誉分,按权重比例进行叠加计算,排出名次。

评标委员会完成评标后,应当向招标人提出书面评标报告,阐明评标委员会对各投标文件的评审和比较意见,并按照招标文件规定的评标标准和评标方法,推荐不超过 3 名有排序的合格的中标候选人。招标人应当按照中标候选人的排序确定中标人。当确定的中标候选人放弃中标或者因不可抗力提出不能履行合同的,招标人可以依序确定其他的中标候选人为中标人。

(3) 中标。

根据《前期物业管理招标投标管理暂行办法》的规定,招标人应当在投标有效截止时限 30 日前确定中标人。投标有效期应当在招标文件中载明。招标人应当向中标人发出中标通知书,同时将招标结果通知所有未中标的投标人,并返还其标书。招标人应当自确定中标人之日起 15 日内,持有关材料向物业所在地的县级以上房地产行政主管部门备案。招标人和中标人应当自中标通知书发出之日起 30 日内,按照招标文件和中标人的投标文件订立书面合同;招标人和中标人不得再行订立背离合同实质内容的其他协议。招标人无正当理由不与中标人签订合同,给中标人造成损失的,招标人应当给予赔偿。

(四) 物业管理招标的时间规定

根据《前期物业管理招标投标管理暂行办法》的规定,通过招标方式选择物业服务企业的,招标人应当按照以下规定时限完成物业管理招标工作:

(1) 新建现售商品房项目应当在现售前 30 日完成。

(2) 预售商品房应当在取得《商品房预售许可证》之前完成。

(3) 非出售的新建物业项目应当在交付使用前 90 日内完成。

第二节　物业管理投标

一、物业管理投标的条件和程序

（一）物业服务企业参与投标的条件

1. 必须符合法律、法规规定的要求

根据我国法律、法规的规定，物业服务企业参与物业管理投标，首先应当取得工商行政管理部门颁发的企业法人营业执照；其次要符合物业服务企业承接物业权限的规定。

2017年1月12日，国务院印发《关于第三批取消中央指定地方实施行政许可事项的决定》，明确在前两批取消230项审批事项的基础上，再取消39项中央指定地方实施的行政许可事项，其中，《物业服务企业资质管理办法》被正式取消。国务院要求，取消审批后，住房和城乡建设部要研究制定物业服务标准规范，通过建立黑名单制度、信息公开、推动行业自律等方式，加强事中事后监管。取消资质许可，不等于物业服务企业可以任意而为；取消物业从业人员资格限制，不等于从业人员就不必具有相当的职业素养和水准。

2. 必须符合招标方规定的要求

在物业管理招投标中，招标方在招标文件中除要求投标人应具备相应的条件外，一般还会要求投标人具有与投标物业类似项目的管理经验与业绩，并对投标人的资金、管理和技术实力，投标人的商业信誉，拟派驻项目管理人员的条件，物业管理服务内容和服务标准，投标书的制作，合同条款等方面提出具体的要求。投标人只有符合这些条件和要求才有中标的可能性。

（二）物业管理投标的程序

1. 获取招标物业相关信息

物业管理市场竞争日益激烈，谁能迅速、准确地获得第一手信息，谁就有可能成为竞争的优胜者。虽然物业服务企业可以随时通过公共媒介查阅物业管理招标的相关信息，但是对于一些大型或复杂的物业服务项目，待看到招标公告后再作投标准备就非常仓促，尤其是对于邀请招标，更有必要提前介入，对项目进行跟踪，获得招标人的信任。根据招标方式的不同，招标人可通过以下方式获取招标项目的信息：一是通过公共媒介获取公开招标项目的信息；二是招标方的邀请；三是广泛联系收集信息；四是从老客户手中获取其后续物业招标的信息；五是通过咨询公司或业务单位介绍招标信息。

2. 进行投标可行性分析，决定是否竞标

一项物业管理投标从购买招标文件到送出标书，涉及大量的人力、物力支出，一旦投标失败，其所有的前期投入都将付诸东流，给企业造成很大的损失。另外，如决策失误也会给中标后的项目管理带来很大的风险。因此物业服务企业在获取招标信息后应组织专业人员进行可行性分析,制定相应的投标策略和风险控制措施,以保证投标的成功或避免企业遭受损失。可行性分析的内容主要有以下几个方面。

(1) 招标物业的基本情况分析。

了解招标物业的基本情况非常重要,因为不同性质的物业所要求的服务内容、质量标准、技术力量有很大的区别。物业的基本情况主要包括物业的性质、类型、建筑面积、投资规模、使用周期、建筑设计规划、配套设施设备等。物业服务企业可以通过招标文件、现场踏勘、标前会议等渠道获取物业服务项目的基本情况。只有了解了物业服务项目的基本情况,才可以为做好项目的组织架构设计、人员及岗位的设置、费用测算等提供准确的依据。

(2) 招标项目的定位分析。

招标物业的定位分析是在分析招标项目基本情况的基础上,通过进一步的调查,分析招标物业所在地的人文环境、经济环境、政治和法律环境,做好招标物业服务项目的功能定位、形象定位和市场定位。项目定位分析的目的是准确确定招标物业的服务内容、服务标准和服务费等。

(3) 对业主物业管理服务需求的调查。

物业的业态档次不同,业主与物业使用人对物业管理服务的内容和要求也有很大的区别,如政府办公物业和居住物业的使用人对物业管理服务的内容和要求会有很大的区别,普通居住小区物业和高档别墅区物业的使用人对物业管理服务的内容和要求也会有很大的区别。对业主物业管理服务需求的调查主要包括对业主需求的内容、标准、物业服务消费的承受能力等的调查。

对业主物业服务需求的调查主要有两条渠道:一是详细阅读物业管理招标文件中对物业管理服务内容、要求的具体规定;二是通过市场调研的方式了解招标物业业主的文化层次、生活需求以及对物业管理服务的期望与要求。做好对业主物业管理服务需求的调查,主要为制定物业管理方案中的服务重点和管理措施提供重要依据。

(4) 物业建设单位背景分析。

这一层面的分析包括对建设单位的技术力量、信誉度等的分析。因为物业的质量取决于建设单位的设计、施工质量,而有些质量问题只有在物业服务企业接管后才会发现,这必然会增大物业服务企业的维护费用,甚至还有可能影响物业服务企业的信誉。因此物业服务企业可以通过对建设单位以往所建项目质量的调查以及其他物业服务企业与之合作的情况,分析判断招标物业建设单位的可靠性,尽量选择信誉好、易于协调的建设单位所开发的项目。

(5) 物业招标背景分析。

有时招标文件会因招标者的利益趋向而呈现出某种明显偏向,这对于其他投标人而言是极为不利的。因此在阅读招标书时,物业服务企业应特别注意其中有无特殊要求,这有利于物业服务企业做出优劣势判断。如某物业服务项目的物业管理招标书中写明必须提供某项服务,而本地又仅有一家物业服务企业可以提供该项服务,这时投标人应注意该物业服务企业是否参与投标,它与招标方的关系是否密切。这些细枝末节看似无关紧要,但万一忽略,则有可能导致投标失败。

(6) 竞争对手分析。

知己知彼,方能百战不殆。对竞争对手的分析主要包括:了解竞争对手的数量和综合实力;竞争对手所管物业的社会影响程度;竞争对手与招标方有无背景联系或物业招标前双方是否存在关联交易;竞争对手对招标项目是否具有绝对优势及其可能采取的投标策略等。

(7) 本企业投标条件分析。

本企业投标条件分析主要包括:招标项目的区域、类型和规模是否符合本企业的发展规划;是否符合企业确定的目标客户;预测的盈利、项目风险是否在企业可承受的范围内;企业现有的人力、物力、财力能否满足投标项目的需要;等等。

(8) 风险分析。

物业管理投标的风险主要包括以下几个方面。

① 来自招标人和招标物业的风险。

如招标人提出有失公平的特殊条件,或未告知可能会直接影响投标结果的信息,或招标人和其他投标人存在关联交易等。这些都会导致招标结果不公正,给投标人带来很大的风险。

② 投标人自身失误带来的风险。

如投标人未进行必要的可行性分析,以致投标决策和投标策略失误;盲目做出服务承诺和价格测算失误,造成未中标或中标后经营亏损等。

③ 来自竞争对手的风险。

如竞争对手采取低价竞争,或采取欺诈、行贿、串通、窃取他人的投标资料和商业秘密等不正当手段获取不当得利。这些都会给其他投标人带来很大的风险。

④ 通货膨胀风险。

通货膨胀引起的设备、人工等价格上涨,可能导致物业服务企业中标后实际运行成本费用大大超过其预算,甚至出现亏损。

物业服务企业只有在投标前对上述因素进行认真细致的分析、评估才能制定出适合自身条件的竞标策略,尽量规避风险。

3. 登记并取得招标文件

在确定参与投标后,物业服务企业应当按照招标公告或投标邀请书指定的地点和方式登记并取得招标文件。

4. 编制投标文件

投标文件又称投标书,一般由投标函、投标报价表、资格证明文件、物业管理方案和招标文件要求的其他材料组成。通常将投标文件分为商务文件和技术文件两大类。商务文件又称商务标,主要包括公司简介、公司资格及资信证明文件、投标报价表等资料。技术文件又称技术标,主要包括物业管理方案和招标方要求提供的其他资料。

有的招标方要求投标人在投标文件中禁止透露能够反映本企业情况的文字、数据或报价等,这时投标方应特别注意。投标人应严格按招标文件的要求编制投标书,并对招标文件提出的实质性要求和条件做出响应。

5. 封送投标文件

投标文件全部编制完毕后,投标人即可将密封好的标书派专人或通过邮寄方式送交招标人。封送标书的一般惯例是,投标人所有的投标文件应完全响应招标文件要求。另外,所有的投标文件都必须在招标人的招标公告或投标邀请书中规定的投标截止时间之前送至招标人,否则,将很可能导致废标。

6. 参加开标和现场答辩

在接到开标通知后,投标人应按规定的时间、地点参加开标会议。招标人要求进行现场答辩时,投标人应事先做好准备,按时参加,注意答辩时的仪容仪表,做到谈吐大方、答题准确。有的招标文件要求参加的答辩人员必须是投标单位拟派项目管理人员时,投标人必须按照投标文件中的承诺派人应辩,未经招标人的同意不得更换。

7. 签约并执行合同

在收到中标通知后,投标人应在 30 日内与招标人签订物业服务合同。另外,双方还应及时协商,做好人员进驻、实施管理前的各项准备工作。

8. 资料整理与归档

无论是否中标,在竞标结束后投标人都应将投标过程中的一些重要文件进行分类归档与保存。这样既可为中标企业在合同履行中解决争议提供原始资料,又可为竞标失利的企业分析失败原因提供资料。投标文件主要包括:招标文件,对招标文件进行澄清或修改的会议记录或书面文件、投标文件,同招标方的往来信函等。

二、物业管理投标书的编写

(一)物业管理投标书的编制要求

为了能够竞标成功,物业服务企业在编制标书的过程中除应特别注意投标书的质量、印刷、装订外,还应特别注意以下几点。

1. 响应性

物业管理投标书的格式、具体内容、应提交的资料、投标报价等必须响应并符合招标文件的具体要求,不得缺项或漏项。

2. 合法性

物业服务企业在编制投标书时,必须符合国家法律、法规、规章的具体规定,否则难以竞标成功。

3. 客观合理性

客观合理性包括两层含义。第一是物业管理投标书本质上是物业服务企业根据对招标物业状况的了解,利用自身管理经验和知识编制的目标物业管理方案。因此,投标书中提出的各项管理措施必须结合招标物业的实际具有可操作性。第二是物业服务费用的价格必须合理。如实行酬金制的物业服务项目,投标方不能为了取得高利润而虚报物业服务成本,或者实行低于成本价竞标实施不正当竞争。

(二)物业管理投标书的组成

物业管理投标书,即《投标人须知》中规定投标人必须提交的全部文件,主要包括以下内容。

1. 投标函

投标函是投标人发给招标人,表示已完全理解招标文件并做出承诺和说明的书面函件。

投标函的主要内容包括：
（1）表明投标人完全愿意按招标文件中的规定承担物业管理服务，按期、保质完成投标项目的物业管理工作；
（2）表明投标人接受物业服务合同全部委托服务的期限；
（3）说明投标报价的有效期；
（4）说明投标人所有投标文件、附件的真实性和合法性，并愿承担由此造成的一切后果；
（5）表明如投标人中标，将按投标文件中的承诺与招标人签订物业服务合同；
（6）表明对招标人接受其他投标人的理解；
（7）本投标如被接受，投标人愿意按照招标文件规定金额提供履约保证金。

2．投标报价

投标报价的主要内容包括：
（1）物业服务费用单价、总报价、年费用；
（2）企业资质等级；
（3）出现问题服务响应的时间；
（4）有无其他的优惠条款。

3．物业管理方案

物业管理方案的基本内容主要包括：招标物业服务项目管理的整体设想和构思，拟采取的管理方式和运作程序，人员的配备、培训计划，拟接项目的物资装备计划，管理指标与管理措施，管理制度，整体工作计划，日常物业管理实施计划，档案资料的建立和管理，费用测算，成本控制措施。

4．招标文件要求提供的其他材料

招标文件要求提供的其他材料主要包括：投标单位的情况简介、企业资格证明文件及资信证明文件，企业主要业绩，中介机构出具的财务状况报告及招标文件要求提供的其他资料等。

（三）物业管理方案的主要内容

物业管理方案应严格按照招标文件的要求编制。由于招标物业的具体情况、招标人的要求不同，物业管理方案的具体内容也会有所不同。通常一份完整的物业管理方案应包括以下主要内容。

1．招标物业服务项目管理的整体设想和构思

招标物业服务项目管理的整体设想和构思是物业管理方案的核心内容之一，也是编制物业管理方案其他内容的基础。对招标物业服务项目管理的整体设想和构思必须在对项目进行分析研究的基础上确定。因此项目分析是编制物业管理方案的基础。招标物业服务项目管理的整体设想和构思的主要内容包括以下几个方面。

（1）进行项目分析和项目定位。

首先，依据招标文件、现场踏勘、招标答疑会等渠道获取的资料，用简明扼要的语言介绍招标物业的建筑面积、占地面积，物业的性质、类型、使用功能等基本情况，篇幅不宜过长。

其次,进行客户服务需求分析,简明介绍潜在客户群体的定位和服务需求的特征。再次,进行项目的可行性研究和项目定位,用简练的语言概括招标物业的市场定位及投标企业承担该项目的管理服务优势等。

(2) 分析物业管理服务的重点及难点。

投标人在分析了招标物业的基本情况和客户服务需求,明晰项目定位的基础上,应进一步分析招标项目物业管理服务的重点和难点。这不仅是招标人和业主最关心的问题,也是显示投标人专业能力和管理水平的标志之一。只有找准招标项目物业管理服务的重点和难点,才能有针对性地提出相应的措施。

一般而言,写字楼物业和综合性商业物业管理服务的重点和难点主要是商务经营和设施设备管理等;工业园区物业管理服务的重点和难点主要体现在消防、污染控制及货物、人员的管理等方面;政府物业管理服务的重点和难点主要体现在维护政府形象、内部特约服务、会议接待、安全及保密管理等方面;居住类物业管理服务的重点和难点主要体现在基础性的物业管理服务内容方面。

(3) 确定物业管理服务主要措施。

投标人在进行了招标项目可行性分析,厘清物业管理服务的重点和难点后,要确定最符合物业实际情况和业主需求的主要管理措施。否则,上述分析再充分也只是空中楼阁,形同虚设。如某物业服务企业竞标某高档小区物业所提交的物业管理方案中,首先分析了该项目的基本情况、业主服务需求和管理服务的重点,然后针对该项目提出了以下重点管理措施:① 智能化管理上,做到"三个到位";② 在公共秩序管理上,运用先进科技手段,做到"三防结合,确保安全";③ 装修管理上情理手段、法律手段并用;④ 精心养护园区绿化,实施垃圾分类,加强园区环境建设和环保建设;⑤ 实行大围合整体管理和小围合局部管理相结合的管理办法;⑥ 实施对电梯、安保等方面的专业化服务;⑦ 充分借鉴成功经验,开展卓有成效的社区活动;⑧ 运用科技手段,进行合理调度,有序停车。

2. 拟采取的管理方式和运作程序

拟采取的管理方式和运作程序主要包括以下内容。

(1) 组织架构。

物业管理方案中的组织架构一般分为以下两级架构。

① 物业服务企业的组织架构。

现在大多数的物业服务企业实行董事会领导下的总经理负责制。企业所属中层管理部门的设置数量、名称无千篇一律的固定模式,一般设置综合管理部、财务部、人力资源部、品质管理部、市场拓展部、工程部和经营管理部等部门。物业服务企业的架构一般以图表的形式向招标方展示。

② 项目管理部(或物业服务中心)组织架构。

项目管理部大多采用直线制的组织形式,主要依据物业规模、物业类型、服务内容等情况设置机构。如某写字楼大厦设置了以客户服务部为中枢,机电工程部、保安部、环境管理部和品质管理部等相关部门密切协同运作的组织架构。设计项目管理部的组织架构时,要把机构、岗位及人数设置等情况用图表的方式一并表示出来,让招标方一目了然。

(2) 运作程序。

运作程序一般由项目整体运作流程、内部运作流程及信息反馈流程组成,一般采用流程图的方法进行展示。流程设计要遵循全面、高效、合理的原则,准确、高效、真实地反映组织结构的功能及运作方式。

(3) 管理机制。

没有好的管理机制,项目物业管理服务的目标就无法实现。管理机制一般由目标管理责任制、激励机制和监督机制组成。目标管理责任制就是将根据项目管理目标制定的各项指标以量化的形式分解给项目的各个部门,并赋予各部门相应的权利,实行责任权利的结合;激励机制是在目标管理责任制的基础上设计的激励办法;监督机制是通过政府、业主、社会舆论和企业内部管理等渠道实现的项目运作监督机制。

3. 人员的配备、培训计划

(1) 人员的配备计划。

人员的配备计划主要包括各类人员的编制和专业素质要求等内容。项目中层及以上管理人员应根据物业招标文件的要求列表,具体内容包括人员的姓名、性别、年龄、学历、职称、所学专业和主要从业经历等,操作层员工应列明聘用条件。

(2) 人员的培训计划。

人员的培训主要分为岗前培训和岗中培训两种形式。人员的培训计划主要包括项目各类人员培训的时间、方式、地点、目标、主讲人和管理措施等内容,一般采用列表方式说明。

4. 物资装备计划

物资装备计划的制订必须以满足项目管理需要为目的,区分轻重缓急,从办公、维修、清洁绿化、秩序维护和员工生活等方面用表格的形式分类进行表述,并注明名称、数量、单价和总价等。

5. 管理指标与管理措施

(1) 管理指标。

管理指标通常由项目管理总体目标和质量指标两部分组成。如在招标文件中有具体要求的,投标人应在物业管理方案中对招标人提出的各项管理指标进行明确的响应。如招标人在招标文件中未提出具体要求的,投标人在物业管理方案中可依据国家或地方制定的物业服务标准和收费标准等确定总体目标和质量指标。制定管理指标,一要响应招标文件的具体要求;二要实事求是、量力而行,切勿盲目承诺。管理指标通常采用表格的形式进行表述。

(2) 管理措施。

管理措施是指投标人为完成其在投标文件中所承诺的各项管理指标而采取的措施。投标人可以采用表格的形式将主要管理措施与管理指标对应展示,以进行详细的描述。制定管理措施时,既要与管理指标相对应,又要量力而行。

6. 管理制度

管理制度由公众管理制度和内部管理制度两部分组成。公众管理制度主要是指针对业主与物业使用人有关物业使用、维护等方面而制定的制度,主要包括管理规约、装修管理、消防管理、电梯使用管理、临时用电管理、精神文明公约、车辆管理、物业使用管理、道路管理和绿化管理等方面。内部管理制度主要是指针对内部员工而制定的管理制度,主要包括部门职责、岗位职责、员工考核、财务管理、员工工作标准和质量考核等方面的内容。如招标文件无具体的要求,一般在物业管理方案中列出管理制度的目录即可,没有必要列出各项管理制度的全文。

7. 整体工作计划

整体工作计划的制订要紧密结合物业管理的内容、工作重点,并结合招标文件的具体要求进行综合考虑。工作计划大致包括筹备期、交接期和正常运作期三个阶段,每个阶段包括项目、工作内容和完成时间等。以某居住小区为例,筹备期的工作计划主要包括签订前期物业服务合同、拟定物业管理方案、拟定财务预算、筹建项目机构、招聘培训员工、完善办公住宿条件、制定管理制度和物业验收与接管等。交接期的工作计划主要包括办理入住手续、住户装修管理、档案资料的建立和管理等内容。正常运作期的工作计划主要包括房屋及共用设施设备的维修保养、公共秩序维护、物业环境管理、财务管理、社区文化活动的开展、便民服务的开展、用户满意度调查和创优活动等内容。整体工作计划一般采用表格的形式进行描述。

8. 日常物业管理实施计划

日常物业管理实施计划是物业管理方案的重点内容之一。投标人应依据招标文件的具体要求和物业管理的任务编制日常物业管理实施计划,重点是将各项物业管理服务内容的工作要求、重点和运行管理等进行详细描述。如某物业服务项目,招标人在招标文件中要求投标人针对日常物业管理服务中的房屋及共用设施设备管理、机电设施设备管理、安全管理、绿化管理、清洁管理、车辆管理、社区文化活动、消防管理和紧急事件处理等分别列出实施方案。制订日常物业管理实施计划时要紧密结合项目的实际情况,切勿照抄、千篇一律。

9. 档案资料的建立和管理

档案资料应采取系统、科学的方法进行收集、分类、储存和利用。分类可参照原中华人民共和国建设部发布的《关于修订全国物业管理示范住宅小区(大厦、工业区)标准及有关考评验收工作的通知》(建住房物〔2000〕008号)的标准执行。档案资料的体系内容可以用表格的形式进行表述,具体的管理可采用流程图和文字相结合的方式进行表述。另外,物业服务企业要制定一套严格的借阅、保密管理措施。

10. 费用测算

(1) 物业服务费用的测算依据。

物业服务费用是物业管理运作的基础与保证,也是招投标双方最为关心的问题,所以必须对投标物业进行管理费用的测算。物业服务企业要根据拟接管的物业的类型、配套设施设备的档次、服务内容和服务标准,并参照物业所在地区同档次物业的收费标准及企业现有日常综合管理的经验数据进行全面、具体的测算。

(2) 费用测算内容。

① 物业服务收入测算。

物业服务收入主要包括物业服务费用收入及其他法律规定或合同约定归物业服务企业支配的经营性收入,如停车场收入、物业租赁及经营收入、有偿特约服务收入等。

② 物业服务成本测算。

物业服务成本是指物业服务企业在从事物业服务项目管理服务过程中所必须耗费的社会平均费用和合理利润之和。物业服务成本一般由人员费用、物业共用部位和共用设施设备日常运行和维护费用、绿化养护费用、清洁卫生费用、秩序维护费用、物业共用部位和共用设施设备及公众责任保险费用、办公费用、管理费分摊、固定资产折旧费、税费、利润等部分组成。在测算物业服务成本时具体测算哪些分项成本要依据招标文件中的具体规定,同时还要注意酬金制和包干制的区别。

11. 成本控制措施

(1) 充分调动全体员工的积极性,将控制成本贯穿于成本形成的全过程。

(2) 成本控制应与提供优质的物业管理服务相结合,不能为降低成本而不提供或少提供服务。

(3) 将成本控制与项目全体员工的责权利相结合。

(4) 成本由不变成本和可变成本构成。在制定成本控制方案时,应重点控制可变成本。

三、物业管理投标的技巧与策略

(一) 编制物业管理投标书的技巧

1. 投标书的内容要全,语言要简练

投标书既可以反映一个企业的整体实力,又能反映出一个企业的管理水平。物业服务企业在编制投标书时要注意两点。一是投标书的内容要齐全。在编制投标书的过程中,要严格按招标文件的要求编写,不能有漏项,否则在评标中必然受到损失;在测算物业服务成本时,各项费用的计算既要合理,又要全面,更不能漏项,否则也会使企业中标后蒙受损失。二是语言要规范精练,做到明了、精练、自然、实在。

2. 介绍企业时要如实可信,注意概括

投标资料中,有一项内容是介绍企业情况,主要是让招标方了解企业的基本情况、企业理念和主要业绩。介绍企业业绩时要真实可信,去掉不切实际的夸张和描述,最好是用表格的方式展示企业获取的各种荣誉证书和获奖证书;介绍企业的其他情况时,要注意用精练的语言进行全面概括,切勿连篇累牍。

3. 打管理特色牌

打管理特色牌也是编制投标书时常用的一个技巧,面对众多的竞争对手,虽然各自都在管理中有一套经验,但要中标确需动一番脑筋,不能泛泛而谈,而要推行"你无我有,你有我优"的策略。

4. 打换位思考牌

所谓换位思考,就是不能仅仅站在投标人的立场上想问题,而是换位在招标人的立场上考虑问题。如有的建设单位公开招标选择物业服务企业的目的是找出"卖点",视之为房地产营销的重要手段;有的招标人选聘物业服务企业的目的是找一家好的企业把目标物业管理好,同时节省费用。因此,物业服务企业应分别针对招标人的不同需求编制满足他们不同需求的投标书。

5. 打服务承诺牌

物业服务企业在编制物业管理方案时,在质价相符、量力而行的前提下,对于物业招标人承诺的质量指标,如能提出高于国家或行业颁布的相应等级的标准,也会增加物业管理方案的亮点,提高中标的概率。需要注意的是,打服务承诺牌的前提是实事求是,具有可行性,切勿盲目承诺。

6. 打有偿服务与无偿服务相结合牌

物业管理服务的本质特征是有偿性,物业服务企业追求合理的利润是生存的必备条件。很多物业服务企业在立足本职、努力为业主提供各种有偿服务的同时,也尽其所能地为业主提供一些无偿服务项目,使物业服务企业和业主及物业使用人的关系更融洽。物业服务企业在编制物业管理方案时,在自身条件允许的情况下,如能承诺为业主提供一些无偿服务项目,既会受到招标方的欢迎,也会增加中标的概率。

(二)制定投标报价的策略和技巧

投标报价是一项技术性和技巧性很强的工作。在投标过程中,投标人要对项目的运作经营管理成本进行准确的计算,确定合理的利润空间,在此基础上预测标的和竞争对手的报价范围。如有可能,可补充一些优惠条件作为报价的附加。投标人在运用好以上投标报价策略的基础上,还要学会采取以下报价的技巧。

1. 多方案报价(竞争性磋商/谈判方式)

多方案报价是指在邀请招标、议标、招标文件不明确或项目本身有多个方案存在时,投标人可准备两个或两个以上的报价方案,最后与招标方进行协商。

2. 保本报价

保本报价是指按成本加微利报价。这一技巧适用于规模大、远景效益好的项目。这时物业服务企业追求的是规模效益或远景效益。

(三)现场答辩的技巧

开标前,要选择经验丰富、性格沉稳、熟悉项目情况和招投标文件的答辩人。答辩人要做好充分准备并做好模拟演练。

开标时,注重自己的仪容仪表,时刻保持良好的精神状态。介绍标书情况时要突出重点、特色鲜明,重点讲清招标人最为关注的问题,充分体现投标企业的信心和实力。回答问题时要果断、明确、准确,切勿匆忙回答或含糊其词。

(四)签约谈判的技巧

(1)在签约谈判时要准确把握对方的真实意图,准确判断对方履行合同的诚意和能力。

(2)物业服务合同的主要条款宜细不宜粗,尤其要注意细化以下主要条款:物业服务的项目要逐项写清,不能遗漏;详细约定每项管理服务项目包括的具体内容,如房屋共用部位的维修、养护、管理应包括楼盖、屋顶、楼梯间、公用走廊、承重结构、外墙面等;详细约定各项具体内容的管理服务质量标准,如垃圾清运的频率是一天一次还是两天一次;详细约定在上述的管理服务内容和质量标准下应收取的费用。

(3)既要实事求是,又要留有余地。如对于"24小时供应热水"的服务承诺,在最初仅个别业主入住时则很难做到,应在合同中说明。又如分期建设的住宅小区,在首期的合同中就不应该列入小区全部建成后才能提供的管理服务项目。

（4）利用免责条款，尽量规避风险。订立合同时应本着公平合理的原则，根据物业的具体情况设立免责条款，明确免责的事项和内容。如在物业服务合同中应当明确物业服务费用不包括业主与物业使用人的人身保险、财产保管等费用，以免引起不必要的纠纷。

思 考 题

1. 物业管理招标的主体有哪些？
2. 物业管理招标的类型是如何划分的？
3. 物业管理招标的方式、特点有哪些？
4. 物业管理招标的原则有哪些？
5. 物业管理招标的条件是什么？
6. 物业管理招标有哪些程序？
7. 简述物业管理投标的条件和程序。
8. 编制物业管理方案的要求是什么？
9. 物业管理方案的主要内容有哪些？
10. 在编制物业管理投标书、制定投标报价和签约谈判时应掌握哪些技巧？

第三章
物业管理早期介入与前期物业管理

【教学目的与重点难点】

通过本章的学习,学生可掌握早期介入和前期物业管理的概念,了解物业管理早期介入的作用和工作内容,了解物业管理早期介入的形式,熟悉前期物业管理的主要内容。本章重点在于早期介入在各个阶段的内容和注意事项,难点在于前期物业管理的内容及工作要点。

第二部

韓國老人의科學的管理에
関한研究

案例导入

【案例3-1】 业主与物业公司赌气堵小区大门，警方上演教科书式执法！

20××年5月26日10时许，某市葛店开发区某小区物业公司负责人向警方报警称：有业主用车把小区门口堵了。民警到场后，经查系小区业主黄某因前日20时回家时，被小区物业人员检查车辆出入证，其觉得脸上无光，遂用一台白色大众轿车将小区门口堵住。

民警还得知从前日20时至报警前近15个小时，物业人员已两次登门要求黄某挪车，但黄某一直未挪车。民警同物业人员一起前往黄某住宅，见到黄某后，民警首先对其进行普法教育，劝导其自行挪车，但是黄某对民警的劝导置之不理。

见此情况后，葛店派出所民警对其进行口头警告三次，责令其将车挪开，但黄某依旧拒绝挪车。见警告无效后，民警立即通知相关单位准备将黄某的轿车依法拖离，黄某听闻后，赶在拖车到达之前躺在车的引擎盖上，想以要赖的方式阻碍民警执法。

这时接近正午，轿车表面温度较高，民警本着劝导为主、惩戒为辅的宗旨，悉心劝导黄某，望其能够悔改，自行挪开车辆。但此时的黄某，见有小区业主围观，更是气盛，拒绝配合民警执法。

民警再次对黄某进行警告，黄某依旧置之不理，并有暴力抗法的倾向。见口头警告三次无效后，民警依法对黄某采取强制措施，将黄某带离现场，并将车辆挪开。派出所民警这一规范、文明、高效的执法，获得小区群众的一片掌声。目前，黄某因扰乱公共秩序被公安机关依法处以行政拘留十日的处罚。

堵小区门是违法行为。维权有边界，不是意味着可以不择手段、为所欲为、置公共秩序和他人的合法权益于不顾。

如今，随着拥有私家车的家庭越来越多，小区停车的纠纷也随之增多。由于地下车库价格昂贵、地上停车位太少、进小区要办卡等问题，一些对物业管理不满的业主为了发泄情绪，把自己的车停在小区门口，一副"我进不去，谁也别想进"的姿态。堵门行为一时间成为"讨说法"的利器，其他业主纷纷仿效，扰乱小区正常秩序。

第一节 物业管理早期介入

随着房地产市场的不断成熟，房地产行业的竞争也日趋激烈，越来越多的物业建设单位把物业管理作为促销的一大卖点。物业管理质量也已经成为众多客户做出购买决策的重要因素。物业管理前期介入既能较好地履行物业建设单位与物业服务企业对前期物业管理的责任，又能防范前期物业管理中存在的潜在风险。就物业服务企业而言，在前期物业管理中能否形成良好的管理秩序，满足业主或使用人不断增长的服务需求，进而树立良好的形象，对于能否顺利促成业主委员会与物业服务企业达成正式委托管理服务合同来说关系重大。

一、物业管理早期介入的概念

物业管理早期介入是指物业服务企业在接管物业之前,就参与物业的策划、规划设计和建设,从业主与物业使用人及物业管理的角度提出意见和建议,以便物业建成后能满足业主与物业使用人的需求,方便物业管理。

二、物业管理早期介入的作用

1. 完善物业的规划和使用功能

物业管理早期介入,能够完善物业的规划和使用功能,如在物业布局、配套、建筑造型、房屋设计、电力负荷设计、垃圾站点布设、建材选用、供电供水、污水处理、电话、有线电视等的管线铺设,空调排烟孔预留等方面根据经验提出建设性意见。同时,物业管理早期介入,能够充分考虑业主与物业使用人生活的安全、舒适与便利。

2. 更好地监理施工质量

物业管理早期介入,能够消除施工质量的隐患,保证后期业主与物业使用人的使用和物业管理的方便。

3. 为承接查验打下基础

物业管理早期介入之后,物业服务企业对物业的土建结构、管线走向、设施建设、设备安装等情况了如指掌,则可以缩短验收时间、提高验收质量,有利于对发现的问题进行善后处理,从而维护业主与物业使用人的利益。

4. 便于日后对物业的管理

物业管理早期介入,便于日后维修保养计划的制订;便于日后检修,缩短检修时间;易保证维修质量;便于后期改建改造。

三、物业管理早期介入的形式、工作内容及注意事项

物业管理早期介入流程见图 3-1。

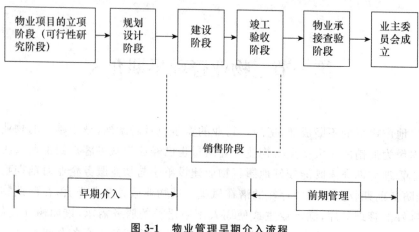

图 3-1 物业管理早期介入流程

从图3-1中可以看出,物业服务企业和物业建设单位在前期活动中分为两个大的阶段:一是物业管理的早期介入阶段,二是自承接查验开始的前期管理阶段。

以下是物业管理在各个具体阶段介入的形式、工作内容及注意事项。

(一)项目可行性研究阶段

1. 介入形式

向物业建设单位及其聘请的专业机构提供专业咨询意见,同时对未来的物业管理进行总体规划。

2. 工作内容

(1)根据物业建设成本及目标客户群的定位确定物业管理的模式。
(2)根据规划和配套设施确定物业管理服务的基本内容。
(3)根据目标客户情况确定物业管理服务的总体服务质量标准。
(4)根据物业管理成本初步确定物业服务费用的收费标准。
(5)从物业建设单位的角度出发,设计出与客户目标相一致的、建立在合理价格比之上的物业管理框架性方案。

3. 注意事项

(1)在项目可行性研究阶段除了考虑物业档次定位之外,还要考虑物业的使用成本。
(2)物业管理的模式应与业主的生活水准、文化水平相一致。
(3)要完成此阶段物业管理的工作,需要知识面广、综合素质高和策划能力强的高级人才对市场准确把握和深刻认识。

(二)规划设计阶段

1. 介入形式

参与各项规划的讨论会,并从使用、维护、管理、经营以及未来功能的调整和保值、增值等角度,对设计方案提出意见或建议,此时介入的物业服务企业应站在潜在业主的角度看待和分析问题,这样做并不与物业建设单位的利益相冲突,相反在以下几个方面会使物业建设单位受益:一是通过优化设计或从使用维护等角度对设计方案进行调整,使物业建设单位项目在总体上更能满足购房者的需求,从而促进项目的运作成功,有利于降低开发风险;二是设计上的预见性可以减少后续的更改和调整,从而为物业建设单位节约资金;三是分期开发的物业服务项目,通过规划设计能更好地协调公用配套设施、设备和环境,可以使各分期之间实现顺利过渡。

2. 工作内容

(1)对物业的结构布局、功能方面提出改进建议。
(2)对物业环境设计,配套设施的合理性、适应性及细节提出意见或建议。
(3)提出设备和设施的设置、选型及服务方面的改进意见。
(4)对物业管理用房等公共配套建筑、场地的设置要求等提出意见。

3. 注意事项

(1)在规划设计阶段提出的意见或建议要贯彻可行性研究阶段所确定的物业管理总体

设计规划的内容和思路,保证总体思路的一致性、连贯性和持续性。

(2) 一定要从业主的角度来看待和考虑问题,尤其要将设计与将来的使用维护、建设和使用成本、业主的需求及经济承受力相结合,这样才能将业主、物业建设单位与物业服务企业的目标利益统一起来。

(3) 所提的意见及建议应符合有关法律、法规及技术规范的要求。

(三) 建设阶段

1. 介入形式

建设阶段主要是派出工程技术人员进驻到现场,对建设中的物业进行观察、了解和记录,并就有关问题提出意见和建议。

2. 工作内容

(1) 就施工中发现的问题与建设单位和施工单位共同磋商,及时提出并落实整改方案。
(2) 配合设备安装,进行现场监督,确保安全和质量。
(3) 对内外装修方式、布局、用料及工艺等从物业管理的角度提出意见。
(4) 熟悉并记录基础及隐蔽工程、管线的铺设走向,特别是竣工资料里没有反映的内容,从而为以后的物业管理打下良好的基础。

3. 注意事项

(1) 在建设阶段介入的物业服务企业是站在建设单位和潜在业主的角度,对施工进行监理,但此时物业服务企业并不是建设监理的主体或主要授权人及责任人,因此既要对质量持有认真的态度,又要注意方法和方式。

(2) 要特别强调记录的作用。这种记录一方面为今后的物业管理提供了宝贵的资料;另一方面,当有些施工中的问题或隐患经物业服务企业提出整改建议后,由于某些原因没有进行整改时,完善的记录和证据在将来发生隐患时对分清物业服务企业、建设单位、施工单位、安装单位的责任非常有利。

(四) 销售阶段

1. 介入形式

销售阶段物业服务企业介入的形式多种多样,物业服务企业派出的人员及投入的力量较大。

2. 工作内容

(1) 销售前。
① 将物业管理整体策划落实成完整、详细的物业管理方案及实施进度表。
② 确定物业管理的外部制度,如各类公共管理规定、房屋公共场地及场所的管理规定。
③ 明确各项费用的收费标准及收费办法,必要时履行各种报批手续。
④ 起草并确定《前期物业服务合同》。
⑤ 对物业管理在销售中的活动进行计划与安排。
⑥ 根据实际情况采取公开招标的方式确定前期物业服务企业。
(2) 销售中。

① 派出现场咨询人员,在售楼现场为客户提供咨询服务:一方面使购房者对物业管理有较具体的了解,另一方面也可以收集并统计分析潜在业主对物业管理的要求、意见等。

② 可以印发有关资料和制度,以加深业主对未来物业管理的认识并明确物业管理的消费内容和金额,将各项收费的用途和管理办法公开化、透明化。

③ 已确定的前期物业服务企业可以采取各种方法宣传并展示未来物业管理的状况。

④ 督促物业建设单位与前期物业服务企业签订《前期物业服务合同》。

(3) 销售后。

将全部物业早期介入的资料、记录、方案等,连同在销售中收集的情况和分析结论,整理后移交给前期物业服务企业。如果早期介入与前期服务是一家企业,也应整理资料后准备成立物业服务企业,并进行承接查验的前期准备工作。在此期间的竣工验收、早期介入及前期物业管理,物业服务企业都应参加。

3. 注意事项

(1) 有关物业管理服务的宣传及承诺,包括各类公共管理制度和公共场地的使用规定,一定要合法并实事求是。宣传及承诺应根据物业管理服务的整体规划和方案来进行,不应为了销售而夸大其词,胡乱承诺无论对于物业服务企业还是物业建设单位都是不明智之举。

(2) 销售阶段对物业管理服务所做的承诺以及咨询期间业主反映和关注的物业管理服务要求,应作为对前期物业管理的基本要求。另外还应注意,对公共制度和公共秩序的规定也应建立在以现实的收费情况下物业管理所能达到的服务水准的基础上,避免由于业主要求过高而产生物业服务企业的管理水平和管理设施跟不上的情况。

(3) 在销售过程中,对未来物业服务企业的宣传以及物业管理所带来的生活方式的宣传有很多的表现形式和操作手法,尺度把握准确,方式使用得当,会给销售工作以很大的助力,也会给物业建设单位带来丰厚的回报。

(4) 销售工作中物业服务企业的介入,既是前期物业建设和物业管理观念的延伸,也正式确定了以后物业管理的主要内容和要求,起到了承前启后的作用。在此阶段之后,物业管理的早期介入将逐渐向前期物业管理过渡。因此,该阶段物业管理的工作效果既是对前期工作(特别是物业管理整体策划)效果的验证,也会对今后的物业管理活动产生深刻的影响,故应认真对待,高度重视。

物业管理在早期介入时,房地产项目还处于可行性研究阶段,此时物业建设单位根本无法对早期介入的物业服务企业进行公开招标,实际上早期介入的形式和内容与前期物业管理和日常物业管理相比,更多的是策划、定位和制定方案的内容,因此对这一时期介入物业管理的人员要求较高,要求他们了解市场,了解业主及潜在业主的要求,在物业管理方面对物业建设单位的前期开发起到指导和帮助作用。

鉴于这一特殊的作用和成本费用的考虑,物业建设单位选择早期介入的物业服务企业和前期物业服务企业可能不是一家,或者早期介入的只是某些物业管理的专家。如果早期介入和前期管理两者不是同一物业服务企业,那么早期介入的物业服务企业(或个人)还要协助物业建设单位选聘前期物业服务企业。

在选择前期物业服务企业时,由于物业规划已完成,物业已建成或即将建成,物业的现状已基本确定,这时可通过公开招标的形式来选定物业服务企业。在招标时应根据物业的现状、物业建设单位的规划及对业主的承诺制定详细的物业管理招标方案,向社会公开招标。

第二节　前期物业管理

一、前期物业管理的概念

前期物业管理是指从物业承接查验开始至业主大会选聘物业服务企业为止的物业管理阶段。前期物业管理由该物业的建设单位负责,前期物业服务合同的有效期一般与政府要求物业建设单位对物业的保修期相一致。前期物业服务合同至业主委员会与其选聘的物业服务企业签订物业服务合同生效时终止。

二、前期物业管理中权利主体的相互关系

前期物业管理阶段,形成了建设单位、物业服务企业以及业主三个权利主体共存的法律关系。建设单位与物业服务企业达成的前期物业服务合同须向行业主管部门备案。前期物业管理中权利主体的相互关系如下：

(1) 建设单位与业主为买卖关系；

(2) 建设单位与物业服务企业是合同关系；

(3) 物业服务企业与业主是服务与被服务关系。

物业买受人即业主如果拒绝接受拟定的前期物业服务合同,也就意味着物业买卖无法成交,这是对建设单位和物业服务企业最有效的制约。反之,业主一旦接收了这份合同的规定内容,也就必须在前期物业管理阶段接受物业服务企业依法依约进行的管理与服务。

三、前期物业管理与早期介入的区别

早期介入的物业服务企业不一定与建设单位确定服务合同委托关系。而前期物业管理必须有委托关系,管理者已依法拥有该物业的管理经营权。

早期介入一般还未确定物业与业主等具体服务对象,而前期物业管理必须有明确的服务对象。

在早期介入工作中,物业服务企业只起辅助作用。而在前期物业管理中,物业服务企业起主导作用。

四、前期物业管理的主要内容

1. 管理机构的设立与人员的培训

管理机构的设立应根据委托物业的用途、面积、管理深度和管理方式等确定,人员的配备除考虑管理人员的选派外,还要考虑操作人员(维修养护、秩序维护、清洁和绿化等人员)的招聘,并依据职责分别进行培训。

2. 管理制度和服务规范的完善

在前期物业管理过程中,物业服务企业应根据实际情况对已经制定的管理制度与服务

规范进行调整、补充和完善。

3. 前期与主管部门及相关单位的沟通

物业管理是一个综合性较强的行业,物业管理活动所涉及的单位和部门也较多,其中直接涉及的管理部门和单位有政府行政主管部门、社区居民委员会、建设单位、物业服务企业、业主、业主大会及业主委员会等,还有相关部门和单位如城市供水、供电、供气、供暖等公用事业单位,市政、环卫交通、治安、消防、工商、税务、物价等行政管理部门。物业服务企业应分析各相关部门和单位的作用及其与物业服务项目之间的关系,确定与各方面沟通协调的渠道。通过沟通协调建立良好的合作支持关系,不仅有利于前期物业管理工作的顺利开展,也为正常的物业管理与服务打下良好的基础。

4. 物业的承接查验

物业的承接查验是依照住房和城乡建设部及各地有关工程验收的技术规范与质量标准对已建成的物业进行检验,它是直接关系到今后物业管理工作能否正常开展的一个重要环节。物业承接查验是建设单位向接收委托的物业服务企业移交物业的过程。移交物业应办理书面移交手续。建设单位还应向物业服务企业移交整套图纸资料,以方便今后的物业管理和维修养护,在物业保修期间,接收委托的物业服务企业还应与建设单位签订保修实施合同,明确保修项目、内容、进度、原则与方式。

5. 进户管理

进户是指业主或物业使用人正式进驻使用物业。商品房购房业主或物业使用人的进户程序如下。

(1) 发出入住通知书。

在物业正式使用条件全部具备后向业主或物业使用人发出书面入住通知书。

(2) 带领业主或物业使用人实地验收物业。

业主或物业使用人实地验收物业着重勘验以下几个方面:

① 房屋建筑质量;

② 设备质量,运转情况;

③ 户型、装修、设施配备等是否与合同相符;

④ 外部环境状况及影响。

(3) 约定代为装修、添置或更换自用设备或设施等事宜及各种代办事宜。

(4) 签订《临时管理规约》。

《临时管理规约》的主要内容包括:在分清自用与公用部位、设备、设施的前提下确定双方享有的权利和应尽的义务、物业正常使用的行为规范及相应的违约责任。

(5) 要求业主或物业使用人如实填写登记卡。

登记卡内容包括:业主或物业使用人的名称、联系方式,所有物业的编号、设备、设施及泊车位分配等内容。属于非居住性质的物业还需登记营业执照、经营范围、职工人数、出行和用餐等相关情况,便于物业管理与服务。

(6) 向业主或物业使用人发放《用户手册》。

《用户手册》帮助业主或物业使用人了解物业概况和各项管理制度,如车辆停放管理、装修搬迁管理,物业保修的职责范围、标准、期限等方面的规定,以及楼层权利归属、公用设施设备的合理使用等,以便正确履行自己的权利与义务。

(7) 预收物业管理费或租金。

物业服务公司根据有关规定或双方约定向业主或物业使用人预收物业管理费或租金。

(8) 为业主或物业使用人提供办事指南。

即为业主或物业使用人提供物业管理区域和社区相关部门的办事指南,便于他们办理相关手续。

(9) 业主或物业使用人签约领钥匙,完成进户程序。

6. 装修搬迁管理

为了做好装修搬迁管理,必须做好以下四个方面的工作。

(1) 大力宣传装修规定。

① 装修不得损坏房屋承重结构,破坏建筑物外墙面貌。

② 不得擅自占用共用部位、移动或损坏共用设施设备。

③ 不得排放有毒、有害物质和噪声超标。

④ 不得随地乱扔建筑垃圾,遵守装修时间的规定。

⑤ 遵守用火用电规定,履行防火职责。

⑥ 因装修而造成他人或共用部位、共用设施或设备损坏的,责任人负责修复或赔偿。

(2) 加强装修监督管理。

审核装修设计图纸,派人巡视施工现场,发现违约行为及时劝阻并督促其改正。

(3) 积极参与室内装修。

(4) 合理安排搬迁时间。

7. 档案资料的建立

档案资料包括业主或物业使用人的资料和物业资料两种。

业主或物业使用人的资料包括业主或使用人的姓名、进户人员的情况、联系电话或地址、各项费用的缴交情况、房屋的装修情况等。

物业资料主要包括物业的各种设计和竣工图纸、位置、编号等。

档案资料的建立主要应抓好收集、整理、归档、利用四个环节。收集的关键是尽可能地完整。整理的重点是去粗取精,留下物业管理有用的资料。归档就是按照资料本身的内在规律和联系进行科学的分类与保存。利用就是在物业管理与服务中使用档案资料。

思 考 题

一、简答题

1. 物业管理早期介入有何作用?你认为哪一点最重要,为什么?
2. 简述前期物业管理的概念。
3. 简述前期物业管理与早期介入的区别。
4. 在规划设计阶段早期介入有哪些工作内容?
5. 在建设阶段早期介入有哪些注意事项?

二、案例分析题

1. 某住宅小区一居民楼内,801房的洗手间顶棚有水滴下,影响了业主刘先生的正常生活。刘先生多次找到楼上901房的业主李女士,让其把洗手间地面渗水问题解决,李小姐却说是楼房的质量问题。

请问:(1)刘先生洗手间的滴水问题应由谁负责?(2)根据有关管理办法应如何处理?

2. 某住宅小区的道路发生塌陷,严重影响小区居民正常的生活秩序与工作秩序,小区居民反映到负责物业管理的大有物业服务公司。大有物业服务公司称:道路在保修期内,由原建设单位负责,让业主去找建设单位。不料,三天后,该小区业主陈先生夜归时被塌陷的道路绊倒摔伤,送往医院治疗。陈先生的女儿以大有物业服务公司未在塌陷处设立明显标志,管理有过失为由告到法院,要求大有物业服务公司赔偿损失。

请问:(1)道路塌陷应由谁来负责维修?(2)大有物业服务公司有无过错?(3)陈先生所受到的损害应该由谁赔偿?

第四章
物业承接查验

【教学目的与重点难点】

通过本章学习，学生可掌握物业的承接查验的概念、主要内容、方式和作用等，掌握新建物业的承接查验与物业管理机构更迭时的承接查验的区别，物业管理机构更迭时的承接查验的主要内容，物业管理机构更迭时的管理工作移交的注意事项。重点掌握物业承接查验的相关主要内容、方式和发现问题的处理，以利于学生上岗后顺利地做好物业的承接查验工作。

案例导入

【案例4-1】楼宇钢柱掉落 物业、建设单位一并被告

案情介绍：

2013年11月，许先生将私家车停放在小区内。某日，许先生准备开车上班，发现一根不锈钢柱掉落在车子旁边，而车的引擎盖被砸出了洞，前挡风玻璃破裂。许先生将车辆送至4S店维修，共花费3万余元，这一飞来横祸给许先生出行带来极大不便。许先生了解到，砸坏自己车辆的不锈钢柱正是小区房屋装饰所用。许先生向物业公司索要赔偿，但物业公司却以房屋质量问题应由建设单位承担责任为由拒绝赔偿，许先生以拒缴物业费的方式进行抗议，双方就赔偿问题一直僵持不下。2014年6月，许先生将小区物业公司告上法庭，要求物业公司和建设单位赔偿其各项损失3.5万元。

法院判决：

该市人民法院审理后认为，建设单位已于2009年5月将建设完毕的小区整体移交给物业公司。涉案不锈钢柱位于小区3号楼楼顶，属于建筑的公共部位，应由负责小区物业管理的物业公司承担维修责任。物业公司并没有证据证明自己尽到了维修的管理义务，因此应承担民事赔偿责任。

法官评案：建设单位与物业属两个不同主体

建筑物或者其他设施以及建筑物上的搁置物、悬挂物发生倒塌、脱落、坠落造成他人损害，除非建筑物的所有人或者产权人证明自己没有过错，否则应当承担民事责任。面对房地产开发公司与物业公司的相互推诿，业主对于因坠落物导致的损失，可直接向小区的管理人，即物业公司索要赔偿。而物业公司认为建筑质量问题应当由施工单位及房地产开发公司承担，这与业主提出赔偿属于不同的法律关系。从法律角度来讲，物业公司和业主之间是物业合同关系，建设单位和业主之间是商品房买卖合同关系，建设单位和物业公司是两个独立的民事主体，互相之间没有承担责任的依据。

关于因坠落物业施工质量而引起的问题，实质为最终责任承担主体问题，需要物业公司另行向房地产开发公司起诉。对房屋质量归属问题，主要还是看房地产开发公司和物业公司签订的合同。比如房地产开发公司与物业公司签订3年保修期，那么3年内物业公司可向房地产开发公司主张房屋质量引起的赔偿，以后的房屋问题则由物业公司自行负责。

业主依法维权要有法律依据，如果陷入维权困境后像许先生这样以不缴纳物业费的方式来抗议并不可取。物业公司提供的是有偿服务，如果业主不缴纳物业费，在法律上就会丧失对物业公司主张权利的法律基础，这对业主自身维权十分不利。

第一节 新建物业的承接查验

一、物业的承接查验的概念

物业的承接查验是指物业服务企业对新接管项目的物业共用部位、共用设施设备进行核对查验承接移交。物业的承接查验分为新建物业的承接查验和物业管理机构更迭时的承接查验两种类型。新建物业的承接查验发生在建设单位向物业服务企业移交物业的过程中,物业管理机构更迭时的承接查验发生在业主大会或产权单位向新的物业服务企业移交物业的过程中。

承接查验是物业服务企业为维护业主和自身的利益,在正式接管物业之前代表业主对即将交付使用的物业的建造质量、管理资料等进行的综合性验收。它在业主入住(使用)之前进行,是确保物业的使用质量、奠定管理基础的极为重要的物业管理前期工作。承接查验合格也是物业可以交付使用和交付管理的前提条件之一。在具备条件或物业服务企业前期介入充分、准备充足时,承接查验也可以与建设工程的竣工验收同步进行。

物业的验收是依据住房和城乡建设部及各地有关工程验收的技术规范与质量标准对已建成的物业进行检验,它是直接关系到今后物业管理工作能否正常开展的一个重要环节。验收中发现的问题应明确记录在案,及时反馈给建设单位,以便建设单位督促施工单位修整。

物业接管是建设单位向接收委托的物业服务企业办理移交的过程。移交应办理书面移交手续。建设单位应向物业服务企业移交整套图纸资料,以方便今后的物业管理和维修。在物业保修期间,接收委托的物业服务企业还应与建设单位签订保修实施合同,明确保修项目、内容、进度、原则、责任和方式。

二、新建物业的承接查验的准备工作

新建物业的承接查验的准备工作包括以下几个方面。

1. 人员准备

物业的承接查验是一项技术难度高、专业性强,对日后的管理有较大影响的专业技术性工作。物业服务企业在承接查验前就应根据承接物业的类型、特点,与建设单位组成联合小组,各自确定相关专业的技术人员参加。

2. 计划准备

物业服务企业制定承接查验实施方案,能够让承接查验工作按步骤有计划地实施。

(1) 与建设单位确定承接查验的日期、进度安排。

(2) 要求建设单位在承接查验之前提供移交物业详细清单、建筑图纸、相关单项或综合验收证明材料。

(3) 派出技术人员到物业现场了解情况,为承接查验做好准备工作。

3. 资料准备

在物业的承接查验中应做必要的查验记录,在正式开展承接查验工作之前,应根据实际情况做好资料准备工作,制定查验工作流程和记录表格。

(1) 工作流程一般有《物业承接查验工作流程》《物业查验的内容及方法》和《承接查验所发现问题的处理流程》等。

(2) 承接查验的常用记录表格有《工作联络登记表》《物业承接查验记录表》和《物业工程质量问题统计表》等。

4. 设备、工具准备

物业的承接查验中要采取一些必要的检验方法来查验承接物业的质量情况,应根据具体情况提前准备好所需要的检验设备和工具。

三、新建物业的承接查验的主要内容

1. 物业资料

在办理物业的承接验收手续时,物业服务企业应接收查验下列资料:

(1) 竣工总平面图,单体建筑、结构、设备竣工图,配套设施、地下管网工程竣工图等竣工验收材料;

(2) 设施设备的安装、使用和维护保养等技术材料;

(3) 物业质量保修文件和物业使用说明文件;

(4) 物业管理所需具备的其他资料。

2. 物业共用部位

按照《物业管理条例》的规定,物业管理企业承接物业时,应对物业共用部位进行查验。主要内容包括:

(1) 主体结构及外墙、屋面;

(2) 共用部位楼面、地面、内墙面、顶棚、门窗;

(3) 公共卫生间、阳台;

(4) 公共走廊、楼道及其扶手、护栏等。

3. 共用设施设备

物业的共用设施设备种类繁多,各种物业配置的设备不尽相同,共用设施设备承接查验的主要内容包括:

(1) 低压配电设施;

(2) 柴油发电机组;

(3) 电气照明、插座装置;

(4) 防雷与接地;

(5) 给排水、消防水系统;

(6) 电梯;

(7) 通信网络系统;

(8) 火灾报警及消防联动系统;

(9) 排烟送风系统;

(10) 安全防范系统;

(11) 采暖和空调等。

4. 园林绿化工程

园林绿化分为园林植物和园林建筑。物业的园林植物一般有花卉、树木、草坪、绿篱和花坛等;园林建筑主要有小品、花架、长廊等。这些均是园林绿化的查验内容。

5. 其他公共配套设施

物业其他公共配套设施的主要内容有:物业大门、值班岗亭、围墙、道路、广场、社区活

动中心(会所)、停车场(库)、游泳池、运动场地、物业标识、垃圾屋及中转站、休闲娱乐设施、信报箱等。

四、新建物业的承接查验的方式

物业的承接查验主要以核对方式进行,在现场检查、设备调试等情况下还可采用观感、使用、检测和试验等具体方法进行检查。

1. 观感查验

观感查验是指对查验对象外观的检查,一般采取目视、触摸等方法进行。

2. 使用查验

使用查验是指通过启用设施或设备来直接检验被检测对象的安装质量和使用功能,以直观地了解被检验对象的符合性、舒适性和安全性等。

3. 检测查验

检测查验是指通过运用仪器、仪表、工具等对检测对象进行测量,以检测其是否符合质量要求。

4. 试验查验

试验查验是指通过必要的试验方法(如通水、闭水试验)测试相关设施设备的性能。

五、物业的承接查验的作用

物业的承接查验是物业服务企业在接管物业前不可缺少的重要环节,物业的承接查验内容不仅包括主体建筑、附属设备和配套设施,而且还包括道路、场地和环境绿化等,应特别重视对综合功能的验收。物业的承接查验由建设单位和物业服务企业共同组织的验收小组进行。物业的承接查验的作用体现在以下几个方面。

1. 明确交接双方的责、权、利关系

通过承接查验和前期物业服务合同的签约,实现权利和义务的转移,在法律上界定清楚交接双方各自的责任和权利。

2. 确保物业具备正常的使用功能,充分维护业主的利益

通过物业服务企业的承接查验,能进一步促使建设单位按照标准进行设计和建设,减少日后管理中因此带来的麻烦和开支。同时,物业服务企业能够弥补部分业主专业知识的不足,从总体上把握整体物业的质量。

3. 为日后管理创造条件

通过承接查验,一方面使物业工程质量达到要求,减少以后日常管理过程中的维修、养护工作量。另一方面,根据接管中的有关物业的文件资料,可以摸清物业的性能与特点,预防管理中可能出现的问题,计划安排好各项管理内容,发挥社会化、专业化、现代化的管理优势。

六、新建物业的承接查验的内容

1. 主体结构

地基沉降不得超过规定要求允许的变形值,不得引起上部结构开裂或毗邻房的损坏。其中,房屋的主体构件无论是钢筋混凝土还是砖石、木结构,变形、裂缝都不能超过国家标准的规定,外墙不得渗水。

2. 屋面与楼地面

各类屋面必须符合国家建筑设计标准的规定,排水畅通,无积水,不渗漏。地面的面层与基层必须黏结牢固,不空鼓,整体平整,没有裂缝、脱皮、起砂等现象。卫生间、阳台、厨房的地面相对标高应符合设计要求,不允许倒流水和渗漏。

3. 装修

钢木门窗均应安装平正牢固,开关灵活;进户门不得使用胶合板制作,门锁安装牢固;门窗玻璃应安装平整,油灰饱满、粘贴牢固;油漆色泽一致,不脱皮、不漏刷。

4. 电气

线路应安装平整、牢固、顺直,过墙有导管,铝导线不得采用绞或绑的方式连接。每一回路导线间及对地绝缘电阻值不得小于规定要求。照明器具等支架必须牢固,部件齐全,接触良好。避雷装置必须符合国家标准规定,电梯应能准确、正常运转,噪声震动不得超过规定,记录、图纸资料齐全。

5. 水、卫、消防、采暖

管道应安装牢固,控制部件启闭灵活,无滴、漏、跑、冒现象。卫生间、厨房间排水管道应分设,出户管长不超过8米,并不可使用陶管、塑料管;地漏、排水管接口、检查口不渗漏,管道排水流畅。消防设施应符合国家标准规定,必须有消防部门检验合格证。采暖的锅炉、箱罐等压力容器应安装平正,配件齐全,没有缺陷,并有专门检验合格证。各种仪表、仪器、辅机应齐全、安全、灵敏、灵活、精确,安装符合规定,运转准确正常。

6. 附属工程及其他

如室外排水系统的标高,窨井的设置,管道坡度、管位、化粪池等都必须符合规定要求。信报箱、挂物钩、晒衣架应按规定安装。另外,还包括场清地平、临时设施与过渡房拆除清理完毕,相应市政、公建配套工程和服务设施也应达到质量要求。

七、新建物业的承接查验中发现问题的处理

1. 发生物业工程质量问题的原因

发生物业工程质量问题的原因包括:设计方案不合理或违反规范造成的设计缺陷;施工单位不按规范施工或施工工艺不合理甚至偷工减料;验收检验不细,把关不严;建材质量不合格;建设单位管理不善;气候、环境、自然灾害等其他原因。

2. 对于承接查验中所发现的问题的处理程序

(1) 收集整理存在的问题。

收集所有的《物业承接查验记录表》,对《物业承接查验记录表》的内容进行分类整理,将承接查验所发现的问题登记造表。将整理好的工程质量问题提交给建设单位进行确认,并办理确认手续。

(2)处理方法。

工程质量问题整理出来之后,由建设单位提出处理办法。在实际工作过程中,物业服务企业在提出质量问题的同时还可以提出相应的整改意见,便于建设单位进行针对性整改。

从发生原因和处理责任看,工程质量问题可分为两类。第一类是施工单位引起的质量问题,在保修期间内发现或发生的,按原建设部颁布的《房屋建筑工程质量保修办法》规定,由建设单位督促施工单位负责保修。第二类是由于规划、设计时考虑不周,造成功能不足、使用不便、运行管理不经济等问题,应由建设单位负责做出修改设计,改造或增补相应的设施。

(3)跟踪验证。

为了使物业工程质量问题得到及时圆满的解决,物业服务企业要做好跟踪查验工作。物业服务企业安排专业技术人员分别负责不同专业的工程质量问题,在整改实施的过程中进行现场跟踪,对整改完工的项目进行验收,办理查验手续。对整改不合要求的工程项目继续督促建设单位处理。

八、物业的承接查验与竣工验收的区别

物业的承接查验不同于竣工验收。物业的承接查验是由物业服务企业依据原建设部1991年7月1日实施的《房屋接管验收标准》,接管建设单位移交的物业所进行的验收。

物业的承接查验与竣工验收的区别在于以下几个方面。

1. 验收目的不同

物业的承接查验是在验收合格的基础上,以主体结构安全和满足使用功能为主要内容的再检验。竣工验收是为了检验房屋工程是否达到设计文件所规定的要求。

2. 验收条件不同

物业的承接查验的首要条件是竣工验收合格,并且供电、取暖、给排水、卫生、道路等设备和设施能正常使用,房屋幢、户编号已经有关部门确认。竣工验收的首要条件是工程按设计要求全部施工完毕,达到规定的质量标准,能满足使用条件等。

3. 交接对象不同

物业的承接查验是由物业服务企业接管建设单位移交的物业。竣工验收是由建设单位验收施工单位移交的物业。

九、物业的承接查验中应注意的事项

物业的承接查验是直接关系到今后物业管理工作是否正常开展的重要环节。物业服务企业通过承接查验,即由对物业的前期管理转入对物业的实际管理之中。因此,为确保今后的物业管理工作能顺利开展,物业服务企业在承接查验时应注意以下几个方面。

(1)物业服务企业应该选派素质好、业务精、对工作认真负责的管理人员及技术人员参加验收工作。

（2）物业服务企业既应从今后物业维护保养管理的角度进行验收，也应站在业主的立场上对物业进行严格的验收，以维护业主的合法权益。

（3）承接查验中若发现问题，应明确记录在案，约定期限督促建设单位对存在的问题加固、补强、整修，直到完全合格。

（4）落实物业的保修事宜。根据建筑工程保修的有关规定，由建设单位负责保修，向物业服务企业交付保修保证金，或由物业服务企业负责保修，建设单位一次性拨付保修费用。

（5）建设单位应向物业服务企业移交整套图纸资料，包括产权资料和技术资料。

（6）物业服务企业接受的只是对物业的经营管理权以及法律法规赋予的有关权利。

（7）承接查验符合要求后，物业服务企业应签署验收合格凭证，签发接管文件。当物业服务企业签发了接管文件，办理了必要的手续后，这个物业验收工作即告完成。

第二节　物业管理机构更迭时的承接查验

一、物业管理机构更迭时的承接查验

物业管理机构更迭时的准备工作包括成立物业承接查验小组和准备材料、工具。应注意的是，新的物业服务企业实施承接查验必须在下列条件均满足的情况下进行：

（1）物业的产权单位或业主大会与原有物业服务企业完全解除了物业服务合同；

（2）物业的产权单位或业主大会同新的物业服务企业签订了新的物业服务合同。

二、物业管理机构更迭时承接查验的主要内容

物业管理机构更迭时承接查验的主要内容包括：物业资料，物业共用部位、共用设施设备及管理现状，各项费用与收支情况，项目机构经济运行情况和其他方面的内容。

物业设备设施在整个物业内处于非常重要的地位，它是物业运作的物质和技术基础。用好、管好、维护检修好、改造好现有设施设备，提高设备设施的利用率及完好率是物业设备设施管理的根本目标。

衡量物业设备设施管理质量的两个指标是设备设施有效利用率和设备设施的完好率。

1. 设备设施有效利用率

$$设备设施有效利用率 = \frac{每班次（天）实际使用时数}{每班次（天）应用时数} \times 100\%$$

2. 设备设施的完好率

$$设备设施的完好率 = \frac{技术性能完好设备设施数量}{全部设备设施数量} \times 100\%$$

衡量物业设备设施是否完好的标准为：

（1）零部件是否完整齐全；

（2）设备设施是否运转正常；

(3) 设备设施技术资料及运转记录是否齐全；
(4) 设备设施是否整洁,有无跑、冒、滴、漏现象；
(5) 防冻、保温、防腐等措施是否完整有效。

第三节　物业管理工作移交

一、新建物业的移交

1. 移交双方

新建物业的物业管理工作移交中,移交方为该物业建设单位,承接方为物业服务企业。双方应签订前期物业服务合同。建设单位应按照国家有关规定,及时完整地提供物业有关资料并做好移交工作。物业服务企业也必须严肃认真地做好承接工作。

2. 移交的内容

移交的物业资料包括：产权资料,竣工验收资料,设计、施工资料,机电设备资料,物业保修和物业使用说明资料,业主资料。移交的对象包括：物业共用部位、共用设施设备以及相关清单(如房屋建筑清单、共用设施设备清单、园林绿化工程清单和公共配套设施清单等)。建设单位应按照有关规定,向物业服务企业配备物业管理用房。

二、物业管理机构更迭时的移交

物业管理机构更迭时管理工作的移交包括：一是原有物业服务企业向业主大会或物业产权单位移交；二是业主大会或物业产权单位向新的物业服务企业移交。前者的移交方为物业服务企业,承接方为业主大会或物业产权单位；后者的移交方为业主大会或物业产权单位,承接方为新的物业服务企业。

三、物业管理机构更迭时的管理工作移交的注意事项

(1) 明确交接主体和次序。

(2) 各项费用和资产的移交,共用配套设施和机电设备的接管,承接时的物业管理运作衔接是物业管理工作移交中的重点和难点,承接单位应尽量分析全面、考虑周全,以利于交接和今后工作的开展。

(3) 如承接的部分物业项目还在保修期内,承接单位应与建设单位、移交单位共同签订移交协议,明确具体的保修项目、负责保修的单位及联络方式、保修方面遗留问题的处理情况,并在必要时提供原施工合同或采购合同中关于保修的相关条款文本。

(4) 在签订移交协议或办理相关手续时应注意做出相关安排,保证后续发现的问题也能得到妥善解决。

思 考 题

一、简答题

1. 简述物业的承接查验的概念。
2. 新建物业的承接查验的主要内容有哪些?
3. 物业管理机构更迭时的承接查验的主要内容有哪些?
4. 新建物业的承接查验中发现的问题应如何处理?
5. 物业管理工作移交包括哪些内容?

二、案例分析题

某大厦业主张小姐对其房屋装修后不久,楼下业主成先生向物业服务企业反映张小姐的洗手间漏水,要求张小姐进行维修。张小姐认为应该由房地产开发企业或物业服务企业负责维修。物业服务企业的小王说房地产开发企业将房屋交给张小姐时是毛坯房,房地产开发企业和物业服务企业不应该负维修责任。张小姐又向物业服务企业提出,因楼下是受益者,维修费应楼上、楼下各付一半。

请问:(1)洗手间漏水应由谁来承担维修责任,费用谁出?(2)张小姐提出要楼上、楼下各负担一半费用的说法合理吗?

第五章
入住与装修管理

【教学目的与重点难点】

通过本章的学习,学生可掌握物业入住的概念,物业入住的操作程序,物业入住服务的主要内容,物业装饰装修管理的内容,以及物业装饰装修中各方的主体责任。了解入住服务应注意的问题,物业入住的准备工作。本章的重点是物业入住与装修管理的内容、流程,难点是物业装饰装修的程序及处理相关问题的方式原则。

案例导入

【案例5-1】业主装修漏水,物业服务企业该承担哪些责任?

案情介绍:

原告:小区业主

被告:小区物业服务企业

原告诉称居住在其房屋上层10A的业主于2019年8月重新装修房屋,由于其改变房屋建筑结构,防水层没有做好,导致原告房屋出现零星渗水现象,一直没有解决。

原告多次向被告物业服务企业工作人员反映,要求其对10A的业主施工进行监督管理,以免对自己房屋造成更大的损失。被告物业服务企业工作人员对此不采取相关措施,使得原告房屋由渗水发展为漏水,导致房屋墙壁变黑、墙皮脱落,木地板腐烂变形,损失严重。

原告称被告是一家新成立的物业服务企业,依法不能管理高层建筑,而且被告聘请未取得物业管理资格证书的人员从事物业管理活动。正是因为被告物业服务企业的管理不善,导致原告房屋严重受损,并大幅贬值。房地产中介公司评估,原告的房屋价值因为上层房屋漏水而至少损失人民币40 000元。基于被告违反相关物业管理规定,未能履行物业管理服务合同的约定,管理、维修、养护不善,造成业主损失,依法应当赔偿损失。故诉至法院,请求法院判令:1. 被告为原告的住宅恢复原状。2. 被告赔偿原告因上层房屋漏水而损失的人民币20 000元。3. 被告承担本案诉讼费。

被告认为,原告所称的房屋损失不是由被告的行为和过错造成的,被告作为物业服务企业,已经依法履行了管理义务,积极协助原告联系和协调其相邻10A业主进行修理。原告的诉讼请求,缺乏法律依据和事实根据,应予以驳回。

法院审理:

1. 原告基于被告在履行物业管理服务的过程中存在管理不当致使原告房屋遭受损失而向法院提起诉讼,本案是因物业管理服务合同而引起的合同纠纷,而非房屋侵权纠纷。

2. 原告未有证据证明被告在履行物业管理服务合同过程中存在违约而引致原告房屋受损。物业服务企业对业主室内装修的质量问题不承担法律责任。室内装修是业主自主进行的,作为物业服务企业,其义务就是告知业主在装修过程中不得有改变房屋结构等禁止行为并对发生的禁止行为予以制止。至于装修的质量问题,物业服务企业不承担责任。本案证据表明,被告在第三人10A业主装修申报时就已经履行了告知第三人不得改变房屋结构的义务。因此原告认为被告没有履行监督第三人施工的义务缺乏事实依据和法律根据。

3. 被告对原告房屋漏水不承担维修义务。根据《物业管理条例》的规定,被告作为物业服务企业,管理的范围是大厦和小区的公共区域和共用设施设备,不包含业主私人所有的设施。《深圳经济特区住宅区物业管理条例》第三十八条规定:"房屋的维修责任,按下列规定划分:(一)室内部分,由业主负责维修。"业主房屋内的设施作为房屋的附属物属于业主所有,维修的责任也由业主履行和承担费用,原告认为:引起原告房屋损失的水管属于10A业主所有,应由第三人负责维修。作为物业服务企业只有协调第三人进行维修的义务,不承担直接维修的义务。

4. 原告在诉状中已经讲明了房屋损害发生的原因,即由于相邻 10A 业主的房屋管道渗、漏水导致的。被告是否具有物业管理资质与原告房屋漏水没有因果关系,给业主造成损失的侵权人应当承担赔偿责任。但本案中,原告认为漏水是由第三人装修引起,因此被告是否具有资质与房屋漏水没有因果联系。

5. 依据《民法典》的规定,原告与第三人之间的相邻权纠纷,属于另外一个法律关系,应该另案解决。原告诉讼的对象应该是 10A 的业主。由于原告在诉讼中明确放弃将第三人列为本案被告,在举证期限届满后,再对第三人提出诉讼请求,依法不予受理。

综上所述,法院依法判决驳回原告的诉讼请求。

案例点评:

在本案中,被告提供的证据证明,被告作为该小区的物业服务企业已经依法履行了职责,不存在因为失职使原告造成损失的事实。

被告在 10A 业主装修时,依法履行了对装修的管理,监督 10A 房屋的装修办理了申请手续,审查了装修公司执照等资料,对装修进行了监督,履行了管理职责,10A 房屋装修不存在改变建筑结构的行为。

被告在接到原告的关于漏水的投诉后,派工作人员进行了查看,并联系 10A 业主,协调原告与 10A 业主的关系,督促 10A 业主进行维修事宜。被告的物业管理值班记录对有关查看、联系和协调等工作的具体时间及具体情况都进行了记录。被告为维护原告的利益,已经积极协助相邻业主进行相应的维修工作,被告的值班记录中有明确的记录。

原告向主管部门投诉,被告收到主管部门转来的投诉调查函后,已经以书面形式,将被告事实的查看、联系和协调工作详细地向主管部门回复。被告一直在积极地履行自己的职责。

第一节 物业入住与入住服务内容

入住与装修管理是前期物业管理重要的基础工作,也是物业管理操作过程的难点和重点之一。与前期介入物业管理工作不同的是,物业入住与装修管理服务政策性强、涉及面广、管理难度大,容易导致物业服务企业与业主或物业使用人发生直接的矛盾和冲突。在物业管理的操作中,物业服务企业如果能以优秀的服务品质、高超的管理艺术、严谨的工作作风和良好的专业素养赢得业主或物业使用人的认同,对引导业主正确地认识物业管理,树立良好的物业管理形象,化解物业管理操作中的矛盾和问题,实现积极的物业管理服务开局以及顺利地完成物业管理服务工作均有积极的推动作用。

一、物业入住的概念

物业入住是指建设单位将已经具备使用条件的物业交付给业主并办理相关手续,同时物业服务企业为业主办理物业管理事务手续的过程。对业主而言,物业入住的内容包括两个方面：一是物业验收及其相关手续办理；二是物业管理有关业务办理。从权属关系来看，入住是建设单位按照规范程序将物业交付给物业的所有人，是建设单位和业主的关系，但业主入住手续的办理又意味着物业已经由房地产的开发建设、销售阶段转入消费阶段，物业管理服务全面启动。所以物业服务企业有义务协助建设单位和业主办理与入住有关的手续，做好服务工作，使业主顺利收楼、高兴入住。

物业的入住以业主签署验楼文件、办理入住手续、领取钥匙为标志，从此业主享有了《民法典》所赋予的权利，同时履行业主的义务和责任。此外，由建设单位负责的工程质量保修也从此开始计算日期。

二、入住服务的准备工作

入住在物业管理服务中是一项琐碎细致的工作，业主在短时间内集中办理入住手续，物业服务企业的工作频率高、劳动强度大，加上又是物业服务企业首次为业主提供服务，因此，物业服务企业必须抓紧时间充分做好各项准备工作，以便在业主或物业使用人的心中留下良好的第一印象，为今后的物业管理服务打好基础。

1. 组建入住服务机构

物业服务企业应任命本单位的经理、管理人员、财务人员和工程技术人员组成入住服务小组，根据入住服务的各项准备工作分别落实人员分工负责，如入住服务方案设计、资料准备，入住时环境布置，对外单位联络，财务收费准备，验楼协助，后勤物资准备，现场入住服务等。各项工作都要落实责任人和完成时间。所有的物业服务企业都要在业主入住之前对员工进行培训，增强员工的责任感和服务意识。

2. 制定入住服务方案

在入住前由物业服务企业制定入住服务方案，内容应包括以下几个方面。

（1）入住时间、地点。

（2）物业类型、位置、幢号、入住的户数。

（3）入住服务的工作流程。

（4）负责入住服务的工作人员及职责分工。

（5）需要使用的文件和表格。

（6）入住仪式策划及场地布置设想。

（7）注意事项及其他的情况。

入住服务方案制定后，物业服务企业应与建设单位就方案中的事项交换意见，听取建设单位的建议，以便在入住服务现场物业服务企业与建设单位保持协调一致。

3. 准备入住材料

需要准备的入住材料包括以下几个方面。

（1）《住宅质量保证书》及《住宅使用说明书》。

（2）《入住通知书》。这是建设单位向业主发出的办手续的书面通知。

（3）《物业验收须知》。这是建设单位告知业主在物业验收时应掌握的基本知识和应注意事项的提示性文件。《物业验收须知》的主要内容包括物业建设基本情况、设施设备的使用情况，物业不同部位保修规定，物业验收应注意事项以及其他需要提示说明的事项等。

(4)《业主入住房屋验收表》。这是记录业主对房屋验收情况的文本,通常以记录表格的形式出现。使用《业主入住房屋验收表》可以清晰地记录业主的验收情况。

(5)《业主(住户)手册》。这是由物业服务企业编撰,向业主或物业使用人介绍物业基本情况和物业管理服务相关内容的服务指南性质的文件。一般而言,业主(住户)手册主要包括欢迎辞、小区概况、项目管理单位情况介绍、《临时管理规约》等。

(6)《入住手续书》。这是物业服务企业为方便业主或物业使用人,引导业主按流程顺序办理入住手续而制定的文件。一般在《入住手续书》上都留有关职能部门确认的证明,业主每办完一项手续,有关职能部门在相关位置盖章证明。《入住手续书》跟着办理入住手续的流程顺序走。

(7)为做好入住服务工作,可根据实际情况编制《入住登记表》《钥匙发放登记表》《返修单》《返修统计表》和《入住统计表》等。

4. 其他的准备

(1)物业的清洁与开荒。

清洁与开荒也是物业服务企业承接的较为大宗的有偿服务,是承接物业后的第一项繁重的工作。开荒是指物业竣工综合验收后,业主入住前,对物业内外进行全面、彻底的清洁,目的是将干净整洁的物业交到物业所有人的手中。开荒工作量大,质量要求高,时间紧、任务重,对物业服务企业来说是一个严峻的考验。一般可以采取以下三种方式。第一,物业服务企业自己开荒,对于物业规模不大、时间较充裕的物业可以采取此办法。第二,物业服务企业与专业保洁公司相结合,请专业保洁公司承担一些专业性较强或风险程度较高的项目,如高空外墙清洗等。第三,聘请专业公司承做,专业公司一般配备先进的清洗设备,如商业大厦大堂、大厅天花板清洗需要升降机,清理地面需配备抛光机、高压水枪、打蜡机、打磨机等专业机械。

(2)设备的试运行。

物业的入住,各设备设施系统必须处于正常的工作状态。照明、空调、电梯、给排水、消防报警、治安防范等系统的正常运行是必备的条件。物业服务企业在业主入住、开业之前要对设备进行连续运转检验,发现异常及时修理,必要时可在入住前对电梯作满负荷载人运行检测,以确保电梯的正常运行。

(3)物料准备。

为保证入住之后的日常管理服务的全面启动,准备充足的物料是必不可少的。一是工具,如各种仪表、检修工具、对讲机等;二是易耗品,如清洁剂、灯泡、清洁用品等;三是办公用品,如电脑、复印机、传真机、电话等。

(4)其他。

① 准备及布置办理入住手续的场地,如布置彩旗、标语,设立业主休息等待区等。

② 准备及布置办理相关业务的场地,如电信、邮政、有线电视、银行等相关单位业务开展的安排。

③ 准备资料及预先填写有关表格,为方便业主,缩短工作流程,应对表格资料预先做出必要处理,如预先填写姓名、房号和基本资料等。

④ 准备办公用具,如复印机、电脑和文具等。

⑤ 制作标识牌、导视牌、流程图,如交通导向标志、入住流程、有关文明用语的标志等。

⑥ 针对入住过程中可能发生的紧急情况,如交通堵塞、矛盾纠纷等,制订必要的紧急预案。

三、入住服务的内容

1. 入住流程和手续

(1) 入住流程。

入住流程参见图5-1。

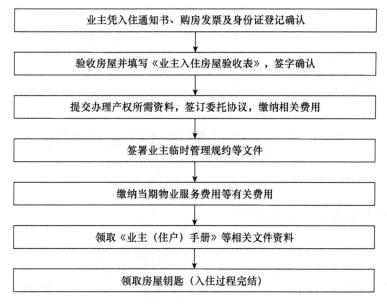

图5-1 入住流程

(2) 入住手续。

① 持购房合同、入住通知书等进行业主登记确认。

② 房屋验收,填写《业主入住房屋验收表》,建设单位和业主核对无误后签字确认。

③ 产权代办手续,提供办理产权的相关资料,缴纳办理产权证所需费用,一般由建设单位承办。

④ 建设单位开具证明,业主持此证明到物业服务企业继续办理物业入住手续。

⑤ 业主和物业服务企业签署物业管理的相关文件,如物业管理收费协议、车位管理协议和装修管理协议等。

⑥ 缴纳当期物业服务费用及其他相关费用。

⑦ 领取提供给业主的相关文件资料,如《住宅质量保证书》《住宅使用说明书》和《业主(住户)手册》等。

⑧ 领取物业钥匙。

业主入住手续办理完结之后,物业服务企业应将相关资料归档。

2. 费用收取

建设单位或物业服务企业根据收费标准向业主与物业使用人收取当期物业服务费用及

其他的相关费用,并开具相应的票据给业主或物业使用人。

3. 验房及发放钥匙

(1) 建设单位或物业服务企业陪同业主一起验收其名下的物业,登记水表、电表、气表起始数,根据房屋验收情况、购房合同,双方在《业主入住房屋验收表》上签字确认。

(2) 向业主发放钥匙并记录。

(3) 对于验收不合格的部分,物业服务企业应协助业主督促建设单位进行工程不合格整改、质量返修等工作。若发现重大的质量问题,可暂不发放钥匙。

4. 资料归档

物业验收以及其他的手续办理完结之后,物业服务企业应及时将已办理入住手续的房间号码和业主的姓名通知保安员,并及时将各项业主与物业使用人的资料归档,妥善保管,不得将信息泄露给无关人员。

第二节　入住的服务应注意的问题

一、入住服务准备工作要充分

物业入住在物业管理中是一项烦琐细致的工作,既要求快捷高效,又要求井然有序。由于业主普遍缺乏物业入住的相关知识和经验,经常会存在相关资料准备不足和对物业入住管理等缺乏认识的问题,加之业主入住又是短时间内集中办理的,工作频率高、劳动强度大,因此,一定要充分做好物业入住的各项准备工作。

物业入住准备工作的核心是制订科学周密的计划。在进行周密计划、资料准备及其他准备工作的同时还应注意以下四个方面的工作。

1. 人力资源要充足

现场引导、办理手续、交接查验、技术指导、政策解释、综合协调等各方人员应全部到位、协同工作。如果现场出现人员缺位,其他的人员或机动人员应及时补位。

2. 资料准备要充足

虽然物业服务企业可以通过一定的管理方法有意识地疏导业主,避免业主过于集中,但业主的随意性是不可控制的,因此,有必要预留一定余量的资料。

3. 分批办理入住手续,避免因为过分集中办理产生混乱

为避免入住工作的混乱,降低入住工作强度,在向业主发出《入住通知书》时,应明确告知其入住办理时间,现场应有明确标识和提示,以便对业主入住进行有效的疏导和分流,确保入住工作的顺利进行。

4. 紧急情况要有预案

入住时由于现场人员混杂、场面较大,随时可能发生如治安、消防、医疗、纠纷等突发事件,建设单位及物业服务企业应预先设立各种处理方案,防患于未然。

二、入住服务需要注意的问题

(1) 业主入住实行一站式柜台服务,方便业主办理有关入住手续。在入住手续办理期间,物业建设单位、物业服务企业和相关部门应集中办公,形成一条龙式的流水作业,一次性地解决业主入住初期的所有问题,如办理入住手续,开通电话、有线电视等。

(2) 因故未能按时办理入住手续的业主,可按照《入住通知书》中规定的办法另行办理。

(3) 应合理安排业主入住服务办理时间,适当延长办理时间。为方便业主入住,应根据业主的不同情况实行预约办理或实行弹性工作方式,如在正常工作时间之外另行安排入住手续的办理,或延长工作时间,如中午或晚上延时办公。

(4) 办理入住手续的工作现场应张贴入住公告及业主入住流程图,在显要位置张贴或摆放各类业主入住的标牌标识指引、作业流程、欢迎标语、公告提示等,方便业主了解掌握相关信息,加快入住进程。同时,现场摆放物业管理相关法规和其他的资料,方便业主取阅,减轻咨询工作压力。对于重要的法规文件等,可以开辟公告栏公示。

(5) 指定专人负责业主办理入住手续时的各类咨询和引导,以便入住工作有秩序地进行。入住现场应设迎宾、引导、办事、财务、咨询等各类人员,以方便业主的不同需要,保障现场有秩序地办理,解决各类问题。

(6) 注意安全保卫以及车辆引导。入住期间不仅有室内手续办理,还有现场验房等程序。而有些楼盘的现场施工尚未完结,现场人员混杂,故应注意业主人身安全,引导现场车辆有序停放。

第三节 物业装饰装修管理

物业装饰装修管理是通过对物业装饰装修过程中的管理、服务和控制,规范业主或物业使用人的装饰装修行为,协助政府主管部门对装饰装修过程中的违规行为进行处理和纠正,从而确保物业的正常运行和使用,维护全体业主的合法权益。物业装饰装修管理是物业管理的重要内容之一。在入住后,业主有权对其所购物业进行装修,但在装修前必须向物业服务企业提出申请并缴纳装修管理押金及保证金,经批准后方可动工。在工程的施工过程中,物业服务企业应派人进行现场监督与检查。工程完工后,物业服务企业应组织验收,合格后退还押金及保证金。

一、装修申请

业主或物业使用人在入住后凡要进行室内装修改造的,应及时向物业服务企业申请,填写装修申请表,并附装修方案,报物业服务企业审批。业主及施工单位应在装修申请表上签字盖章。物业服务企业对业主的资格进行确认,并发放物业管理区域内房屋装修管理规定及有关资料。

二、装修审批

物业服务企业应详细地审查装修申请表中的装修申请内容,在一定的时间内予以答复。对应报有关部门审批的,应督促业主或施工单位及时向有关部门申报。对符合有关规定的装修申请,物业服务企业应及时批准同意。对不符合有关规定的,物业服务企业要求业主进行修改,重新提交审批,并同时向业主或物业使用人发放物业服务企业制定的《装修管理规定》。

三、签订装修协议书

物业服务企业在批准同意装修施工之前,应与装修人签订《装修协议书》。《装修协议书》一般包括装修工程的实施内容,装修工程的实施期限,允许施工的时间,垃圾的清运与处置,房屋外立面设施及防盗网的安装要求,禁止行为和注意事项,装修保证金、垃圾费、水电费等的约定,违约责任及其他需要约定的事项等内容。

四、装饰装修施工现场管理

在装修人实施装修期间,物业服务企业应对施工过程进行管理。第一,物业服务企业应要求装修人及施工人员认真阅读《装修管理规定》中的有关内容。第二,物业服务企业应要求装修施工人员到物业服务企业进行登记,由物业服务企业向装修施工人员发放《临时出入证》,装修施工人员凭《临时出入证》进出小区或大厦。物业服务企业要规定装修施工人员的活动范围,只允许装修施工人员在指定的区域内活动,以免影响他人的工作和生活。第三,在装修的过程中,物业服务企业要派专人对装修施工人员的装修情况进行检查,通过加强施工现场的管理来确保装修的规范运作和安全。物业装饰装修施工现场管理应注意以下内容。

1. 严把出入关,杜绝无序状态

由于装修施工人员的来源有极大的不确定性,施工过程中的自我约束不足,以及施工单位管理不力的原因,在物业装饰装修期间,物业服务企业应加强物业管理区域出入口的人员和材料管理。凡未佩戴物业装饰装修施工标识的施工人员和其他闲杂人员应一律禁止入内,从而保证装修施工人员管理的有序化、规范化。

2. 加强巡查,防患于未然

物业装饰装修期间,物业服务企业要抽调专业技术人员、巡楼人员和保安力量,加大物业装饰装修管理的巡查力度,对有违规违章苗头的装饰装修户要重点巡查盯防,做到防患于未然。出现违章违规行为的,要晓之以理、动之以情,必要时可报告行政主管部门处理。

3. 控制作业时间,维护业主的合法权益

物业装饰装修要特别注意装修施工时间,尤其是拆打时间,避免影响其他业主或物业使用人正常的生活秩序和工作秩序。另外,还应针对物业的不同类型制定相应的管理规定并区别对待。

4. 强化管理,反复核查

物业装饰装修期间,物业服务企业要增加人力,做到普遍巡查与重点检查相结合。一要检查装修装饰项目是否为已经登记的项目,二要检查装饰装修物业的内容有无私自增加,三要检查装修施工人员的现场操作是否符合安全要求。

五、装修验收

物业装饰装修工程竣工后,装修人应当通知物业服务企业,并会同装修施工单位按照原装修方案、装修协议和相应的质量标准进行验收。验收合格后,装修人、装修施工单位、物业服务企业在《房屋室内装修验收书》上签字。

思 考 题

1. 简述物业入住的概念。
2. 入住服务在准备阶段要注意哪些方面?
3. 入住服务应注意的事项有哪些?
4. 简述物业入住的流程。
5. 物业装饰装修管理包括哪些内容?
6. 如何对物业装饰装修现场实施管理?
7. 物业装饰装修施工现场管理应注意哪些内容?

第六章
物业服务合同

【教学目的与重点难点】

本章主要介绍物业服务合同的概念与特征、种类,物业服务合同订立的基本原则,物业服务合同内容及签订物业服务合同应注意的问题,物业服务合同的履行与终止,要求学生学会运用法律的手段维护物业服务企业的合法权益,保证物业服务合同的正常履行。

案例导入

【案例 6-1】未签物业服务合同,业主能否拒交物业费?

案情介绍:

孙某系某小区业主。2008年12月,该小区开发商与某物业服务企业签订一份《物业前期管理委托合同》,委托某物业服务企业对该小区实行物业服务管理,委托期限从2009年1月1日至2011年12月31日,期满后,双方续签合同将期限延长至2015年12月31日。合同签订后,某物业服务企业提供物业服务,但孙某以其与物业服务企业之间无任何书面合同,不成立物业服务关系为由拒交物业费。物业服务公司于2013年7月将孙某诉至法院,要求孙某支付2010年4月至2013年5月期间所欠物业费、公共照明电费、垃圾清运费共计2 647.85元。

法院审理:

法院认为,被告是该小区业主,原告与小区建设单位签订的《物业前期管理委托合同》对被告具有约束力,因原告没有证据证明公共照明电费的实际支出费用及分摊方式,故判决被告孙某一次性支付原告某物业服务企业物业服务费2 302.85元、生活垃圾清运费231元。

案例点评:

根据《最高人民法院关于审理物业服务纠纷案件具体应用法律若干问题的解释》第一条的规定:"建设单位依法与物业服务企业签订的前期物业服务合同,以及业主委员会与业主大会依法选聘的物业服务企业签订的物业服务合同,对业主具有约束力。业主以其并非合同当事人为由提出抗辩的,人民法院不予支持。"因此,即使业主未与物业服务企业直接订立书面合同,依上述解释订立的物业服务合同只要不违反相关法律法规,而业主也实际接受了物业服务企业的服务,就应向物业服务企业缴纳相应费用。

第一节 物业服务合同概述

一、物业服务合同的概念

合同是指平等主体自然人、法人、其他组织之间设立、变更、终止民事权利义务关系的协议。

物业服务合同,是指业主(物业的所有权人)与物业服务企业(物业管理与服务的提供方)依法签订的、明确双方权利义务关系的协议。物业服务合同有广义和狭义之分。广义的物业服务合同包括由建设单位与物业服务企业签订的前期物业服务协议,业主委员会代表业主与物业服务企业签订的物业服务合同等;狭义的物业服务合同仅指业主委员会代表业主与物业服务企业签订的物业服务合同。

我国《民法典》实施后,物业服务合同被规定为一项独立的有名称的合同。《民法典》第九百三十七条规定:"物业服务合同是物业服务人在物业服务区域内,为业主提供建筑物及其附属设施的维修养护、环境卫生和相关秩序的管理维护等物业服务,业主支付物业费的合同。物业服务人包括物业服务企业和其他管理人。"第九百三十八条规定:"物业服务合同的内容一般包括服务事项、服务质量、服务费用的标准和收取办法、维修资金的使用、服务用房的管理和使用、服务期限、服务交接等条款。物业服务人公开作出的有利于业主的服务承诺,为物业服务合同的组成部分。物业服务合同应当采用书面形式。"第九百四十二条规定:"物业服务人应当按照约定和物业的使用性质,妥善维修、养护、清洁、绿化和经营管理物业服务区域内的业主共有部分,维护物业服务区域内的基本秩序,采取合理措施保护业主的人身、财产安全。对物业服务区域内违反有关治安、环保、消防等法律法规的行为,物业服务人应当及时采取合理措施制止、向有关行政主管部门报告并协助处理。"

二、物业服务合同的特征

1. 物业服务合同是双务有偿诺成合同

双务是指双方互负义务,一方的权利是另一方的义务,一方的义务是另一方的权利。有偿是指任何一方从对方当事人取得某种利益必须支付的代价。诺成是指双方意思表示一致,合同即成立。例如,业主有支付物业服务费用的义务,同时享有接受物业服务企业提供的相关服务的权利;物业服务企业有权收取物业服务费用,同时,有义务按照规定给业主提供合同规定的物业管理与服务内容。

物业服务合同是一种典型的服务合同。物业服务合同产生的基础在于业主大会、业主委员会的委托。

2. 物业服务合同以要约人的费用办理要约事务

物业服务企业办理要约事务的费用由要约人承担,要约人有义务提供要约事务的必要费用,物业服务企业垫付必要费用,要约人应偿还费用及其利息。

《物业管理条例》第二十一条规定:"在业主、业主大会选聘物业服务企业之前,建设单位选聘物业服务企业的,应当签订书面的前期物业服务合同。"第三十四条规定:"业主委员会应当与业主大会选聘的物业服务企业订立书面的物业服务合同。"这说明,物业服务合同双方当事人意思表示一致后,必须签订书面合同,以利于当事人切实履行合同,发生纠纷也便于举证。

3. 物业服务合同的订立必须符合《民法典》和《物业管理条例》的要求

《民法典》第九百三十七条规定:"物业服务合同是物业服务人在物业服务区域内,为业主提供建筑物及其附属设施的维修养护、环境卫生和相关秩序的管理维护等物业服务,业主支付物业费的合同。"《民法典》第九百三十八条规定:"物业服务合同的内容一般包括服务事项、服务质量、服务费用的标准和收取办法、维修资金的使用、服务用房的管理和使用、服务期限、服务交接等条款。物业服务人公开作出的有利于业主的服务承诺,为物业服务合同的组成部分。物业服务合同应当采用书面形式。"同时,《民法典》对物业服务合同的约束力、物业服务人的义务、业主的事先告知义务,物业服务合同终止后的原物业服务人的义务等做了明确的规定。《物业管理条例》第一章第三条规定:国家提倡业主通过公开、公平、公正的市场竞争机制选聘物业服务企业。《物业管理条例》第四条规定:"国家鼓励采用新技术、新方法、依靠科技进步提高物业管理和服务水平。"

4. 物业服务合同主体的特定性

物业服务合同的当事人一方必须是业主,即物业的所有权人。业主的具体表现形式可以是建设单位(在物业售出之前)、业主或者作为业主代表的业主委员会。物业服务合同的当事人另一方必须是依法成立并具有相应资质的物业服务企业。

5. 物业服务合同内容的复杂性

物业管理服务合同约定的物业管理服务内容较多,包括物业管理区域内的环境卫生、绿化、秩序维护、车辆管理、消防、公共设施设备的运行维护等,这些内容涉及业主或物业使用人的权益甚至公共利益,所以,一旦产生争议,很容易引起业主群体的不满,进而产生负面影响。

6. 物业服务合同是以劳务服务为标的的合同

物业服务企业的义务是提供合同约定的劳务服务,如房屋维修、设备保养、治安保卫、清洁卫生、园林绿化等。物业服务企业在完成了约定义务以后,有权获得报酬。

三、物业服务合同的种类

依据《民法典》《物业管理条例》及其他相关法规的规定,物业服务合同有两种,即前期物业服务合同和物业服务合同。

(一)前期物业服务合同

前期物业服务合同是指建设单位在物业销售之前与物业服务企业依法签订的明确双方权利义务关系的协议。

《民法典》第九百三十九条规定:"建设单位依法与物业服务人订立的前期物业服务合同,以及业主委员会与业主大会依法选聘的物业服务人订立的物业服务合同,对业主具有法律约束力。"第九百四十条规定:"建设单位依法与物业服务人订立的前期物业服务合同约定的服务期限届满前,业主委员会或者业主与新物业服务人订立的物业服务合同生效的,前期物业服务合同终止。"实践中建设单位往往采取"滚动开发"的形式分期建设,分期销售。这样业主入住就是持续的过程。即使是某个小区只有一个楼盘,或者只有一期工程,所有的业主也不可能同时入住。如此一来,从建设单位将物业交付给业主,到业主成立业主大会决定选聘物业服务企业之前,必然有一个过程,此过程离不开物业服务企业提供的物业管理。另外,在物业的规划设计阶段、工程施工、设施设备安装过程中、物业竣工验收环节等,也需要物业管理的早期介入。这个阶段的物业管理,就是前期物业管理。

前期物业服务合同具有以下特征。一是前期物业服务合同由建设单位和物业服务企业签订。在前期物业管理阶段,不具备召开业主大会的条件,业主委员会尚未成立,不能形成统一意志来决定选聘物业服务企业。而此时,客观上需要物业服务企业提供物业管理服务。为了维护正常的秩序,保护业主现实的合法权益,只能由建设单位选聘物业服务企业。而且,此时的建设单位拥有物业,是第一业主。这也是建设单位能够签订前期物业服务合同的法律依据。建设单位在选聘物业服务企业,签订前期物业服务合同时,应当充分考虑和维护未来业主的利益。二是前期物业服务合同具有过渡性。前期物业服务合同的有效期限,始于前期物业服务合同双方约定的生效时间,止于业主委员会与业主大会选聘的物业服务企业签订的物业服务合同生效之时。因为业主大会的召开时间具有不确定性,所以前期物业服务合同期限也是不确定的,具有过渡性。无论前期物业服务合同是否约定了有效期限,期限是否届满,只要业主委员会与物业服务企业签订的物业服务合同生效,前期物业服务合同即自动终止。《民法典》第九百四十六条规定:"业主依照法定程序共同决定解聘物业服务人的,可以解除物业服务合同。决定解聘的,应当提前六十日书面通知物业服务人,但是合同对通知期限另有约定的除外。依据前款规定解除合同造成物业服务人损失的,除不可归责于业主的事由外,业主应当赔偿损失。"

(二)物业服务合同

物业服务合同是指业主委员会代表业主与物业服务企业签订的,规定由物业服务企业提供对房屋及其配套设备、设施和相关场地进行专业化维修、养护、管理以及维护相关区域内环境卫生和公共秩序,由业主支付报酬的服务合同。

当业主入住率达到30%时,应该按照规定及时召开业主大会,选举产生业主委员会。业主委员会成立后,最重要的工作就是选聘物业服务企业,并与中标的物业服务企业签订物业服务合同。该合同生效时,原建设单位与物业服务企业所签订的前期物业服务合同自动失效。

物业服务合同与前期物业服务合同既有相同之处,又有差异,具体如表6-1所示。

表6-1 物业服务合同与前期物业服务合同的异同

		前期物业服务合同	物业服务合同
差异	合同订立主体	一方为建设单位 一方为物业服务企业	一方为业主 一方为物业服务企业
	合同签订时间	建设单位出售物业之前	一般应在业主委员会成立后三个月内,最迟不超过六个月
	合同有效期限	合同有效期自约定前期合同生效之日起,至物业服务合同生效之日止	合同有效期由双方协商约定
相同		1. 合同客体相同,都是物业管理服务活动 2. 合同内容基本相同	

第二节 物业服务合同订立及效力

物业服务合同是合同的一种,它的订立与其他合同订立一样,应当符合《民法典》的规定。

一、物业服务合同订立原则

物业服务合同订立又称物业服务合同的签订,是指物业服务合同的当事人即业主或其代表业主委员会与物业服务企业依法就合同的条款经过协商,达成协议的法律行为。

订立物业服务合同,当事人应当遵循以下基本原则。

1. 平等原则

平等原则是指合同当事人的法律地位平等,即享有民事权利和承担民事义务的资格是平等的,任何一方不得将自己的意志强加给另一方。

2. 自愿原则

自愿原则是指合同当事人在法律规定的范围内根据自己的意愿订立合同。当事人有缔结合同的自由,选择相对人的自由、决定合同内容和形式的自由,任何单位和个人不得非法干预。

3. 公平原则

公平原则是指当事人在合同订立、合同履行、合同解释等过程中,应遵循公平原则确定各方的权利和义务。

4. 诚实信用原则

当事人行使权利、履行义务应当遵循诚实信用原则,要言行一致,说到做到,不得有隐瞒欺诈行为。

5. 合法原则

合法原则是指当事人订立合同,应当遵循法律、行政法规,尊重社会公德,不得扰乱社会经济秩序,损害社会公共利益。

二、物业服务合同订立程序

订立合同的程序,是当事人就合同条款进行协商,达成协议的过程和步骤,一般要经过要约和承诺两个阶段。

1. 要约

要约,是指希望与他人订立合同的意思表示。即一方当事人以签订协议为目的,向另一方当事人提出合同条件,并希望对方接受的意思表示。发出要约的一方为要约人,接受要约的一方为受要约人。

要约的构成要件:

(1) 要约的内容必须具体、确定;

(2) 表明经受要约人承诺,要约人即受该意思表示约束;

(3) 要约原则上是向特定的人发出,有时也可向不特定的人发出;

(4) 要约到达受要约人时生效。

2. 承诺

承诺,是指受要约人同意接受要约的全部条件的意思表示。非受要约人向要约人作出的接受要约的意思不能表示承诺。

承诺的构成要件:

(1) 承诺应当以通知的方式由受要约人向要约人作出;

(2) 承诺的内容应当与要约的内容一致;

(3) 承诺应在要约规定的期限内作出;

(4) 承诺必须表明受要约人与要约人订立合同的意思表示,承诺通知到达要约人时生效。

合同订立往往要经过反复协商,才能达成一致协议,这个反复协商的过程即:要约—新要约—再要约—再新要约—承诺。受要约人对要约表示承诺后,合同即告成立,双方当事人依法办理手续后,就产生了合同规定的权利义务关系。

物业服务合同,以承诺的内容为准。

三、物业服务合同形式

合同形式,是合同当事人所达成协议的表现方式,是合同内容的载体。《民法典》规定当事人订立合同,可以采取书面形式、口头形式或者其他形式。

书面形式是合同书、信件、电报、电传、传真等可以有形地表现所载内容的形式。以电子数据交换、电子邮件等方式能够有形地表现所载内容,并可以随时调取查用的数据电文,视为书面形式。

口头形式是当事人只用语言意思表示订立的合同,而不用文字表达合同内容的形式,如面谈、电话等。其优点是简便易行,缔约成本低,但此类合同发生争议时,不易取证,难辨是非。

其他形式是除书面形式、口头形式之外的合同形式,如公证、批准、登记等形式。

由于物业服务合同与业主的生活、工作密不可分,涉及面广,内容多而且杂,合同履行周期长,因此《民法典》第九百三十八条规定"物业服务合同应当采用书面形式"。

四、物业服务合同内容

合同内容往往通过合同条款的形式表现出来。合同条款是合同当事人协商一致,明确各方权利义务的具体条文,它是各方当事人履行合同的重要依据。

物业管理服务合同主要内容包括:第一,住宅共用部位、共用设备的使用、管理、维修和更新;第二,物业管理区域内公共设施的使用、管理、维修和更新;第三,电梯、水泵等房屋设备的运行服务;第四,保洁服务;第五,秩序维护管理与服务;第六,物业维修、更新费用、账务管理;第七,物业档案资料的保管。

物业服务合同当事人也可以约定下列物业管理服务特约事项:第一,业主住宅的自用部位和自用设备的维修、更新;第二,业主委员会委托的其他物业管理服务事项等。

根据《民法典》和《物业管理条例》等有关规定,物业服务合同应当由开头、正文、结尾三个部分组成。

(一) 开头部分

开头部分主要说明当事人的情况等,不属于当事人履行的内容。一般包括:

(1) 合同名称。

(2) 当事人的名称、地址。

(3) 订约事由。如:"根据国家、地方有关法律、法规和政策,在平等、自愿、协商一致的基础上,甲、乙双方经过认真协商,就甲方委托乙方对祥和苑(以下简称本物业)实行专业化的物业管理服务订立本合同,供双方恪守。"

（二）正文部分

物业服务合同的正文部分载明了双方当事人订立合同所要取得的结果,包含了物业基本情况、物业管理事项、服务质量、服务费用、双方的权利义务、专项维修资金的管理与使用、物业管理用房、合同期限、违约责任等内容。

（三）结尾部分

为保持合同的完整,与合同开头部分首尾呼应,物业服务合同应有结尾部分。其内容主要包括：

（1）订约日期、地点。
（2）合同生效的日期。
（3）合同的份数。
（4）当事人的签字、盖章。

五、签订物业服务合同应注意的问题

为避免或者减少日后的纠纷,或纠纷发生后易于明确责任,物业服务合同在签订时,应注意以下几点。

1. 合同内容宜细不宜粗

合同内容宜细不宜粗是指合同的每一条款详细、具体、明确,操作性强,避免出现模棱两可,容易产生误解的词语。

2. 不应有无偿、无期限的承诺

在物业管理市场竞争日益加剧的情况下,有的物业服务企业为了提高中标的可能性,往往提出无偿无期限的承诺,一旦中标,对物业管理工作是很不利的,也不符合合同订立的原则。

按照有关法律规定,甲方（委托方）可以向乙方（物业服务企业）无偿提供物业管理办公用房。除此以外,在物业服务合同中,不应再有无偿无期限的承诺,如对业主、非业主的使用人无偿提供班车服务等。

第一,物业服务是有偿服务,无偿提供的管理服务仍是有成本的,需要支付费用,无论是建设单位还是物业服务企业都不可能也不应该长期承担该费用,这将增加正常物业管理状态的管理服务和成本费用的压力,影响正常物业管理与服务工作,会导致管理服务标准的降低或变相分摊给全体业主；第二,由于物业服务企业提供的无偿服务对每个业主、非业主的使用人来说,并不一定都是必需的,用正常物业管理活动的人力和费用成本,无偿提供有关服务将会导致业主、非业主的使用人之间享受到的服务不一致,这对那些不必要或者未享受到该无偿服务的业主、非业主的使用人来说是不公平的,这种做法是利益侵害。

物业服务合同是有期限的,无期限的承诺理论上讲不通,实践上也难以做到。承诺做不到的事项,有悖诚实信用原则。

3. 合同签订要实事求是，留有余地，量力而行

双方一旦签订物业服务合同，物业服务企业就要认真、严格地履行合同约定的职责，凡做不到位的地方，物业服务企业都应承担相应的责任。因此，在合同谈判中，既要实事求是，又要留有余地。下面几点应引起建设单位，尤其是物业服务企业的注意：在投标和承诺物业管理服务标准时，物业服务企业要量力而行。不同的物业有不同的档次，这是客观条件；不同的物业服务企业又有各自不同的情况，这是主观条件。在实施物业管理时，客观条件的约束和主观条件的限制是做好物业管理服务工作的基础性条件，管理服务的结果只能建立在这个基础之上。要注意，对经过努力才有可能达到的一些标准，要留有余地，更不能说过头话。反之，则很容易成为产生问题的根源。

4. 对违约责任的约定

在物业管理的实践过程中，不可避免地会产生各种各样的问题、矛盾与纠纷。这些问题、矛盾与纠纷既可能发生在物业服务企业与业主之间，也可能发生在业主之间，其中有违法的问题，但更多的则是违规、违约以及有违是非道德和认知水平的问题。对于不同性质、不同层面的问题、矛盾与纠纷要通过不同的途径，采取不同的处理方式来解决。

六、物业服务合同效力

合同效力是指法律赋予依法成立的合同具有的强制力，又叫作合同法律效力。物业服务合同的成立与生效必须具备以下条件。

1. 主体合格

主体合格是指订立合同的主体必须具有相应的民事权利能力和民事行为能力。物业服务合同的主体，一方是特定物业的所有权人，即业主；另一方是物业服务活动的提供者，即物业服务企业。

《物业管理条例》第十五条规定，"业主委员会执行业主大会的决定事项""代表业主与业主大会选聘的物业服务企业签订物业服务合同"。

2. 内容合法

内容合法是指物业服务合同的内容必须符合法律、法规的规定，不得损害社会公共利益。

3. 意思表示必须真实

合同当事人的意思表示必须真实、自愿。合同是当事人意思表示一致的法律行为，只有在平等、自愿、公平、诚实信用的基础上，经双方协商，达成合意时，合同才能成立。

意思表示不真实的合同，并不必然导致合同无效，其效力取决于当事人的意志。

4. 合同必须采用书面形式

由于物业服务合同业主主体方人数众多，涉及面广，内容复杂，履行期长，法律规定物业服务合同应当采取书面形式。

第三节　物业服务合同履行与终止

一、物业服务合同履行

合同履行是指合同生效以后,合同当事人按照合同的约定,完成各自所承担的义务的行为,如交付货物、完成工作、提供劳动、支付价款等,从而使合同目的得以实现。

物业服务合同履行,是指物业服务合同当事人各方按照物业服务合同的约定或者法律的规定履行其义务。物业服务合同为双务合同,物业服务合同的履行是双方当事人所负义务的各自履行,而不是仅有一方当事人履行义务而对方不履行义务。

(一)物业服务合同履行的原则

依据法律规定,物业服务合同的履行必须遵循实际履行、协作履行、公平和诚实信用、全面履行等基本原则。

1. 实际履行原则

实际履行,是指合同当事人应当按照合同约定的标的履行自己的义务,不能用其他标的代替,也不能用交付违约金和赔偿金的方式来代替。

物业服务合同中规定的服务内容都是非金钱债务,合同标的难以用其他标的代替,因而必须严格遵循实际履行原则。

当然,贯彻实际履行原则,也要从客观实际出发。当物业服务合同的履行已不必要或已不可能时,就不能再提倡实际履行,而应采取其他补救措施。

2. 协作履行原则

协作履行,是指合同的双方当事人不仅要各尽其应尽的义务,而且还要协助对方履行义务。

合同的履行需要义务人各方尽自己的义务,这是毫无疑问的。只有义务人各方尽了自己的义务,才能使权利人的权利得以实现。因此,合同双方当事人实际履行各自的义务,这只是协作履行的一般要求。双方当事人还应积极接受履行,并为对方履行义务创造必要的条件。

3. 公平和诚实信用原则

公平和诚实信用原则是合同订立的基本原则,也是合同的履行原则。公平和诚实信用,是指合同的主体在履行各自义务时,应该讲求诚实、恪守信用、信守合同,严格依照约定履行合同。合同主体在履行自己所负的义务或者是在接受对方履行时,既要考虑到自己的利益,也要兼顾对方当事人的利益,还应兼顾整个社会的公共利益;双方当事人既要真诚协作,又要注意合同的履行是否经济合理。任何一方在合同的履行过程中都不应仅从个人或小团体利益出发。

4. 全面履行原则

全面履行,又称为完全履行或正确履行。完全履行,是指债务人履行了其全部义务;正确履行是指债务人的履行符合合同的约定或者法律的规定。

物业服务合同履行过程中,常见的未全面履行行为通常表现为:履行标的的质量不达标、数量短少;履行期限不适当;履行地点不适当;履行方式不适当;法定附随义务未履行等。《民法典》第九百四十一条规定:"物业服务人将物业服务区域内的部分专项服务事项委托给专业性服务组织或者其他第三人的,应当就该部分专项服务事项向业主负责。物业服务人不得将其应当提供的全部物业服务转委托给第三人,或者将全部物业服务支解后分别转委托给第三人。"第九百四十二条规定:"物业服务人应当按照约定和物业的使用性质,妥善维修、养护、清洁、绿化和经营管理物业服务区域内的业主共有部分,维护物业服务区域内的基本秩序,采取合理措施保护业主的人身、财产安全。对物业服务区域内违反有关治安、环保、消防等法律法规的行为,物业服务人应当及时采取合理措施制止、向有关行政主管部门报告并协助处理。"第九百四十三条规定:"物业服务人应当定期将服务的事项、负责人员、质量要求、收费项目、收费标准、履行情况,以及维修资金使用情况、业主共有部分的经营与收益情况等以合理方式向业主公开并向业主大会、业主委员会报告。"第九百四十四条规定:"业主应当按照约定向物业服务人支付物业费。物业服务人已经按照约定和有关规定提供服务的,业主不得以未接受或者无须接受相关物业服务为由拒绝支付物业费。业主违反约定逾期不支付物业费的,物业服务人可以催告其在合理期限内支付;合理期限届满仍不支付的,物业服务人可以提起诉讼或者申请仲裁。物业服务人不得采取停止供电、供水、供热、供燃气等方式催交物业费。"

(二)合同中止履行的条件

《民法典》第九百四十七条规定:"物业服务期限届满前,业主依法共同决定续聘的,应当与原物业服务人在合同期限届满前续订物业服务合同。物业服务期限届满前,物业服务人不同意续聘的,应当在合同期限届满前九十日书面通知业主或者业主委员会,但是合同对通知期限另有约定的除外。"《民法典》第九百四十八条规定:"物业服务期限届满后,业主没有依法作出续聘或者另聘物业服务人的决定,物业服务人继续提供物业服务的,原物业服务合同继续有效,但是服务期限为不定期。当事人可以随时解除不定期物业服务合同,但是应当提前六十日书面通知对方。"

在物业服务合同履行的过程中,如果业主负先行缴纳物业服务费的义务,当业主有确切证据证明物业服务企业经营状况严重恶化,或者转移财产、抽逃资金,以逃避债务,或者丧失商业信誉,或者有丧失或者可能丧失履行债务能力的其他情形时,业主可以中止履行物业服务合同,暂停缴纳物业服务费。业主决定中止履行物业服务合同的,应当及时通知物业服务企业。物业服务企业提供适当担保时,业主应当恢复履行物业服务合同,及时缴纳物业服务费。物业服务合同中止履行后,物业服务企业在合理期限内未恢复履行能力并且未提供适当担保的,中止履行的业主可以要求解除合同。业主在没有确切证据的情况下中止履行的,应当承担违约责任。当然,物业服务合同中抗辩权的行使,并不妨碍受到损失的一方当事人要求违约方承担违约责任,赔偿损失。

二、物业服务合同终止

合同的终止,又称合同的权利义务终止或合同的消灭。《民法典》第九百四十九条规定:

"物业服务合同终止的,原物业服务人应当在约定期限或者合理期限内退出物业服务区域,将物业服务用房、相关设施、物业服务所必需的相关资料等交还给业主委员会、决定自行管理的业主或者其指定的人,配合新物业服务人做好交接工作,并如实告知物业的使用和管理状况。原物业服务人违反前款规定的,不得请求业主支付物业服务合同终止后的物业费;造成业主损失的,应当赔偿损失。"第九百五十条规定:"物业服务合同终止后,在业主或者业主大会选聘的新物业服务人或者决定自行管理的业主接管之前,原物业服务人应当继续处理物业服务事项,并可以请求业主支付该期间的物业费。"物业服务合同终止时,业主大会选聘了新的物业服务企业的,物业服务企业之间应当做好交接及善后工作。

第四节 物业服务合同违约责任

一、违约责任的概念

违约责任是指当事人一方不履行合同义务或者履行合同义务不符合约定的,根据法律规定或合同约定,应承担的法律责任。

不履行合同义务,是指合同当事人不能履行或者拒绝履行合同义务。履行合同义务不符合约定,简称为不适当履行,不适当履行包括不履行以外的一切违反合同义务的情况。例如,不按合同约定条款履行服务内容等。不适当履行合同有两类:其一为履行有瑕疵;其二为加害履行,即债务人的履行不但含有瑕疵,而且其瑕疵还造成了对债权人的侵害。

二、违约责任构成要件

《民法典》规定,只要当事人一方不履行合同义务或者履行合同义务不符合约定的,就要承担违约责任。可见,我国《民法典》在对待违约责任问题上采取严格责任原则,不考虑合同当事人对违约是否在主观上存有过错,只要存在违约行为,除不可抗力等法定可免责事由之外,都要承担违约责任。

需要说明的是,在法律规定或合同约定的条件成立时,不履行或不完全履行合同义务的当事人,可以不承担违约责任,这就是违约责任的免除。违约责任的免除条件如下:

(1) 因不可抗力不能履行合同的,根据不可抗力的影响,部分或者全部免除责任,但法律另有规定的除外。当事人一方因不可抗力不能履行合同的,应当及时通知对方,以减轻可能给对方造成的损失,并应当在合理期限内提供证明。当事人迟延履行后发生不可抗力的,不能免除责任。

(2) 因当事人一方的过错造成合同不能履行或不能完全履行的,另一方不承担责任。

(3) 法律和合同有特别规定的。

三、承担违约责任的方式

《民法典》规定的承担违约责任的方式主要有以下几种。

1. 继续履行

继续履行是指违约方不论是否已经承担了支付违约金或赔偿损失的责任,都必须根据对方的要求,在自己能够履行的条件下,对原合同未履行的部分进行履行。

2. 采取补救措施

补救措施是指在违反合同的事实发生后,为防止损失发生或者扩大,而由违反合同的行为人采取修理、重作、更换、退货、减少价款等措施承担责任。

3. 支付违约金

违约金是指由法律规定或合同约定的,在发生违约事实时违约方向对方支付的一定数额的货币。违约金有两种:法定违约金和约定违约金。法定违约金是由法律直接规定的。约定违约金是由合同当事人双方协商确定的。

约定的违约金低于造成的损失的,当事人可以请求人民法院或者仲裁机构予以增加;约定的违约金过分高于造成的损失的,当事人可以请求人民法院或者仲裁机构予以适当减少。

当事人既约定违约金,又约定定金的,一方违约时,对方可以选择适用违约金或者定金条款,但只能选择其中一种。

4. 赔偿损失

赔偿损失是指当事人一方不履行合同义务或者履行义务不符合约定的,给对方造成损失的,依法所做的经济补偿。损失赔偿额应当相当于因违约所造成的损失,包括合同履行后可以获得的利益,但不得超过违反合同一方订立合同时预见到或者应当预见到的因违反合同可能造成的损失。当事人可以在合同中约定因违约产生的损失赔偿额的计算方法。

思 考 题

1. 物业服务合同的概念和特征是什么?常见的物业服务合同的种类有哪些?
2. 物业服务合同的订立原则有哪些?
3. 物业服务合同订立的程序是什么?
4. 物业服务合同主要包括哪些内容?
5. 签订物业服务合同应注意哪些问题?
6. 物业服务合同的成立与生效必须具备什么条件?
7. 物业服务合同的履行应遵循哪些原则?
8. 违约责任的构成要件有哪些?
9. 简要说明承担合同违约责任的方式。

 案例分析

20××年3月,某小区业主委员会受业主委托与某物业服务企业签订物业服务合同,合同有效限期3年。20××年8月,李先生入住该住宅小区之后,一直没有缴纳物业费。当物业服务企业催促他缴纳物业管理费时,李先生认为自己没有参加业主大会,没有授权业主委员会与物业服务企业签订合同,因此李先生拒绝承认物业服务企业与业主委员会签订的合同,拒绝缴纳物业服务费。后经业主委员会多次出面调解也没有结果。次年3月,物业服务企业把李先生告上了法庭,请求法院判决李先生向物业服务公司支付其欠交的总额为2 250元的管理费及利息,并且确认李先生与物业服务企业之间系物业服务合同关系。李先生认为,自己没有与物业服务企业建立合同关系,因为合同是平等主体的自然人、法人或其他组织之间设立、变更、终止民事权利义务关系的协议,当事人依法享有订立或者不订立合同的权利,任何单位和个人不得非法干预,请求法院驳回原告诉讼请求。

请问:

1. 小区业主委员会与某物业服务企业签订的物业服务合同对李先生是否发生法律效力?为什么?

2. 如果该物业服务合同对李先生有法律约束力,那么,李先生应当承担什么责任?

第七章
房屋维修管理

【教学目的与重点难点】

通过本章的学习,学生可了解房屋维修工程,熟悉房屋维修工程的翻修、大修、中修、小修和综合维修。掌握房屋日常养护管理、房屋安全管理与鉴定、老旧小区管理与实施城市更新行动等。本章的学习难点在于房屋维修工程分类。

案例导入

【案例7-1】房屋漏雨、透寒维修纠纷

业主一：我在20××年买的新房，可拿到钥匙以后就发现房子漏雨透寒。我找物业要求维修，可是物业却一直拖，直到现在也没给彻底维修好。我说什么时候给我修房子我就什么时候交物业费，但物业却说我的房子已过5年的保修期，得自己掏钱修房子，请问有这种说法吗？我的维修基金岂不是白交了，维修基金只管5年吗？这种情况我不交物业费行吗？

业主二：我是泡崖二区的业户，20××年居住以来，房屋就一直漏雨，物业倒是修了几次，可还是年年漏雨，这两年物业不再维修，就让我等。我想咨询有什么办法解决，可不可以通过法律渠道解决呢？

以上两位业主遇到的都是漏雨和透寒问题。漏雨和透寒一般发生的部位，通常在外墙、屋顶，而这些部位属于房屋的共用部位，而共用部位的质量问题在国家规定的保修期限内应当由建设单位负责维修，保修期满后，应该由物业公司负责维修。但如果透寒部位属于业主自用部位，保修期满后，由业主自行负责维修。

住宅专项维修资金是指专项用于住宅共用部位、共用设施设备保修期满后的维修和更新、改造的资金。业主自用部位的维修不能使用此资金。

漏雨透寒是在保修期内出现的房屋质量问题且业主有证据证明曾向建设单位要求予以维修的，则应由建设单位承担维修责任。如已超过保修期且属于公共部位的，则应要求物业公司予以维修。如果物业公司未履行物业服务合同约定的维修义务，业主可以请求物业公司承担继续履行、赔偿损失等违约责任。至于物业公司应承担的违约赔偿金，业主可以主张从其应交的物业费中扣减。

律师提示：房屋的共用部分维修主体是建设单位和物业。

目前，房屋质量问题中常见的就是房屋漏雨和透寒，但维修及处理方式则各不相同。业主购买的房屋在保修期内出现质量问题，应当及时通知建设单位，由其负责维修。保修期满出现质量问题的，如属于共用部位或者共用设施设备，可使用房屋维修基金，并由物业公司组织维修；如属于自用部位的，则应由业主自行负责维修。需要说明的是，房屋在保修期内出现质量问题建设单位未进行维修或未能修好，在保修期满再次发生问题的，仍应由建设单位负责维修，或者由建设单位委托其他单位负责维修。

在《最高人民法院关于审理商品房买卖合同纠纷案件适用法律若干问题的解释》中有如下规定。

第九条 因房屋主体结构质量不合格不能交付使用，或者房屋交付使用后，房屋主体结构质量经核验确属不合格，买受人请求解除合同和赔偿损失的，应予支持。

第十条 因房屋质量问题严重影响正常居住使用，买受人请求解除合同和赔偿损失的，应予支持。

交付使用的房屋存在质量问题，在保修期内，出卖人应当承担修复责任；出卖人拒绝修复或者在合理期限内拖延修复的，买受人可以自行或者委托他人修复。修复费用及修复期间造成的其他损失由出卖人承担。

第十一条 根据《民法典》第五百六十三条的规定，出卖人迟延交付房屋或者买受人迟延支付购房款，经催告后在三个月的合理期限内仍未履行，解除权人请求解除合同的，应予支持，但当事人另有约定的除外。

> 法律没有规定或者当事人没有约定,经对方当事人催告后,解除权行使的合理期限为三个月。对方当事人没有催告的,解除权人自知道或者应当知道解除事由之日起一年内行使。逾期不行使的,解除权消灭。

第一节　房屋维修管理概述

一、房屋维修管理在物业管理中的地位与作用

（一）房屋维修的概念

房屋维修是指对已建成的房屋进行翻修、大修、中修、小修、综合维修和维护保养。

房屋在使用过程中产生的自然损坏和人为损坏必然导致房屋使用功能的降低或丧失,为恢复或部分恢复其原有的功能,就要及时进行有针对性的房屋维修工作。一般情况下,房屋维修主要是为了恢复保持和提高房屋的安全与耐久性。有时候为改善或改变房屋的居住条件,甚至是为了改善或提高房屋的艺术性要求,需要进行特殊的房屋维修。

（二）房屋维修管理在物业管理中的地位与作用

房屋维修管理是物业管理中的一项基础性工作,在整个物业管理工作中具有重要的地位和作用。

1. 从物业自身的角度看

房屋维修的根本任务是保证原房屋的住用安全和使用功能,即提高房屋的完好率,延长房屋的使用寿命,减少资金投入,充分发挥房屋的使用价值。

2. 从房地产业的角度看

房屋维修管理是房地产业开发在消费环节中的延续。做好房屋维修管理,有利于房屋价值的追加,可以延缓物业的自然损耗,提高物业的价值和使用价值,从而使物业保值、增值,促进房地产业的生产、流通、消费各环节的良性循环。

3. 从物业服务企业的角度看

良好的房屋维修管理有利于消除业主置业的后顾之忧,促进房屋销售和租金的提高,既可增加企业的经济效益,又可树立良好的企业形象,提高物业服务企业在社会上的信誉和在激烈的市场竞争中的竞争力。

4. 从使用者和社会的角度看

及时、良好的房屋维修管理有利于逐步改善工作环境和生活条件,不断满足社会需求和人民居住生活的需要,有利于整个社会的稳定,逐步把城市建设成环境优美、生活安静、利于生产、方便生活的美好家园,促进城市经济的发展和社会主义精神文明建设。

二、维修责任的划分

房屋维修责任的划分是为了确定业主与物业使用人应分别承担的维修责任和维修费用的界限。

1. 新建房屋在保修期内

新建房屋,自每幢房屋竣工验收之日起,在规定的保修期内,由施工单位负责房屋质量保修。竣工验收与业主入住前的时间差而产生的房屋保修,由建设单位负责。

一般保修期计算如下:

(1) 民用与公共建设的土建工程为1年;
(2) 建筑物的照明电气、上下水管安装工程为6个月;
(3) 建筑物的供热、供冷系统为1个采暖、供冷期;
(4) 室外的上下水管道和小区道路为1年。

2. 保修期满后

保修期满后,由业主承担房屋维修责任,并承担维修费用。对业主委托物业服务企业管理的物业,具体规定如下。

(1) 物业服务企业承担房屋建筑共用部位、共用设施设备、物业规划红线内的市政公用设施和附属配套服务设施的维修责任。

房屋建筑共用部位包括楼盖、屋顶、梁、柱、内外墙体和基础等承重结构部位和外墙面、楼梯间、走廊通道、门厅、电梯厅、楼内车库等。

房屋建筑共用设施设备包括共用的上下水管道、落水管、邮政信箱、垃圾道、烟囱、供电干线、共用照明、天线、中央空调、暖气干线、供暖锅炉房、高压水泵房、楼内消防设施设备、电梯等。

物业规划红线内的市政公用设施和附属建筑包括道路、室外上下水管道、化粪池、沟渠、池、井、绿化、室外泵房、自行车车棚、停车场等物业。规划红线内的附属配套服务设施包括网球场、游泳池和商业网点等。

维修费用按照《住宅共用部位共用设施设备维修基金管理办法》执行,由各业主按业权比例分担,做法是建立物业专项维修资金,事先向各业主按比例收取,在全体业主的监督下专款专用。

上述维修责任及费用应在物业服务合同中写明。

(2) 业主承担物业内自用部位和自用设备的维修责任。

自用部位和自用设备是指户门以内的部位和设备,包括水、电、气户表以内的管线和自用阳台。业主可自用维修,也可委托他人或物业服务企业维修。但物业服务企业都负有检查监督的责任。维修费用由业主承担。

3. 其他情况

凡属使用不当或人为造成房屋损坏的,由行为人负责修复或给予赔偿。

三、物业服务企业房屋维修管理的内容

在政府房地产行政主管部门的指导和监督下,物业服务企业对物业管理区域内的房屋

维修负有全面管理的职责。房屋维修管理的内容包括房屋维修的计划管理、技术管理、质量管理、施工管理和资金管理等五个方面。

(一) 房屋维修计划管理

物业服务企业应根据房屋的实际状况和房屋及各类设施设备维修、更新周期制订房屋维修的计划,尤其是大修、中修工程项目的计划,并按时完成,确保房屋的完好与正常使用。

(二) 房屋维修技术管理

房屋维修技术管理是对房屋的查勘、鉴定、维修、使用等各个环节的技术活动和技术工作的各种要素进行科学管理的总称。物业服务企业房屋维修的技术管理工作包括以下几个方面。

(1) 组织查勘、鉴定,掌握房屋完损情况,按房屋设计用途和完损情况,拟订维修方案。

(2) 加强日常养护,有计划地组织房屋按年轮修。

(3) 分配年度维修投资、审核维修方案和工程预决算,与施工单位签订施工合同,并履行合同规定,以尽可能少的费用,取得尽可能大的维修效果。

(4) 配合施工部门,对住户进行适当安置,保证维修工程按时开工,配合施工单位顺利完成施工任务。

(5) 工程进行时,监督施工单位按规定要求施工,确保维修工程质量;竣工后,进行工程验收。

(6) 组织自行施工的维修工程的施工管理,进行工料消耗和质量检查鉴定。

(7) 建立房屋技术档案,并进行科学管理。

(三) 房屋维修质量管理

房屋维修质量管理是房屋维修管理中最重要的一环。国务院 2000 年 1 月 10 日实施的第 279 号令《建筑工程质量管理条例》对房屋维修工程的质量提出了相关规定,应严格执行。

1. 强化维修工程质量监督

对于中修以上的房屋维修工程,必须向房屋所在地的有关质量监督机构办理质量监督手续,未办理质量监督手续的,不得施工。

2. 加强维修工程质量检查和验收

中修以上的房屋维修工程,应当先进行查勘设计,并严格按照设计组织施工。维修工程必须按照有关质量逐项检查施工质量和工程质量。为了统一房屋维修工程质量检验评定方法,进一步提高工程质量,竣工后,物业服务企业应进行质量检验评定,经检验评定不合格的,不得验收交付使用。

3. 完善维修工程质量保修制度

房屋维修工程实行质量保修制度。质量保修的内容和期限,应当在工程合同中载明。

(四) 房屋维修施工管理

房屋维修施工管理是指为实现房屋维修的总目标,针对维修工程的施工而进行的计划、组织、指挥、调节和监督等管理工作。房屋维修施工管理一般有两种情况：一是自己拥有一支维修养护队伍来进行维修工程的施工；二是自己没有维修队伍，对房屋的维修工程实行招标，或以承包方式把房屋的维修养护承包给专业维修队伍。随着市场经济的发展，招标或承包的维修工程会越来越多。无论哪种情况，施工管理的基本内容都是一致的，包括施工计划管理、施工组织管理、施工调度与施工现场管理、施工质量与施工安全管理、施工机器设备与施工材料管理和成本核算管理等。

（五）房屋维修资金管理

房屋维修资金管理是指维修资金的筹措与使用安排。物业服务企业用于房屋维修的资金，其来源除包括业主缴纳的维修基金，以及物业管理服务费中的一部分外，还包括开展多种经营收入的部分盈余。维修基金用于大、中修，物业服务费用中的一部分用于日常的维修养护，开展各种经常收入中的部分盈余主要是弥补维修资金的不足。

第二节　房屋维修工程

一、房屋维修工程的分类

为了加强房屋维修的科学管理，合理地使用维修资金，加强维修工作的计划性，应实行分类指导，通常是按房屋的完损状况和工程性质、结构性质、经营管理性质进行工程分类。

（一）按房屋的完损状况和工程性质划分

根据房屋的完损状况和相应的工程性质，房屋维修工程可分为翻修、大修、中修、小修和综合维修五类。

1. 翻修工程

翻修工程是指原有房屋需全部拆除、另行设计、重新建造或利用少数主体构件进行改造的工程。翻修工程包括原地翻修改建、移地翻修改建和小区复建房等。

翻修工程主要适用于：

（1）主体结构全部或大部分严重损坏，丧失正常使用功能，有倒塌危险的房屋；

（2）因自然灾害破坏严重，不能再继续使用的房屋；

（3）主体结构、围护结构简陋，无修理价值的房屋；

（4）地处陡峭易滑坡地区的房屋或地势低洼长期积水又无法排出地区的房屋；

（5）国家基本建设规划范围内需要拆迁恢复的房屋。

翻修工程投资大、工期长，应尽量利用旧料，其费用应低于该建筑物同类结构的新建造价。翻修后的房屋必须达到完好房屋的标准。新建住宅小区基本上不存在翻修工程。

2. 大修工程

大修工程是指需牵动或拆换部分主体和房屋设备，但不需全部拆除，一次费用在该建筑物同类结构新建造价的 25% 以上的工程。

大修工程主要适用于：

（1）主体结构的大部分严重损坏，有倒塌或有局部倒塌危险的房屋；

（2）整幢房屋的共用生活设备（包括上水、下水、照明、通风和采暖等）必须进行管线更换，需要改善新装的房屋；

（3）因改善居住条件，需局部改建的房屋；

（4）需对主体结构进行专项抗震加固的房屋。

大修工程的主要特点是工程地点集中、项目齐全，具有整体性。大修后的房屋必须符合基本完好或完好房屋标准的要求。在进行大修工程时，可考虑适当增添新的设施，改善居住条件。

3．中修工程

中修工程是指需牵动或拆换少量主体构件，保持原房的规模和结构，一次费用在该建筑物同类结构新建造价的 25% 以下的工程。

中修工程主要适用于：

（1）少量结构构件形成危险点的房屋；

（2）一般损坏的房屋，如整幢房屋的门窗整修，楼地面、楼梯维修、抹灰修补、油漆保养、设备管线的维修和零配件的更换等；

（3）整幢房屋的共用生活设备，如上下水管道、通风采暖设备管道、电气照明线路等需局部进行更换改善或改装、新装工程的房屋，以及单项目维修的房屋。

中修工程的主要特点是工程比较集中、项目较小、工程量较大，常有周期性。中修后的房屋 70% 以上必须符合基本完好或完好房屋标准的要求。

4．小修工程（零修工程或养护工程）

小修工程即房屋的日常养护，是指为了保持房屋的原有完好等级，进行日常养护和及时修复小损小坏的工程。具体内容详见本章第四节"房屋的日常养护"。小修工程的平均费用一般为房屋现实造价的 1% 以下。

5．综合维修工程（成片轮修工程）

综合维修工程是指成片多幢（大楼可分为单幢）大修、中修、小修一次性应修尽修，其费用控制在该片（幢）建筑物同类结构新建造价的 20% 以上的工程。

这类维修工程应根据各地的情况、条件的不同，考虑到一些特殊要求，如抗震、防灾、防风、防火等，在维修中一并予以解决。

综合维修工程主要适用于：

（1）该片（幢）大部分严重损坏，或一般性损坏需进行有计划维修的房屋；

（2）需改变片（幢）面貌而进行有计划维修的工程。

经过综合维修后的房屋，必须符合基本完好或完好房屋的标准要求。综合维修工程在统计时计入大修工程项目内，可以不单独列出。

（二）按房屋的结构性质划分

按应修房屋的结构性质，房屋维修工程可分为承重结构的维修和非承重结构的维修两部分。

1. 承重结构的维修

承重结构的维修是指对房屋的基础、梁、柱、承重墙以及楼盖的基层等主要受力部分进行维修。这是房屋维修的重点。房屋维修的原则是安全第一,只有房屋的承重结构维修好了,非承重结构的维修才有意义。

2. 非承重结构的维修

非承重结构的维修是指对房屋的门窗、墙皮、非承重墙面、地面、顶棚、上下水道和附属部分的维修,也称为维修养护工作。非承重结构维修养护得好,对承重结构也会起保护作用。非承重结构的维修是对房屋外貌的装饰、美化,维持或改善了住用环境。非承重结构的维修应以保证承重结构的完整无损为前提。

(三)按经营管理的性质划分

按经营管理的性质,房屋维修工程可分为恢复性维修、赔偿性维修、改善性维修、救灾性维修和返工性维修五类。

1. 恢复性维修

恢复性维修又称基本维修,不含重建。按性质恢复性维修的费用应在经营性维修费项下列支。

2. 赔偿性维修

赔偿性维修是指房屋因人为损坏或由于使用不当造成损坏而对其进行的维修,按有关法律的规定,赔偿性维修的费用应由引起损坏的一方即当事者负担。

3. 改善性维修

改善性维修是指超越原房屋的维修标准或原房屋规模的维修。它不属于简单再生产范畴,其费用应另有专款开支或由用户负责。若经过改善性维修后能调增租金的,也有必要进行改善性维修。

4. 救灾性维修

救灾性维修是指房屋因自然灾害或意外灾害造成损坏而对其进行的维修,其费用应由专款解决或在保险费中开支。

5. 返工性维修

返工性维修是指房屋因房屋设计或施工方法不当造成损坏而对其进行的维修,其费用应由设计或施工部门负责,或拨专款解决。

在房屋维修工程中还要考虑各地的不同情况,把抗震,防治白蚁,预防水、火灾,抗洪,防台风和防范雷击等一些特殊要求一并解决。

二、房屋维修标准

维修标准是按不同的结构、装修、设备条件,将房屋分为"一等"和"二等以下"两类分别制定的。

符合下列条件的为一等房屋:钢筋混凝土结构、砖混结构、砖木(含高级纯木)结构中,承重墙柱不得使用空心砖、半砖、乱砖和乱石砌筑;楼地面不得有普通水泥或三合土面层;使用纱门窗或双层窗的正规门窗;墙面有中级或中级以上粉饰;独立厨房,有水、电、卫设备,采暖地区有暖气。低于上述条件的为二等以下房屋。对于原结构、装修、设备较好的一等房屋加强维修养护,使其保持较高的使用价值;对于二等以下的房屋,主要是通过维修,保证住用安全,适当改善住用条件。

维修标准按主体工程,木门窗及装修工程,楼地面工程,屋面工程,抹灰工程,油漆粉饰工程,水、电、卫、暖等设备工程,金属构件和其他共九个分项工程进行确定。

1. 主体工程

主体工程维修主要指屋架、梁、柱、墙、楼面、屋面和基础等主要承重构件的维修。当主体结构损坏严重时,不论维修哪一类房屋,均应要求牢固、安全,不留隐患。

2. 木门窗及装修工程

木门窗应开关灵活,不松动、不透风;木装修应牢固、平整、美观,接缝严密。一等房屋的木装修应尽量做到原样修复。

3. 楼地面工程

楼地面工程的维修应牢固、安全、平整、不起砂,拼缝严密不闪动,不空鼓开裂,地坪无倒泛水现象。如房间长期处于潮湿环境,可增设防潮层,木基层或加砂楼面损坏严重时,应改做钢筋混凝土楼面。

4. 屋面工程

屋面必须确保安全,不渗漏,排水畅通。

5. 抹灰工程

抹灰应接缝平整,不开裂、不起壳、不起泡、不松动、不剥落。

6. 油漆粉饰工程

油漆粉饰要求不起壳、不剥落、色泽均匀,尽可能与原色保持一致。对木构件和各类铁构件应进行周期性油漆保养。各种油漆和内外墙涂料,以及地面涂料,均属保养性质,应指定养护周期,以达到延长房屋使用年限的目的。

7. 水、电、卫、暖等设备工程

房屋的附属设备均应保持完好,保证运行安全、正常使用。电气线路、电梯、安全保险装置及锅炉等应定期检查,严格按照有关安全规程定期保养。对房屋内部电气线路破损老化严重、绝缘性能降低的,应及时更换线路。对供水、供暖管线应做保温处理,并定期进行检查维修。水箱应定期清洗。

8. 金属构件

金属构件应保持牢固、安全,不锈蚀,损坏严重的应更换,无保留价值的应拆除。

9. 其他工程

对属物业管理区域的庭院原有院墙、院墙大门、院落内道路、沟渠下水道、窨井损坏或堵塞的,应修复或疏通。

第三节　房屋安全管理与鉴定

一、危房鉴定

危险房屋(简称危房)由于随时有倒塌的可能,不能确保使用安全。因此,在物业管理中,危房的鉴定使用与管理就占有特殊的位置,物业服务企业对此要给予特别的重视。

(一)危房的鉴定机构

房屋的安全鉴定是一项专业性、技术性要求很强的工作,危房的鉴定更应慎之又慎。按《城市危险房屋管理规定》,房屋的鉴定由房地产行政主管部门设立的房屋安全鉴定机构负责,经鉴定属危险房屋的,鉴定机构必须及时发出危险房屋通知书。属于非危险房屋的,应在鉴定文书上注明在正常使用条件下的有效时期,一般不超过1年。

(二)危房鉴定

1. 危房分类

危房分整幢危房和局部危房。整幢危房是指随时有整幢倒塌可能的房屋。局部危房是指随时有局部倒塌可能的房屋。

2. 鉴定单位

危房以幢为鉴定单位,以建筑面积(平方米)为计量单位。

(1) 整幢危房以整幢房屋的建筑面积(平方米)计数。

(2) 局部危房以危及倒塌部分房屋的建筑面积(平方米)计数。

3. 鉴定原则

(1) 危房鉴定应以地基基础、结构构件的危险鉴定(具体标准参见《危险房屋鉴定标准》)为基础,结合历史状态和发展趋势全面分析、综合判断。

(2) 在地基基础或结构构件发生危险的判断上,应考虑构件的危险是孤立的还是关联的。

① 若构件的危险是孤立的,则不构成结构的危险。

② 若构件的危险是相关的,则应联系结构判定危险范围。

(3) 在历史状态和发展趋势上,应考虑下列因素对地基基础、结构构件构成危险的影响。

① 结构老化的程度。

② 周围环境的影响。

③ 设计安全度的取值。

④ 有损结构的人为因素。

⑤ 危险的发展趋势。

4. 危险范围的判定

(1) 整幢危房。

① 因地基基础产生的危险,可能危及主体结构,导致整幢房屋倒塌的。

② 因墙、柱、梁、混凝土板或框架产生的危险,可能构成结构破坏,导致整幢房屋倒塌的。

③ 因屋架、檩条产生的危险,可能导致整个房屋倒塌并危及整幢房屋的。

④ 因筒拱、扁壳、波形筒拱产生的危险,可能导致整个拱体倒塌并危及整幢房屋的。

(2) 局部危房。

① 因地基基础产生的危险,可能危及部分房屋,导致局部倒塌的。

② 因墙、柱、梁、混凝土板或框架产生的危险,可能构成部分结构破坏,导致局部房屋倒塌的。

③ 因屋架、檩条产生的危险,可能导致部分房屋倒塌,或整个房屋倒塌但不危及整幢房屋的。

④ 因隔栅产生的危险,可能导致整间楼盖倒塌的。

⑤ 因悬挑构件产生的危险,可能导致梁、板倒塌的。

⑥ 因筒拱、扁壳、波形筒拱产生的危险,可能导致部分拱体倒塌但不危及整幢房屋的。

(3) 危险点。

危险点是指单个承重构件、围护构件或房屋设备处于危险状态。

二、危房的管理

对被鉴定为危房的,应按危险程度、影响范围,根据具体条件,分轻、重、缓、急,安排修建计划。对危险点,应结合正常维修,及时排除险情。对危房和危险点,在查清、确认后,均应采取有效措施,确保使用安全。对危房的使用管理一般分为以下四类情况处理。

1. 观察使用

观察使用适用于采取适当安全技术措施后,尚能短期使用,但需继续观察的房屋。

2. 处理使用

处理使用适用于采取适当技术措施后,可解除危险的房屋。

3. 停止使用

停止使用适用于已无维修价值,暂时不便排除,又不危及相邻建筑和影响他人安全的房屋。

4. 整体拆除

整体拆除适用于整幢危险且已无维修价值,需立即拆除的房屋。

对前两类情况,物业服务企业应在管理中加强安全检查,能解危的,要及时解危;解危暂时有困难的,应采取安全措施,并做好排险解危的准备,切实保证住用人的安全。

第四节　房屋的日常养护

房屋的日常养护是指物业服务企业为确保房屋的完好和正常使用所进行的经常性的日常修理、季节性预防保养，以及房屋的正确使用维护管理等工作，它是物业服务企业房屋维修管理的重要环节。房屋日常养护的基本原则是：因地制宜、合理维修；对不同类型的房屋要制定不同的维修养护标准；定期检查，确保安全；及时维护，保证正常使用；最有效、合理地使用维修费用；最大限度地充分发挥房屋的有效使用功能。

通过对房屋的日常养护，可以维护房屋和设备的功能，使发生的损失及时得到修复；对一些由于天气的突变或隐蔽的物理、化学损失导致的突发性损失，不必等大修周期到来就可以及时处理。同时，经常检查房屋完好状况，从养护入手，可以防止事故的发生，延长大修周期，并为大修、中修提供查勘、施工的可靠资料，最大限度地延长房屋的使用年限。

一、房屋日常养护的类型

房屋日常养护可分为零星养护和计划养护。

1. 零星养护

房屋的零星养护是指综合实际情况确定或因突然损坏引起的小修，包括：
(1) 房屋筑漏(补漏)，修补屋面，修补泛水、屋脊等；
(2) 钢、木门窗的修整，拆换五金，配玻璃，换窗纱、油漆等；
(3) 修补楼地面面层，抽换个别楞木等；
(4) 修补内外墙、抹灰、窗台、腰线等；
(5) 拆砌挖补局部墙体、个别拱圈，拆换个别过梁等；
(6) 抽换个别檩条，接换个别木梁、屋架、木柱，修补木楼等；
(7) 水卫、电气、暖气等设备的故障排除及零部件的修换等；
(8) 下水管道的疏通，修补明沟、散水、落水管等；
(9) 房屋检查发现的危险构件的临时加固、维修等。

日常零星养护项目主要通过维修管理人员的走访住房和业主或物业使用人的随时报修两个渠道来收集。零星养护的特点是修理范围广，项目零星分散，时间紧，要求及时，具有经常性的服务性质。零星养护应力争做到"水电急修不过夜，小修项目不过三，一般项目不过五"。

2. 计划养护

房屋的各种构件、部件均有其合理的使用年限，超过这一年限一般就开始不断地出现问题。因此要管好房子，就不能等到问题出现后再采取补救措施，而应该制定科学的大修、中修、小修三级维修制度，以保证房屋的正常使用，延长其整体的使用寿命。这就是房屋的计划养护。如房屋的纱窗每3年左右就应该刷一遍铅油保养；门窗、壁橱、墙壁上的油漆、油饰层一般5年左右应重新油漆一遍；外墙每10年应彻底进行一次检修加固；照明电路明线、暗线每年检查线路老化和负荷的情况，必要时可局部或全部更换等。这种定期保养、维修制度是保证房屋使用安全、完好的非常重要的制度。

一般楼宇设施的保养频率和翻新周期参见表 7-1 和表 7-2。

表 7-1 一般楼宇设施的保养频率

设 备	事 项	保养频率
楼宇内外墙	走廊及楼梯粉刷 修补粉刷外墙	每 3 年 1 次 每 5 年或每 6 年 1 次
供水系统	检查机油及调试各水泵 清洗水池	每半个月 1 次 每月 1 次
电梯	例行抹油及检查 彻底检查及大修	每周 1 次 每年 1 次
消防设备	日常巡视及保养 聘用政府认可的消防设备保养公司做检查及维修,并向消防部门提交报告	每月 1 次 每年 1 次
沟渠	清理天台雨水筒及渠闸 清理明渠及沙井的沉积物	每周 1 次 每 2 周 1 次
机器栏杆	检查锈蚀的窗框、栏杆、楼梯扶手 油漆	每月 1 次 每年 1 次

表 7-2 一般楼宇设施的翻新周期

种 类	项 目	翻新周期/年
楼宇附加装置	屋顶覆盖层 窗 门 五金器具	20 20 30 20
修饰	墙壁 地板 天花板	15 10 20
装修	外部 内部	5 5
供水及卫生设备	喉管 洁具	30 20
电力	电线 电力装置	30 15
通风	空调	15
其他	电梯及自动扶梯	20

物业服务企业应根据具体楼宇所选用的设备、材料型号的质量来推算其使用年限。另外,还要做好季节性的预防保养工作,如防台风、防汛、防梅雨、防冻等。

二、房屋日常养护的内容

(一)地基的养护

地基属于隐蔽工程,如果发现地基问题,采取补救措施会很困难,所以应给予足够的重视。主要应从以下几个方面做好地基的养护工作。

1. 坚决杜绝不合理荷载的产生

地基基础上部结构使用荷载分布不合理或超过设计荷载会危及整个房屋的安全,而在基础附近的地表面堆放大量的材料或设备也会形成较大的堆积荷载,使地基由于附近压力增大而产生附加沉降。所以,应从内外两方面加强对地基日常使用情况的技术监督,防止出现不合理荷载状况。

2. 防止地基浸水

地基浸水会对地基基础产生不利影响,因此,对于地基基础附近的用水设施,如上下水管、暖气管道等要注意检查其工作情况,防止漏水。同时,要加强对房屋内部及四周排水设施如排水沟、散水沟等的管理与维修,防止地基浸水。

3. 保证勒脚完好无损

勒脚位于地基基础顶面,其作用是将上部荷载进一步扩散并均匀传递给基础,同时起到基础防水的作用。勒脚破损或严重腐蚀剥落会使地基基础受到传力不合理的间接影响而处于异常的受力状态,也会使地基基础防水失效而导致地基基础浸水的直接后果。所以,勒脚的养护不仅仅是出于美观的要求,更是地基基础养护的重要部分。

4. 防止地基冻害

在季节性冻土地区要注意地基基础的保温工作。对需要持续供热的房屋,不宜采用间歇供热,并应保证各房间采暖设施齐备有效。如在使用中有闲置不采暖的房间,尤其是与地基基础较近的地下室,应在寒冷季节将门窗封闭严密,防止冷空气大量侵入,如还不能满足要求,则应采取其他的保温措施。

(二) 楼地面工程的养护

楼地面工程常见的材料多种多样,如水泥砂浆、大理石、水磨石、地砖、塑料、木材、马赛克和缸砖等。水泥砂浆及常用的预制块地面的受损情况有空鼓、起壳和裂缝等,而木地板更容易被腐蚀或蛀蚀。在一些高档装修中采用的纯毛地毯则在耐菌性、耐虫性及耐湿性等方面性能较差。所以,应针对楼地面工程材料的特性,做好相应的养护工作,通常需要注意以下几个方面。

1. 保证经常用水房间的有效防水

对厨房、卫生间等经常用水的房间,既要注意保护楼地面的防水性能,更要加强对上下水设施的检查与保养,防止管道漏水、堵塞,造成室内长时间积水而渗入楼板,导致侵蚀损害。一旦发现问题应及时处理或暂停使用,切不可将就使用,以免形成隐患。

2. 避免室内受潮与虫害

由于混凝土的防潮性有限,在紧接土壤的楼层或房间,水分会通过毛细现象透过地板或外墙渗入室内;而在南方,空气湿度经常持续在较高的水平,常因选材不当而产生返潮(即结露)现象。这是造成室内潮湿的两种常见原因。室内潮湿不仅影响使用者的身体健康,也会使大部分材料在潮湿环境中发生不利的化学反应而变性失效,如腐蚀、膨胀、强度减弱等,进而造成重大的经济损失。所以,必须针对材料的各项性能指标做好防汛工作,如保持室内有良好的通风等。

建筑虫害包括直接蛀蚀与分泌腐蚀两种,由于其通常出现在较难发现的隐蔽性部位,所以更需做好预防工作。分泌腐蚀,如常见的"建筑白蚁病",会造成对房屋结构的根本性破坏,导致出现无法弥补的损伤,使得许多高楼大厦无法使用而被迫重建。无论是木构建筑还是钢砼建筑,都必须对虫害预防工作予以足够的重视。

3. 加强对二次装修的科学管理

个别业主在物业使用过程中出现改变功能与提高装修档次等需求,对所拥有的物业进行二次装修与改造,这已成为一种常见的现象。但由于业主或业主所雇用的施工人员的专业知识有限或不懂建筑知识,进行改变房屋结构、拆改设备或明显加大荷载的破坏性装饰,或采用不科学的施工方法,将影响房屋的安全性能,给房屋带来极为不利的后果。如:在吊顶时砸穿楼板,导致受力钢筋腐蚀,楼板应力失衡;在地面装修时破坏了原有防水层而未采取补救措施,导致发生严重的渗漏事故;在增设隔墙或地面装修时选材过重而形成不合理荷载分布,危及房屋安全;等等。所以,必须加强对房屋二次装修与改造的科学管理,保证业主在满足自身需求的同时,不损害整个房屋的使用安全。

4. 控制与消除装饰材料的副作用

装饰材料的副作用主要是针对有机物而言的,如塑料、化纤织物、油漆涂料、化学黏合剂等在适宜的条件下会产生大量的有害物质,不仅危害人的健康,还会对正常工作与消防安全造成影响。所以,在选用有机装饰材料时必须对其所产生的副作用采取相应的控制与消除措施,如化纤制品除静电,地毯防止螨虫繁殖等。

(三)墙台面及吊顶工程的养护

墙台面及吊顶工程是房屋装修的主要部分,通常包括多种类型,施工复杂,耗资占比较大,维修工序烦琐,常常牵一发而动全身。所以,做好对墙台面及吊顶工程的养护工作,延长其综合使用寿命,直接关系到业主与物业服务企业的经济利益。

墙台面及吊顶工程一般由下列装饰工程中的几种或全部组成:抹灰工程,油漆工程,刷浆工程,裱糊工程,块材饰面工程,罩面板及龙骨安装工程。因此,应根据具体的施工方法、材料性能以及可能出现的问题采取适当的养护措施。但无论对哪一种工程的养护,都应满足以下几个共性的要求。

1. 定期检查,及时处理

定期检查一般不少于每年 1 次。对容易出现问题的部位重点检查,尽早发现问题并及时处理,防止产生连锁反应,进而造成更大的损失。对于使用频率较高的易磨损工程部位,要缩短定期检查的周期,如台面、踢脚、护壁以及细木制品工程等。

2. 加强保护与其他工程的相接处

墙台面及吊顶工程经常与其他工程相连接,要注意连接处的防水、防腐、防裂和防胀。如水管穿墙加套管保护,与制冷管、供热管连接处加绝热高强度套管。墙台面及吊顶工程在自身不同工种连接处,也要注意相互影响,采取保护手段与科学的施工措施。

3. 注意清洁与清洁方法

保持墙台面及吊顶清洁,不仅是房间美观卫生的要求,也是保证材料处于良好状态所必需的。灰尘与油渍等积累太多容易导致吸潮、生虫以及直接腐蚀材料。所以,应做好墙台面及吊顶的经常性的清洁工作。清洁时应根据不同材料各自的性能采用适当的清洁方法。

4. 注意日常工作中的防护

各种操作要注意防止擦伤、划伤、刮伤墙台面,防止撞击。如有可能损伤墙台面材料的情况,要采取预防措施。在日常工作中有难以避免的情况要加设防护措施,如台面养花、使用腐蚀性材料等应加设保护垫层。在墙面上张贴、悬挂物品,严禁采用可能造成损伤或腐蚀的方法与材料,如不可避免,应请专业人员施工,并采取必要的防护措施。

5. 注意材料的工作环境

遇有潮湿、油烟、高温、低湿等非正常工作要求时,要注意墙台面及吊顶材料的性能,防止其处于不利环境而受损。如不可避免,应采取有效的防护措施,或在保证可复原的条件下更换材料,但均须由专业人员操作。

6. 定期更换部件,保证整体协调性

由于墙台面及吊顶工程中各工种以及某一工程中各部件的使用寿命不同,因而,为保证整体使用效益,可通过合理配置,使各工种、各部件均能充分有效发挥作用,并根据材料部件的使用期限与实际工作状况及时给予更换。

(四)门窗工程的养护

门窗是保证房屋使用正常、通风良好的重要部位,应在管理使用中根据不同类型门窗的特点做好养护,使之处于良好的工作状态。如木门窗容易出现的问题有门窗扇下垂、弯曲、翘曲、腐朽、缝隙过大等,钢门窗则有翘曲变形、锈蚀、配件残缺、漏缝透风、断裂损坏等问题,而铝合金门窗易受到酸雨及建材中氢氧化钙的侵蚀。

在门窗工程养护中,应重点注意以下几个方面。

1. 严格遵守使用常识与操作规程

门窗是房屋中使用频率较高的部分,要注意保护。在使用时,应轻开轻关;遇风雨天,要及时关闭并固定;开启后,旋启式门窗扇应固定;严禁撞击或悬挂物品。避免长期处于开启或关闭状态,以防门窗扇变形、关闭不严或启闭困难。

2. 经常清洁检查,发现问题及时处理

门窗构造比较复杂,应经常清扫,防止积垢影响正常使用,如导致关闭不严等。发现门窗变形或构件短缺失效等现象,应及时修理或申请处理,防止对其他部分造成破坏或发生意外事件。

3. 定期更换易损部件,保持整体状况良好

对于使用中损耗较大的部件应定期检查更换,需要润滑的轴心或摩擦部位要经常采取相应的润滑措施,如有残垢还要定期清除,以减少直接损耗,避免产生间接损失。

4. 北方地区外门窗冬季使用管理

北方地区冬季气温低、风力大、沙尘多,外门窗易受损。所以,应做好养护工作。如采用外封式封窗,可有效地控制冷风渗透与缝隙积灰。长期不用的外门也要封闭,卸下的纱窗要保持清洁干燥,妥善保存,防止变形或损坏。

5. 加强窗台与暖气的使用管理

禁止在窗台上放置容易对窗户产生腐蚀作用的物体,包括固态、液态以及会产生有害于门窗的气体的一切物品,北方地区冬季还应注意室内采暖设施与湿度的控制,使门窗处于良好的温湿度环境中,避免出现凝结水或局部过冷过热现象。

（五）屋面工程维修养护

屋面工程在房屋中的作用主要是维护、防水和保温（南方为隔热）等,由于建筑工艺水平的提高,现在又增加了许多新的功能,如采光、绿化以及太阳能采集利用等。屋面工程施工工艺复杂,而最容易受到破坏的是防水层,防水层直接影响到房屋的正常使用,并起着对其他结构及构造层的保护作用。所以,防水层的养护也就成为屋面工程维修养护中的中心内容。

屋面防水层受到大气温度变化的影响,风雨侵蚀、冲刷、阳光照射等都会加速其老化,排水受阻或人为损害以及不合理荷载经常造成局部先行破坏和渗漏,加之防水层维修难度大,基本无法恢复屋面整体防水性能,所以,在使用过程中需要有一个完整的保养制度,以养为主,维修及时有效,以延长屋面防水层的使用寿命,节省返修费用,提高经济效益。

屋面工程的维修养护应注意以下几个方面。

1. 定期清扫,保证各种设施处于有效状态

一般非上人屋面每季度清扫1次,防止堆积垃圾、杂物及非预期植物如青苔、杂草的生长。遇有积水或大量积雪时应及时清除,秋季要防止大量落叶、枯枝堆积。上人屋面要经常清扫。在使用与清扫时,应注意保护重要排水设施（如落水口）以及防水关键部位（如大型或体形较复杂建筑）的变形缝。

2. 定期检查、记录,并对发现的问题及时处理

定期组织专业技术人员对屋面各种设施的工作状况按规定项目内容进行全面详查,并填写检查记录。对非正常损坏要查找原因,防止产生隐患;对正常损坏要详细记录其损坏程度。检查后,对所发现的问题及时汇报处理,并适当调整养护计划。

3. 建立大修、中修、小修制度

在定期检查、养护的同时,根据屋面综合工作状况,进行全面的大修、中修或小修,可以保证屋面的整体协调性,延长屋面的整体使用寿命,以发挥屋面最高的综合效能,并可以在长时期内获得更高的经济效益。

4. 加强屋面使用的管理

在屋面的使用中,要防止产生不合理荷载与破坏性操作。屋面在使用中要注意污染、腐蚀等常见问题,在使用期应有专人管理。屋面增设各种设备,如天线、广告牌等首先要保证不影响原有功能（包括屋面的景观要求）,其次要符合整体技术要求,如对屋面产生荷载的类型与大小会导致何种影响。在施工过程中,要有专业人员负责,并采用合理的构造方法与必要的保护措施,以免破坏屋面或形成其他的隐患,如对人或物造成损害。

5. 建立专业维修保养队伍

屋面工程具有很强的专业性与技术性,检查与维修养护都必须由专业人员来负责完成,

而屋面工程的养护频率相对较低,所以为减轻物业服务企业的负担,并能充分保证达到较高的养护技术水平,更有效、更经济地做好屋面工程养护工作,应建立起由较高水平专业技术人员组成的专职机构来进行屋面工程的维修保养。

(六)通风道的养护管理

由于通风道在房屋的建设和使用过程中都是容易被忽略而又容易出问题的部位,因此对通风道的养护管理应作为一个专项格外加以重视。首先在设计时就要尽量选用比较坚固耐久的钢筋混凝土风道、钢筋网水泥砂浆风道等,淘汰老式的砖砌风道和胶合板风道。而且必须选用防串味的新型风道。在房屋接管验收时,一定要将通风道作为一个单项进行认真细致的验收,确保风道畅通、安装牢固,不留隐患。在房屋使用过程中,应注意以下几个方面:

(1)业主在安装抽油烟机和卫生间通风器时,必须小心细致地操作,不要乱打乱凿,对通风道造成损害。

(2)不要往风道里扔砖头、石块或在通风道上挂东西,挡住风口,堵塞通道。

(3)物业服务企业每年应逐户对通风道的使用情况及有无裂缝破损、堵塞等情况进行检查。发现不正确的使用行为要及时制止,发现损坏要认真记录,及时修复。

(4)检查时可在楼顶通风道出屋面处测通风道的通风状况,并用铅丝悬挂大锤放入通风道检查其是否畅通。

(5)通风道发现小裂缝应及时用水泥砂浆填补,严重损坏的在房屋大修时应彻底更换。

(七)垃圾道的养护管理

一般住宅楼、办公楼等通用房屋都设置有垃圾道,作为楼上用户倾倒垃圾的通道。垃圾道由通道、垃圾斗、底层垃圾间及出垃圾门等部分组成。由于垃圾道是共用设施,又是藏污纳垢的地方,业主与物业使用人对其不够爱护,因此物业服务企业一方面要加强宣传教育,另一方面垃圾道出现堵塞损坏时要及时派人修理。在房屋接管验收时,保洁人员就要认真检查垃圾道的各个部位,检查有无垃圾斗和出垃圾门开启不灵便、缺少零件、少刷漆等现象。如果垃圾道内积存大量的施工垃圾或伸出钢筋头、残存模板等,在房屋交付使用后造成垃圾道堵塞,必须要求施工单位及时返修清除。平时养护垃圾道时应注意以下几个方面:

(1)指定专人负责垃圾清运,保持垃圾道通畅;

(2)搬运重物时要注意保护好垃圾道,避免碰撞,平时不要用重物敲击垃圾道;

(3)不要往垃圾道中倾倒体积较大或长度较长的垃圾;

(4)垃圾道出现堵塞时应尽快组织人员疏通,否则越堵越严,疏通起来更加费时费力;

(5)垃圾斗、出垃圾门每两年应重新油漆一遍,防止锈蚀,延长寿命,降低维修费用;

(6)垃圾道出现小的破损要及时用水泥砂浆或混凝土修补,防止破损扩大。

三、房屋日常养护的考核标准

房屋日常养护考核指标主要有定额指标、经费指标、服务指标和安全指标。

(一)定额指标

小修养护工人的劳动效率要100%达到或超过人工定额;材料消耗要不超过或低于材料消

耗定额。达到小修养护工程定额的指标是完成小修养护工作量、做好日常服务的必要保证。

（二）经费指标

小修养护经费主要通过收取物业服务费用筹集，不足的部分用物业服务企业开展多种经营的收入来补充。

（三）服务指标

1. 走访查房率

一般要求物业管理员每月对辖区的住（用）户走访查房50%以上；每季对辖区内住（用）户逐户走访查房一遍。

走访查房率的计算公式如下：

$$月走访查房率 = 当月走访查房户数/辖区内住（用）户总户数 \times 100\%$$

$$季走访查房率 = 当季走访查房户数/辖区内住（用）户总户数 \times 100\%$$

计算时，对月（季）内走访如系同一户超过1次的，其走访查房户数均按1次计算。

2. 养护计划率

应按物业管理员每月编制的小修养护计划表依次组织施工。考虑到小修中对急修项目需及时进行处理，因此在一般情况下，月养护计划率要求达到80%以上。遇特殊情况或特殊季节，可统一调整养护计划率。

养护计划率的计算公式如下：

$$月养护计划完成率 = 当月完成属计划内项目户次数/当月养护计划安排的户次数 \times 100\%$$

养护及时率的计算公式如下：

$$月养护及时率 = 当月完成的小修养护户次数/当月全部报修中应修的户次数 \times 100\%$$

注意，当月全部报修中应修的户次数是指剔除了经专业人员实地查勘后，认定不属小修养护范围，并已做其他维修工程类别安排的和因故不能安排维修的报修户次数。

（四）安全指标

安全指标是为了确保住用安全和生产安全而确定的指标，是维修服务的首要指标，是考核工作实绩的重要依据。

为确保生产安全，物业服务企业应建立一系列安全生产操作规程和安全检查制度，以及相配套的安全生产奖惩办法。在安全生产中要十分注意以下三个方面：

（1）严格遵守操作规程，不违章上岗和操作；

（2）注意工具、用具的安全检查，及时修复或更换有不安全因素的工具、用具；

（3）按实施规定选用结构部件的材料，如利用旧料时要特别注意对其进行安全性能的检查，增加施工期间和完工后交付使用的安全因素。

第五节 老旧小区管理与实施城市更新行动

近年来，我国实施城市旧改政策，对老旧小区进行改造和翻新，提高和改善了居民的生活居住条件。但老旧小区物业管理难度很高,物业管理工作难以开展,如:规划设计存在缺陷;基础设施损坏严重;居民主人翁意识不强,缺乏自治能力;物业管理收费难,居民交费意识差等。因此,应逐步提升老旧小区基础设施投入,探索老旧小区精准化物业管理模式,促进老旧小区居民依法自治管理,培养老旧小区物业管理专业人才。

一些地方政府尝试成立国有的物业服务企业对老旧小区进行管理与服务,政府出资改善老旧小区的设备设施,管理服务初期不收物业管理费,群众满意度较高,有利于解决城市管理中的短板,促进整个城市的和谐发展。

一、老旧小区

老旧小区主要是指 2000 年年底以前建成的房改房、集资房、安置房小区,大部分房屋都有产权证。据住房和城乡建设部统计全国共有老旧小区 80 亿平方米。老旧小区一般位于城市中心区,周边配套完善,教育资源、医疗资源、商业资源齐全,但普遍存在小区基础设施配套不足、房屋老化、设施设备陈旧、环境脏乱差等问题,有的小区还没有正规的物业管理服务。

老旧小区物业管理难度高,物业管理工作难以开展。很多服务于老旧小区的物业服务企业都在尝试进行管理能力的提升和管理方式的改进,老旧小区物业管理工作已有了一些实践与探索,例如大面积绿化改善了小区的空气,加装安全监控探头提升了居民的居住安全。有的老旧小区物业服务企业正在探索以业主委员会为主的居民自治模式,引导居民自治工作,从而构建小区有序管理新模式。

二、旧改

旧改就是在老旧小区采取屋顶防水翻修、墙面刷新、加装电梯、楼梯翻新、电路改造、天然气改造以及水管改造、增设停车场、重新铺设小区光缆、增加小区停车场、优化小区绿化、公共服务改造等措施,提高和改善居民的生活居住条件。

三、老旧小区物业管理存在的主要问题

1. 规划设计存在缺陷,基础设施损坏严重

老旧小区受制于早期的设计及施工等,从现代的角度看,很多规划与设计都存在一定的不足,而且因为年代久远,基础设施损毁情况严重。特别是随着居民生活水平的提升,很多家庭拥有了私家车辆,而且私家车保有量还在迅速攀升,对老旧小区而言,其原始规划设计的停车位数量是无法满足当前居民停车需求的。此外,一些老旧小区在规划的时候未能配备停车位,使得安装车位地锁的现象极为常见,不仅占用了车道和人行道,也给小区居民正常生活和出行带来不便,成为影响老旧小区居住舒适感和对物业管理满意度的重要因素。

2. 物业管理难度大,问题错综复杂

很多老旧小区是早期为了解决职工群体住房困难问题而建设的,并未充分考虑居住的舒适感。而且,从最初的规划中,老旧小区就是重视建设而轻管理,这导致小区的各种硬件设施长期得不到维护。随着当前经济社会的快速发展和人们生活水平的提升,很多老旧小

区的居住条件和基础设施已经不能满足当前业主的需要。此外,老旧小区的基础设施维修费用高昂,拉高了物业管理的成本,物业服务企业很难承担相关维修费用,最终带来一系列的问题。还有不少居民是单位退休职工,他们认为物业费应该由原单位承担,不愿意接受现代物业管理模式,缴纳物业费享受物业服务的意识尚未形成。

3. 居民主人翁意识不强,缺乏自治能力

许多老旧小区是多年计划经济体制下居民住房福利制度的产物,这也使得很多居民理所当然地认为其应该享受无偿服务,而且这种观念还较为根深蒂固。居民习惯了由原所在的单位来管理小区,缺乏足够的主人翁意识,也没有自治能力,认为物业管理就是要多收钱,即使物业服务公司收取物业费也应该由原所在单位支付。不仅如此,老旧小区因为居住环境差,住户多为老人、退休职工、弱势群体和外来租房人员,他们普遍收入偏低,这也导致他们很难树立起主人翁意识,缺乏足够的自治自理能力,导致物业管理问题没有合法主体牵头解决。

4. 物业管理收费难,居民交费意识差

多年来实行的老旧小区没有物业管理与服务,使居民无偿享受物业服务的观念根深蒂固,排斥物业服务收费,部分居民尤其是回迁安置户拒绝交纳物业服务费现象普遍存在。据统计,一般老旧小区的物业服务费用收费率能达到50%就属于比较好的。但多数小区,不交、少交、欠交物业服务费已成为一种常见现象,而居民拒交物业服务费的理由多为物业管理不到位,小区环境脏、乱、差,存在业主车辆丢失现象和内部配套设施不完备等。

5. 物业服务企业缺乏老旧小区服务经验,服务人员素质较低

从物业服务企业看,其专业化素质偏低,很多物业管理人员在学历方面及专业能力方面都存在严重的不足,缺乏为老旧小区服务的经验,且物业服务人员的年龄偏大,经验不足。

四、改善老旧小区物业管理的建议

1. 逐步提升老旧小区基础设施投入

老旧小区的基础设施落后问题是多年存在的问题,很显然对基础设施进行大规模的换新是物业服务企业难以承受的。因此,提倡物业服务企业针对老旧小区的基础设施等情况制订一个长期的更新维护计划,每年通过对收支的合理分配实现对老旧小区基础设施的逐步更新,实现老旧小区各项设施的逐步完善,并最终规范化。与此同时,通过积极树立物业服务的良好形象,逐步引导业主形成花钱买服务的意识,进而通过健康的物业费资金流而不断加强对老旧小区的改造力度,从而不断提高物业服务企业服务的质量和工作积极性。

2. 探索老旧小区精准化物业管理模式

老旧小区的情况比较复杂,同新建小区相比,每一个老旧小区都有很多的问题,需要物业服务企业积极探索具有针对性的精准化物业管理模式,结合老旧小区实际,因地制宜开展物业管理。根据业主的需求,将不断提升居民的满意度和幸福感作为物业管理工作的目标,积极尝试菜单式物业管理服务模式,坚持低标准收费,高标准管理,不断满足居民需求,赢得居民信任,最终实现居民从传统意识向现代物业意识过渡,为后续更好地探索精准化物业管理模式提供保障。

3. 促进老旧小区居民依法自治管理

要想实现老旧小区各项事务的健康有序运转,单纯依赖物业管理是难以实现的,因此,老旧小区的物业管理应该积极帮助居民构建起"小区的事情就是所有业主的事情"的理念,积极引导成立小区业主委员会,依法推进小区居民自治工作。由广大居民共同选出的业主委员会不但能够协调化解业主之间的矛盾,也能够起到物业和居民之间沟通的桥梁作用,还能够对小区内各项公共设施产生的收益的征收和使用进行监督,齐心协力促进小区健康发展,提升小区管理水平。与此同时,物业还可以通过互联网和新媒体等网络沟通渠道,与居民开展互动,这样可以使每一个居民都能发表意见,对于提升小区居民的满意度和提高物业服务水平具有重要意义。

4. 培养老旧小区物业管理专业人才

大多数物业服务企业员工不愿意为老旧小区提供服务,为了解决这一难题,物业服务企业应建立科学的用人机制,加强老旧小区物业从业人员培训。这些专业性人才应具有良好的素质,并能掌握科学的物业管理技术,既要研究老旧小区居民的特点与要求,又要教育员工热心与居民交流沟通,提高物业从业人员的专业技术素质。

五、实施城市更新行动

党的十九届五中全会通过的《中共中央关于制定国民经济和社会发展第十四个五年规划和二〇三五年远景目标的建议》明确提出实施城市更新行动。这是以习近平同志为核心的党中央站在全面建设社会主义现代化国家、实现中华民族伟大复兴中国梦的战略高度,准确研判我国城市发展新形势,对进一步提升城市发展质量作出的重大决策部署,为"十四五"乃至今后一个时期做好城市工作指明了方向,明确了目标任务。我们要深刻领会实施城市更新行动的丰富内涵和重要意义,在全面建设社会主义现代化国家新征程中,坚定不移实施城市更新行动,推动城市高质量发展,努力把城市建设成为人与人、人与自然和谐共处的美丽家园。

(一)实施城市更新行动的重要意义

城市是我国经济、政治、文化、社会等方面活动的中心,在党和国家工作全局中具有举足轻重的地位。城市建设既是贯彻落实新发展理念的重要载体,又是构建新发展格局的重要支点。实施城市更新行动,推动城市结构调整优化和品质提升,转变城市开发建设方式,对全面提升城市发展质量、不断满足人民群众日益增长的美好生活需要、促进经济社会持续健康发展,具有重要而深远的意义。

(1)实施城市更新行动,是适应城市发展新形势、推动城市高质量发展的必然要求。改革开放以来,我国城镇化进程波澜壮阔,创造了世界城市发展史上的伟大奇迹。2022年我国常住人口城镇化率为65.22%,已经步入城镇化较快发展的中后期,城市发展进入城市更新的重要时期,由大规模增量建设转为存量提质改造和增量结构调整并重,从"有没有"转向"好不好"。从国际经验和城市发展规律看,这一时期城市发展面临许多新的问题和挑战,各类风险矛盾突出。我们不仅要解决城镇化过程中的问题,还要更加注重解决城市发展本身的问题,制定实施相应政策措施和行动计划,走出一条内涵集约式高质量发展的新路。

(2) 实施城市更新行动,是坚定实施扩大内需战略、构建新发展格局的重要路径。城市是扩内需补短板、增投资促消费、建设强大国内市场的重要战场。城市建设是现代化建设的重要引擎,是构建以国内大循环为主体、国内国际双循环相互促进的新发展格局的重要支点。我国城镇生产总值、固定资产投资占全国比重均接近90%,消费品零售总额占全国比重超85%。实施城市更新行动,谋划推进一系列城市建设领域民生工程和发展工程,有利于充分释放我国发展的巨大潜力,形成新的经济增长点,培育发展新动能,畅通国内大循环,促进我国经济长期持续健康发展。

(3) 实施城市更新行动,是推动城市开发建设方式转型、促进经济发展方式转变的有效途径。城市建设是贯彻落实新发展理念、推动高质量发展的重要载体。实施城市更新行动,推动城市开发建设方式从粗放型外延式发展转向集约型内涵式发展,将建设重点由房地产主导的增量建设,逐步转向以提升城市品质为主的存量提质改造,促进资本、土地等要素根据市场规律和国家发展需求进行优化再配置,从源头上促进经济发展方式转变。

(4) 实施城市更新行动,是推动解决城市发展中的突出问题和短板、提升人民群众获得感幸福感安全感的重大举措。在经济高速发展和城镇化快速推进过程中,我国城市发展注重追求速度和规模,城市规划建设管理"碎片化"问题突出,城市的整体性、系统性、宜居性、包容性和生长性不足,人居环境质量不高,一些大城市"城市病"问题突出。近年来,城市建设领域的一些问题和短板更加凸显。通过实施城市更新行动,及时回应群众关切,着力解决"城市病"等突出问题,补齐基础设施和公共服务设施短板,推动城市结构调整优化,提升城市品质,提高城市管理服务水平,让人民群众在城市生活得更方便、更舒心、更美好。

(二) 实施城市更新行动的目标任务

实施城市更新行动,总体目标是建设宜居城市、绿色城市、韧性城市、智慧城市、人文城市,不断提升城市人居环境质量、人民生活质量、城市竞争力,走出一条中国特色城市发展道路。其主要任务包括以下几个方面。

1. 完善城市空间结构

健全城镇体系,构建以中心城市、都市圈、城市群为主体,大中小城市和小城镇协调发展的城镇格局,落实重大区域发展战略,促进国土空间均衡开发。建立健全区域与城市群发展协调机制,充分发挥各城市比较优势,促进城市分工协作,强化大城市对中小城市辐射带动作用,有序疏解特大城市非核心功能。推进区域重大基础设施和公共服务设施共建共享,建立功能完善、衔接紧密的城市群综合立体交通等现代设施网络体系,提高城市群综合承载能力。

2. 实施城市生态修复和功能完善工程

坚持以资源环境承载能力为刚性约束条件,以建设美好人居环境为目标,合理确定城市规模、人口密度,优化城市布局,控制特大城市中心城区建设密度,促进公共服务设施合理布局。建立连续完整的生态基础设施标准和政策体系,完善城市生态系统,保护城市山体自然风貌,修复河湖水系和湿地等水体,加强绿色生态网络建设。补齐城市基础设施短板,加强各类生活服务设施建设,增加公共活动空间,推动发展城市新业态,完善和提升城市功能。

3. 强化历史文化保护,塑造城市风貌

建立城市历史文化保护与传承体系,加大历史文化名胜名城名镇名村保护力度,修复山水城传统格局,保护具有历史文化价值的街区、建筑及其影响地段的传统格局和风貌,推进历史文化遗产活化利用,不拆除历史建筑、不拆真遗存、不建假古董。全面开展城市设计工作,加强建筑设计管理,优化城市空间和建筑布局,加强新建高层建筑管控,治理"贪大、媚洋、求怪"的建筑乱象,塑造城市时代特色风貌。

4. 加强居住社区建设

居住社区是城市居民生活和城市治理的基本单元,要以安全健康、设施完善、管理有序为目标,把居住社区建设成为满足人民群众日常生活需求的完整单元。开展补齐居住社区设施补短板行动,因地制宜对居住社区市政配套基础设施、公共服务设施等进行改造和建设。推动物业服务企业大力发展线上线下社区服务业,满足居民多样化需求。建立党委领导、政府组织、业主参与、企业服务的居住社区治理机制,推动城市管理进社区,提高物业管理覆盖率。开展美好环境与幸福生活共同缔造活动,发挥居民群众主体作用,共建共治共享美好家园。

5. 推进新型城市基础设施建设

加快推进基于信息化、数字化、智能化的新型城市基础设施建设和改造,全面提升城市建设水平和运行效率。加快推进城市信息模型(CIM)平台建设,打造智慧城市的基础操作平台。实施智能化市政基础设施建设和改造,提高运行效率和安全性能。协同发展智慧城市与智能网联汽车,打造智慧出行平台"车城网"。推进智慧社区建设,实现社区智能化管理。推动智能建造与建筑工业化协同发展,建设建筑产业互联网,推广钢结构装配式等新型建造方式,加快发展"中国建造"。

6. 加强城镇老旧小区改造

城镇老旧小区改造是重大的民生工程和发展工程。全面推进城镇老旧小区改造工作,进一步摸清底数,合理确定改造内容,科学编制改造规划和年度改造计划,有序组织实施,力争到"十四五"期末基本完成2000年年底前建成的需改造城镇老旧小区改造任务。不断健全统筹协调、居民参与、项目推进、长效管理等机制,建立改造资金政府与居民、社会力量合理共担机制,完善项目审批、技术标准、存量资源整合利用、财税金融土地支持等配套政策,确保改造工作顺利进行。

7. 增强城市防洪排涝能力

坚持系统思维、整体推进、综合治理,争取"十四五"期末城市内涝治理取得明显成效。统筹区域流域生态环境治理和城市建设,将山水林田湖草生态保护修复和城市开发建设有机结合,提升自然蓄水排水能力。统筹城市水资源利用和防灾减灾,系统化全域推进海绵城市建设,打造生态、安全、可持续的城市水循环系统。统筹城市防洪和排涝工作,科学规划和改造完善城市河道、堤防、水库、排水系统设施,加快建设和完善城市防洪排涝设施体系。

8. 推进以县城为重要载体的城镇化建设

县城是县域经济社会发展的中心和城乡融合发展的关键节点,在推动就地城镇化方面具有重要作用。实施强县工程,大力推动县城提质增效,加强县城基础设施和公共服务设施建设,改善县城人居环境,提高县承载能力,更好吸纳农业转移人口。建立健全以县为单元统筹城乡的发展体系、服务体系、治理体系,促进一、二、三产业融合发展,统筹布局县城、中心镇、行政村基础设施和公共服务设施,建立政府、社会、村民共建共治共享机制。

(三) 完善住房保障制度

坚持"房子是用来住的、不是用来炒的"定位,着力解决住房结构性供给不足的矛盾,完善住房市场体系和住房保障体系,基本建立多主体供给、多渠道保障、租购并举的住房制度,推动实现全体人民住有所居。

1. 稳妥实施房地产长效机制方案

因城施策,落实城市主体责任,健全政策协同机制、省部市联动机制、监测预警机制、市场监管机制和舆论引导机制,建立房地产金融审慎管理制度,全面开展房地产市场调控评价考核工作,着力稳地价、稳房价、稳预期,促进房地产市场平稳健康发展。

2. 完善住房保障体系

加快构建以公租房、保障性租赁住房和共有产权住房为主体的住房保障体系,结合城镇棚户区改造和老旧小区改造,有效增加保障性住房供应。以解决新市民住房困难为出发点,大力发展租赁住房,完善长租房政策,扩大小户型、低租金的保障性租赁住房供给,探索支持利用集体建设用地按照规划建设租赁住房。

3. 完善土地出让收入分配机制

以住房需求为导向配置土地资源,增加住房建设用地供给,优化住房供应结构。深化土地供给侧结构性改革,建立以需求定供给、以效益定供给的城市建设用地供应机制,提高土地利用效益。

4. 改革完善住房公积金制度

扩大缴存范围,覆盖新市民群体。优化使用政策,为发展租赁住房和城镇老旧小区改造提供资金支持。进一步加强住房公积金管理信息化建设,提高监管服务水平。

5. 提升住房品质

完善住房建设标准规范,加强质量安全监管,提高住房设计和建造水平,建设功能完善、绿色宜居、健康安全的高品质住房,不断改善人民群众住房条件和居住环境。

(四) 提高城市治理水平

城市治理是国家治理体系和治理能力现代化的重要内容,要大幅提升城市科学化、精细化、智能化治理水平,切实提高特大城市风险防控能力。

1. 创新城市治理方式

运用新一代信息技术建设城市综合运行管理服务平台,加强对城市管理工作的统筹协调、指挥监督、综合评价,推行城市治理"一网统管"。从群众身边小事抓起,以"绣花功夫"加强城市精细化管理。

2. 深化城市管理体制改革

建立健全党委政府统筹协调、各部门协同合作、指挥顺畅、运行高效的城市管理体系,坚持依法治理,注重运用法治思维和法治方式解决城市治理突出问题,加强城市管理执法队伍建设,推进严格规范公正文明执法。

3. 加强特大城市治理中的风险防控

全面梳理城市治理风险清单,建立和完善城市安全运行管理机制,健全信息互通、资源共享、协调联动的风险防控工作体系,实现对风险的源头管控、过程监测、预报预警、应急处置和系统治理。实施城市建设安全专项整治三年行动,加强城市应急和防灾减灾体系建设,综合治理城市公共卫生和环境,提升城市安全韧性,保障人民生命财产安全。

（五）实施城市更新行动要做到"六个必须"

1. 必须加强党对城市工作的领导

深入学习贯彻习近平总书记关于城市工作的重要论述和指示批示精神,进一步增强"四个意识",坚定"四个自信",做到"两个维护",全面加强党的领导,发挥党总揽全局、协调各方的领导核心作用,建立健全党委统一领导、党政齐抓共管的城市工作格局。

2. 必须坚持以人民为中心的发展思想

坚持人民城市人民建、人民城市为人民,满足人民群众对城市宜居生活的新期待,着力解决城市发展过程中的不平衡不充分问题,创造优良人居环境,始终做到城市发展为了人民、城市发展依靠人民、城市发展成果由人民共享,不断实现人民对美好生活的向往。

3. 必须坚定不移贯彻新发展理念

适应我国经济由高速增长阶段转向高质量发展阶段,转变城市发展方式,将创新、协调、绿色、开放、共享的新发展理念贯穿实施城市更新行动的全过程和各方面,推动城市实现更高质量、更有效率、更加公平、更可持续、更为安全的发展。

4. 必须坚持"一个尊重、五个统筹"

认识、尊重、顺应城市发展规律,树立正确的发展观和政绩观,统筹城市工作的各个方面各个环节,整合各类资源,调动各方力量,提高城市工作水平,不断增强城市的整体性、系统性、生长性,提高城市的承载力、宜居性、包容度。

5. 必须加快改革创新步伐

坚定不移深化改革,加快完善城市规划建设管理体制机制,形成一整套与大规模存量提质改造相适应的体制机制和政策体系,健全社会公众满意度评价和第三方考评机制,推动城市发展质量变革、效率变革、动力变革,促进城市治理体系和治理能力现代化。

6. 必须用统筹的方法系统治理"城市病"

把城市作为"有机生命体",建立完善城市体检评估机制,统筹城市规划建设管理,系统治理"城市病"等突出问题。把城市作为巨型复杂系统来统筹安排各方面的工作,持续推动城市有机更新,促进城市全生命周期的可持续发展。

思 考 题

1. 房屋维修的概念是什么？

2. 房屋大修工程的特点是什么？
3. 在门窗工程的养护中应重点注意哪几个方面？
4. 什么是老旧小区和旧改？老旧小区物业管理主要存在哪些问题？
5. 实施城市更新行动的重要意义是什么？
6. 实施城市更新行动的目标任务是什么？

第八章
物业公共秩序管理服务

【教学目的与重点难点】

　　通过本章的学习，学生可了解物业公共秩序管理服务的相关知识，熟悉物业公共秩序管理服务的主要内容，掌握物业公共秩序管理服务的岗位职责与管理措施。本章的学习重点是物业公共安全防范管理服务的内容、消防管理的基本内容与消防管理制度的制定、车辆停放管理服务方法及要求。通过学习这些内容，学生可熟悉各项事务的具体管理制度与措施，并具备物业日常管理中突发事件的应急处理能力。

案例导入

【案例8-1】"6·22"杭州某小区保姆纵火案

20××年6月22日凌晨5点左右,在杭州市某小区×幢×单元×××室发生纵火案,该事件造成4人死亡(一位母亲和三个未成年孩子)。20××年7月1日,根据杭州市人民检察院批准逮捕决定,杭州市公安局对涉嫌放火罪、盗窃罪的犯罪嫌疑人莫某依法执行逮捕。2017年8月21日,杭州市检察院依法对被告人莫某提起公诉。

事故起因

20××年6月22日凌晨5点左右,杭州市某小区×幢×单元×××室内,保姆在客厅用打火机点燃茶几上的一本书,扔在布艺沙发上导致火势失控。

事故处置

20××年6月22日5时04分50秒,杭州119指挥中心接到报警称,望江路和之江路交叉口附近发生火灾;5时05分55秒接到被害住宅女主人报警;5时06分23秒接到路人报警。

按照《119接警调度工作规程》(GA/T 1339—2017),119指挥中心经过综合判定,确认具体火灾地址后,于5时07分23秒调派力量前往处置。辖区中队于5时11分16秒到达该小区正门。保安上车带路进入小区,消防车遇阻后,6名消防员下车,通过破拆铁门锁后,进入着火建筑底部,消防车掉头从闻潮路大门进入。5时17分,6名消防员携带灭火救援装备进入着火建筑乘坐电梯,前往17楼设置进攻起点,利用室内消火栓出水枪至18楼,从开启的保姆房内攻灭火和搜救人员。支队全勤指挥部和增援中队相继到场后,也一直按照有人员被困的情况开展搜救和疏散工作(先后在其他楼层搜寻疏散7人)。同时,在16楼设置进攻起点,在1802室入户门出水枪防止火势蔓延。此时,正门处于关闭状态。

5时40分,由于室内消火栓压力不足,无法对火势进行有效打击,内攻推进困难。在启动消火栓泵和消防车给消火栓水泵接合器加压后,水压均无明显变化。随后,指挥员下令沿楼梯蜿蜒铺设水带。6时08分许,因烟气集聚、温度升高,造成屋内回燃。6时15分许,消防员沿楼梯蜿蜒铺设水带至18楼出水才逐渐压制火势。7时许,消防员发现4名被困人员,立即展开生命体征检查并进行心肺复苏,并报告指挥部要求医护人员和担架上楼。7时05分,消防员将被困人员转移至电梯前室。随后,陆续将人员转移至楼下移交医护人员。现场抢救出的4人经抢救无效死亡。

官方回应

关于物业消防管理是否存在问题?

杭州市公安消防局参谋长陈某:社会上对物业的消防管理是否存在问题确实存在疑问,事后我们迅速收集并固定相关证据。一是物业消防安全管理落实不到位。物业服务企业未按规定严格落实巡查制度,事后有关人员补填部分消防器材检查记录表;消防车道被绿化覆盖,影响消防车辆通行、停放;火灾发生时,消控室值班人员中有一人未取得建构筑物消防员职业资格证书,属无证上岗;火灾发生时,水泵房的消火栓泵控制开关未处于自动状态。室内消火栓箱门用大理石装饰包裹,部分开启不便。二是物业服务企业应急处置能力不足。火灾发生后,消控室值班人员对消火栓泵控制开关处于手动状态不掌握,5时07分确认火警后未及时启动消火栓泵;5时40分现场消防员按下消火栓按钮后,消火栓泵仍未启动;5时44分,消控室值班人员接到物业负责人通知后启动消火栓泵。工程部值班人员处置不及时,5时10分物业负责人通知工程部值班人员,要求查看消防水泵运行情况,工程部值班人员于5时36分到达水泵房,将消火栓泵控制开关转为自动状态,未启动消火栓泵。

关于建筑消防设施运行是否正常?

杭州市公安消防局参谋长陈某:经调查,该建筑在电梯前室等公共部位安装有感烟探测器、手动报警按钮、应急广播、室内消火栓、防排烟设施等,设计符合《高层民用建筑设计防火规范》(GB 50045-95)(现已废止)等消防技术规范要求。5时07分火灾确认后,应急广播、消防电源、消防电梯、防排烟设施等动作显示正常,但消火栓泵未及时启动。5时44分消火栓泵启动后,供水管网压力没有明显上升,无法满足灭火要求。使用的消火栓水泵接合器锈死,消防车无法通过接合器向大楼管网供水,仅依靠屋顶水箱,无法满足长时间持续供水灭火需要,水枪压力不足。消防设施运行不正常给灭火行动带来了影响。

物业公共秩序管理服务是指在物业管理区域内,物业服务企业协助政府有关部门所进行的公共安全防范和公共秩序维护等管理服务活动,主要包括公共安全防范管理服务、消防管理服务和车辆停放管理服务等方面的内容。公共秩序管理服务的实施,一要以国家相关法规为准绳,二要以物业服务合同的约定为根据,明确相关各方的责任和义务,不得超越职权范围,不得违规操作。

第一节 公共安全防范管理服务

公共安全防范管理服务是指物业服务企业协助政府相关部门,为维护公共安全、施工安全等采取的一系列防范性管理服务活动。

一、公共安全防范管理服务的主要内容

公共安全防范管理服务的内容包括:出入管理,安防系统的使用、维护和管理,施工现场管理,配合政府开展社区安保活动等工作。

1. 出入管理

物业服务项目的出入管理应根据国家法律法规和物业服务合同的约定,区分不同物业的类型和档次,制定相应的方案,实现人员、物品和车辆等出入的有效管理。

在出入管理中,秩序维护人员应熟悉国家相关法律法规和物业服务项目公共秩序管理服务规章制度,熟悉本岗位工作规程及相关安防设施设备的使用方法,合理控制出入管理环节,认真履行岗位职责,发现异常情况及时采取相应的防范措施。

2. 安防系统的使用、维护和管理

物业管理安全防范系统是指物业管理区域内用于秩序维护、消防、车辆管理及紧急呼叫等安全防范的技术设备系统。常用的安防系统有笔录监控系统、红外报警系统、自动消防监控系统、门禁系统、自动呼救系统、道闸系统、煤气自动报警系统和巡更系统等。

为充分发挥安防系统功能,秩序维护人员要熟练掌握安防系统的技术性能,使之相互配合,正确使用,如通过监控系统和自动报警系统的相互配合,减少误报,提高管理效率。同时,安防系统应有专人维护与保养,定期检查、检测,发现问题及时处理。

3. 施工现场管理

为了共同做好社区管理,创建安全和谐社区,除做好各项物业管理服务工作外,还应协助公安机关、居民委员会等政府部门做好社区安全防范管理工作。

(1) 在社区组织重大活动时,应及时通知辖区派出所及社区居民委员会,相互配合、协调,避免发生意外事故。

(2) 物业管理区域内发生治安或意外事故时,应及时通知相关部门,并协助做好调查取证及善后处理工作。

(3) 积极配合相关部门做好法律政策宣传教育。

4. 配合政府开展社区安保活动

为了共同做好社区管理,创建安全和谐社区,物业服务企业除做好各项物业管理服务工作外,还应协助公安机关、街道办事处等政府部门做好社区安全防范管理工作。具体内容包括:重大社区活动知会辖区派出所及社区居委会,协助相关部门处置治安或意外事故,积极配合相关部门做好法律政策宣传教育,协助相关政府部门进行人口普查工作,协助辖区派出所进行暂住人口登记工作。

二、公共安全防范管理服务的要求

1. 秩序维护员的仪表和礼貌礼仪

(1) 执勤时着装整洁,佩戴工号牌。

(2) 精神饱满,站立、行走姿态规范。

(3) 执勤中认真履行职责,不脱岗,不做与工作无关的事情。

(4) 办事高效,坚持原则,礼貌待人。

(5) 巡逻、门岗等执勤人员既要严肃认真,又要热情服务。

2. 秩序维护员的安全防范工作程序

(1) 服从领导,听从指挥。

(2) 熟悉物业业主或物业使用人的基本情况,如业主或物业使用人的家庭成员、楼宇结构、消防设备、各类技防设备、各类机电设备分布情况、消防中心和应急反应等。

(3) 按规定路线和方式巡逻、签到,未签到或迟到的要记录原因。

(4) 熟悉人员和物品出入管理流程,具备条件的,可对外来人员及外搬物品做好记录及控制。

(5) 细致观察,迅速反应,按照有关规定及时发现、处理各种事故隐患及突发事件。

(6) 相互配合,妥善处理各种问题。对于超出职权或无法处理的情况,应及时汇报。

具体管理深度和配备人员的多少要根据物业服务费用的水平和物业服务合同的约定来确定。

3. 记录

(1) 记录要及时、齐全、规范和真实。
(2) 交接班事项及物品记录清晰,未完成事项要有跟进记录。
(3) 接班人员分别签名确认。
(4) 记录、分类和归档正确及时,记录本整洁完好,记录字迹清楚。

4. 技防设备设施

(1) 各类安防设备设施要齐全完善,使用正常。
(2) 定期检查和维护,并有完整的记录。
(3) 标识明显正确,相关制度应张贴在墙壁的醒目处。

三、安全防范工作的检查方法

1. 日检

秩序维护队伍的各班班长每天应依据检查标准对本班各岗位的当班人员进行检查,检查保安人员上岗情况、礼仪形象和安全隐患等,对存在的问题应及时指出并作相应的处理。

2. 周检

秩序维护主管及项目经理每周应根据检查标准进行全面检查,除日检内容之外,还应包括各类安防设施设备的检查、业主意见收集反馈、班组长检查记录和安全隐患分析等,并填写周检记录表。

3. 月检

月检是指由指定人员对各项目的安防工作进行全面检查,重点检查现场管理效果及过程管理记录,确保安防工作的有效性。

4. 督察

督察是指由指定的督察队员不定期对安防工作进行突击检查,确保安防工作严格按标准执行,并对违规人员进行教育和处罚。

四、治安防范注意事项

(1) 遇到有人在公共区域聚众闹事时,应及时向公安机关报告,并及时上报上级领导,协助公安机关迅速平息事件,防止事态扩大。
(2) 遇有违法犯罪分子正在进行盗窃、抢劫、行凶和纵火等违法犯罪活动时,应立即报警,协助公安机关制止,并采取积极措施进行抢救、排险,尽量减少损失。对于已发生的案件,应做好违法犯罪分子家属的工作,由单位或公安派出所将其领走。
(3) 物业管理区域公共区域内出现可疑人员,要留心观察,必要时可礼貌查问。
(4) 物业管理区域内发生坠楼等意外事故,应立即通知急救单位及公安部门、家属,并维护好现场,并做好辖区客户的安抚工作,等待急救单位及公安部门前来处理。

第二节 消防管理

消防管理是公共秩序管理服务的一项重要工作,为了做好物业的消防安全管理工作,物业服务企业应着重加强对物业管理区域内业主的消防安全宣传教育及消防安全检查,并建立义务消防队伍,制定消防管理制度,加强消防设施设备的完善、维护和保养工作。

一、义务消防队伍建设

义务消防队伍是日常消防检查、消防知识宣传及初起火灾抢救扑灭的中坚力量,为了做好小区的消防安全工作,各物业服务企业应建立完善的义务消防队伍,并经常进行消防知识与实操技能的培训与训练,加强实战能力。

1. 义务消防队队伍的构成

物业服务企业的义务消防队伍由企业的全体员工组成,分为指挥组、通信组、警戒组、设备组、灭火组和救援组等。其中,灭火组及救援组应由年轻力壮、身体素质较好、反应灵敏和责任心强的人员组成;设备组由具备消防设备操作及维护知识的维修人员担任。

2. 义务消防队队伍的工作

(1) 负责消防知识的普及、宣传和教育。

(2) 负责消防设施设备及日常消防工作的检查。

(3) 负责消防监控报警中心的值班监控。

(4) 发生火灾时应配合消防部门实施灭火补救。

3. 义务消防队伍的训练

义务消防队伍建立后,应定期对义务消防人员进行消防实操技能训练及消防常识的培训,每年还应进行一次到两次的消防演习。

二、消防管理制度的制定

消防工作的指导原则是"预防为主,防消结合"。为达到"预防为主"的目的,必须把日常的消防管理工作制度化、明确化。消防管理制度包括各种场所的消防要求规范、消防检查制度、各种消防设施设备的操作及维修保养制度、火警火灾应急处理制度、消防值班制度和消防器材管理制度等。

1. 制定消防管理规定

消防管理规定包括:企业消防管理机构及运作方式、消防安全岗位责任、奖惩规定、消防安全行为、消防保障要求和消防事故处理报告制度等。

2. 制定消防设施设备管理制度

消防设施设备管理制度的内容包括:消防系统运行管理制度,消防器材配置、保管制度,消防系统维护、保养及检查制度,消防装备日常管理制度和消防系统运行操作规程等。

3. 制定消防检查方案及应急预案

根据各物业管理区域的特点,制定消防检查要求与标准,并制定消防演习方案及消防事故应急预案等。

三、物业消防安全检查的内容与方法

(一)消防安全检查的内容

物业消防安全检查的内容主要包括:消防控制室、自动报警(灭火)系统、安全疏散出口、应急照明与疏散指示标志、室内消防栓、灭火器配置、机房、厨房、楼层、电气线路以及防排烟系统等。

(二)消防安全检查的组织方法和形式

消防安全检查应作为一项长期性、经常性的工作常抓不懈。在消防安全检查组织形式上可采取日常检查和重点检查、全面检查与抽样检查相结合的方法,应结合不同物业的火灾特点来决定具体采用什么方法。

1. 专职部门检查

应对物业管理区域的消防安全检查进行分类管理,落实责任人或责任部门,确保对重点单位和重要防火部位的检查能落到实处。一般情况下,每日由小区防火督察巡检员对小区的消防安全进行检查,每周由班长对小区进行消防安全抽检,监督检查实施情况,并向上级部门报告每月的消防安全检查情况。

2. 各部门、各项目的自查

(1)日常检查。

应建立健全岗位防火责任制管理,以消防安全员、班组长为主,对所属区域重点防火部位等进行检查。必要时要对一些易发生火灾的部位进行夜间检查。

(2)重大节日检查。

在元旦、春节等重要节假日,应根据节日的火灾特点对重要的消防设施设备、消防供水和自动灭火等情况进行重点检查,必要时制定重大节日消防保卫方案,确保节日消防安全。节假日期间大部分业主休假在家,用电、用火增加,应注意相应的电气设备及负载检查,采取安全措施,同时做好居家消防安全宣传。

(3)重大活动检查。

在举行大型社区活动时应制定消防保卫方案,落实各项消防保卫措施。

(三)消防安全检查的程序和要求

1. 消防安全检查的基本程序

(1)按照制定的巡查路线和巡检部位进行检查。

(2)确定被检查的部位和主要检查内容都已检查完毕。

(3)对检查内容的完好情况进行判断,并通过直观检查法或采用现代技术设备进行检查,然后把检查结果和检查情况进行综合分析,最后得出结论,进行判断,提出整改意见和

对策。

(4) 对检查出的消防问题在规定时间内进行整改,对不及时整改的应予以严肃处理。对问题严重或不能及时处理的应上报相关部门。

(5) 对检查情况进行登记存档,分析总结,提出安全检查报告。

2. 消防安全检查的要求

(1) 深入楼层对重点消防保卫部位进行检查,必要时应做系统调试和试验。

(2) 检查公共通道的物品堆放情况,做好电气线路及配电识别的检查。

(3) 对重点设施设备和机房进行深层次的检查,发现问题立即整改。

(4) 对消防隐患问题,立即处理。

(5) 应注意检查通常容易忽略的消防隐患,如单元门及通道前堆放单车和摩托车,过道塞满物品,疏散楼梯间应急指示灯不亮和配电柜(箱)周围堆放易燃易爆物品等。

四、动火安全管理

1. 动火前要求

(1) 重点部位动火须由物业服务企业经理会同消防管理负责人会审,无异议才能动火。

(2) 防火、灭火设施不落实,周围易燃杂物未清除,附近难以移动的易燃结构未采取安全防范措施时不能动火。

(3) 凡盛装过油类等易燃液体的容器、管道,未经洗刷干净、排除残存的油质不能动火。

(4) 凡盛装过受热膨胀有爆炸危险的气体的容器和管道不能动火。

(5) 凡储有易燃、易爆物品的车内、仓库和场所,未经排除易燃、易爆物品的不能动火。

(6) 在高空进行焊接或切割作业时,下面的可燃物品未清理或未采取安全防护措施的不能动火。

2. 动火过程中的要求

(1) 动火现场要指定安全负责人。

(2) 现场安全责任人和动火作业员必须经常检查动火情况,发现不安全苗头时,要立即停止动火。

(3) 发生火灾、燃炸事故时要及时补救。

(4) 动火人员要严格执行安全操作规程。

3. 动火后的要求

动火人员和现场安全责任人在动火后应检查并彻底清理现场火种。

五、消防安全预案的制定

(一) 重点防火单位和防火部位的确定

1. 重点防火物业

重点防火的物业主要包括:生产易燃易爆的工厂,大型物资仓库,工厂较为密集的工业区、酒店、商场、写字楼、大型超市和度假村等。

2. 重点防火部位

重点防火部位主要包括：机房、公共娱乐场所、桑拿浴室及KTV、业主专用会所、地下人防工程、资料室和计算机中心等。

（二）灭火预案的要求

（1）所制定的灭火预案应结合现有的物业消防技术装备和义务消防队伍的业务素质，符合本物业的实际情况。

（2）灭火预案经消防安全部门演练后具有可操作性。

（3）根据小区情况、火灾特点对火险隐患较大的地方进行重点标识。

（4）具体的组织实施时间和相应演练经费预算。

（5）确定灭火预案演练的责任人。

（6）确定各人员、部门的职责及分工要求。

（7）灭火预案须报经当地公安消防大队审核通过和备案。

（三）灭火预案的制定

1. 灭火预案的制定

（1）在制定灭火预案前，消防安全部门的负责人应组织人员深入实地，调查研究，确定消防重点。

（2）根据火灾特点和灭火战术特点，假想火场上可能出现的情况，进行必要的计算，为灭火预案提供正确的数据，确定要投入灭火的装备和器材，以及供水线路。明确灭火、救人和疏散等战斗措施和注意事项。

（3）写出文字说明，打印报批，并绘制灭火力量的部署的草图。

2. 灭火预案的主要内容

（1）物业服务项目的基本概况，包括周围情况、水源情况、物资特性及建筑特点、单位消防组织与技术装备。

（2）火灾危险性及火灾发展特点。

（3）灭火力量部署。

（4）灭火措施及战术方法。

（5）注意事项。

（6）灭火预案图。

六、消防器材的配备、使用与维护

（一）常规消防器材装备

1. 大型物业管理区域的一般配备

大型物业管理区域的一般配备应包括：消防头盔、消防战斗服、消防手套、消防战斗靴、消防安全带、安全钩、保险钩、消防腰斧、照明灯具、个人向导绳和安全滑绳等。

表8-1为某物业服务企业消防部门常规器材装备一览表。

表 8-1　某物业服务企业消防部门常规器材装备一览表

器材名称		装备数量	主要用途
消防战斗服		20 套	主要用于训练及灭火战斗时保护身体防火源辐射
消防战斗靴		20 双	主要用于训练及保护小腿
消防头盔		20 个	主要用于保护头部及面部
消防手套		20 双	主要用于高空作业、滑绳及火场护手
安全带		20 条	主要用于保护腰部和平时训练
保险钩		5 个	配合安全带用,有利于高空作业
安全滑绳		3 条	用于高空滑绳自救
训练水袋	小($\phi 50$ mm)	4 m×9 m	用于铺设水带,供水、训练及比赛竞技
	大($\phi 25$ mm)	10 m×20 m	同上
水枪	开关	2 支	用于火场上选用开花射流
	直流	2 支	用于直流射流
	开关	2 支	从水枪上直接控制水流
	直流	2 支	用于需喷雾射流的火场供水
分水器		1 个	主要用于训练火场供水
集水器		1 个	用于各股水流汇集增大水流
二节梯(6 m 或 9 m)		1 架	用于登高训练及救援
灭火器	新型气体	10 瓶	主要用于代替酸碱、化学泡沫和四氯化碳灭火器使用
	CO_2	10 瓶	主要用于小型初起火灾的扑灭
	干粉	5 瓶	同上
	1211	10 瓶	用于初起火灾的控制及扑灭
	泡沫	5 瓶	同上
	清水	5 瓶	同上
消防车	水罐	1 辆	供水灭火,主要用于远离消防队的大型物业服务企业
	指挥	1 辆	巡逻、检查和灭火指挥专用
消防斧(腰斧)		5 把	用于破拆
消防扳手		5 把	用于打开消防栓供水
云梯登高消防车 (以服务高层物业业主)		1 辆	登高救援及灭火专勤特用,用于超大型及 产值上亿的大集团及企业、事业单位
警用摩托车		1 辆	巡检
其他装备：根据物业服务企业的规模及管理面积,火灾危险性及与消防队的距离情况进行装备			

2. 消防器材一般配置

(1) 楼层配置。

消防器材的配置应结合物业的火灾危险性,针对易燃易爆物品的特点进行合理的配置。一般在住宅小区内,多层建筑中每层楼的消防栓内均配置 2 瓶灭火器;高层物业每层楼放置的消防栓内应配置 4 瓶灭火器;每个消防栓内均配置 1 或 2 卷盘水带、水枪 1 支及消防卷盘 1 个。

(2) 岗亭配置。

物业服务项目的每个秩序维护岗亭均应配备一定数量的灭火器,在发生火灾时,岗亭保安员应先就近使用灭火器扑救本责任区的初起火灾。

(3) 机房配置。

各类机房均应配备足够数量的灭火器材以保证机房火灾的处置。机房内要配有固定的灭火器材和推车式灭火器。

(4) 其他场所配置。

其他场所配置灭火器材应保证在发生火灾后能在较短的时间内迅速取用并扑灭初期火灾,以防止火势进一步扩大蔓延。

(二) 消防装备的维护、管理

1. 常规消防

装备是配备在保安部的战备器材,应定期检查,至少每月进行一次全面检查,发现破损、泄漏、变形或工作压力不够时,应对器材进行维护和调换申购,以防在训练中发生事故。

2. 定期养护

所有的员工应爱护器材,在平时训练和消防工作中对器材应轻拿轻放,避免摔打、乱扔乱掷,用完统一放归原处进行归口管理,并定期清洗和上油,以防器材生锈、变形和失去原有功能。

3. 专人保管

消防安全部门应指定专人对消防装备进行统一管理,建立消防设备保管台账,避免丢失和随便动用。平时训练用完后应由培训负责人交给器材保管员,做好领用和归还登记。

4. 交接班检查

消防班在交接班时应对备用、应急和常规配备的器材进行检查,以保证器材的良好运行。

5. 消防器材的定期统计

配置在各项目的消防器材,每月均应做一次全面统计工作。按照各区域分类统计,以保证项目配备的消防器材完整、齐全,对已失效、损坏的器材应进行重新配置。配置在每个项目及各个场所的消防器材应由项目管理员签字确认,由专人负责管理。

第三节 车辆停放管理服务

物业管理区域内交通管理与车辆停放服务是物业公共秩序管理服务的一项基本内容,也是体现物业管理服务水平的重要内容。

一、车辆管理方法及要求

1. 建立健全车辆管理队伍

为做好物业管理区域内的车辆管理,提供安全有序的车辆停放管理服务,应根据住宅小区车辆的实际情况做好人员安排,包括小区车辆交通的疏导及管理人员、停车场维护人员和车辆收费管理人员等。

2. 车辆出入管理

目前各大物业服务公司的智能停车场管理系统,在总结和借鉴现有停车场系统成功经验的基础上,进行新的整合和探索,充分发挥智能卡技术、计算机技术、电子控制技术与机械制造技术,实现了停车场的高度智能化管理。一卡通车辆出入管理系统以非接触式射频卡为信息载体,作为车辆出入停车场的凭证,进行车辆出入控制和停车收费管理。通过读卡器能自动识别持卡人的身份,确定对车辆放行还是拦截收费,并可对车辆进行实时拍照存档,供统计查询。一进一出车辆出入管理系统平面图如图8-1所示。

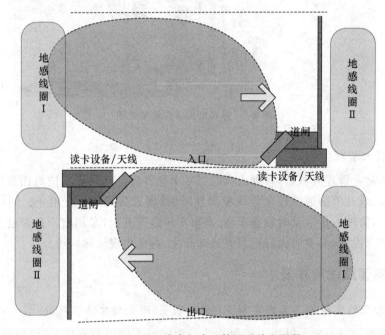

图8-1　一进一出车辆出入管理系统平面图

停车场系统功能实现RFID远距离停车及停车场门口车辆出入管理。其在线运行或脱机运行均可对卡的有效性进行自动识别。该系统实时将所读卡的信息传递到监控计算机,监控计算机也可向其加载时间、收费标准等。该系统可实现联动,当读到有效卡时,道闸自动打开。如对储值卡自动扣费,对临时卡自动计费,对有效月卡在有效的时间范围内可无限次出入。该系统为中文显示,当读到有效卡时,显示应交纳的停车费数额和礼貌用语,读到无效卡时则显示相关原因。该系统的语音提示功能,当读到有效卡时,发出应交纳的停车费数额和礼貌用语,读到无效卡时则用语音说明相关原因。此外,该系统还具有短时停车免费功能,当停车不超过一定时间时,实行免费停车。同时该系统还具有远距离读卡功能。停车场系统应用实景图如图8-2所示。

图 8-2　停车场系统应用实景图

3. 车辆停放管理

车辆进入物业管理区域后,管理人员应引导车辆停放。有固定车位而任意停放,或不按规定任意停放,或在消防通道停车等现象出现时,管理人员必须进行阻止。同时,车辆进入停车位停放时,管理人员应及时检查车辆,观察车辆是否有损,车辆窗户是否已关闭,是否有贵重物品遗留车内等,必要时做好记录并通知车主,避免出现法律纠纷。

二、车辆管理注意事项

1. 车辆管理的交通标志及免责告示应充分明显,避免发生法律纠纷

完善的交通标志及提示既可以确保物业管理区域车辆停放有序,又可以减少安全事故的发生。管理人员可提醒车主根据车辆停放票据、卡证及收费牌上的免责提示等做好相应的防范措施,减少安全事故的发生,避免发生安全事故时引发法律的纠纷。

2. 签订停车位使用协议,建立完善的车辆停放法律关系

车主首次申请办理停车年卡或月卡时应提交本人的身份证、驾驶证、车辆行驶证原件与复印件,并签订停车位使用协议,建立双方车辆停放服务关系。协议上应对车辆是有偿停放还是无偿停放,是保管关系还是车位租用关系,以及停放过程中的安全责任等法律责任予以明确,避免在车辆出现剐蹭或丢失时引起法律纠纷。

3. 车辆停放必须符合消防管理要求,切忌堵塞消防通道

为了图方便,有的车主经常会将车辆停放于消防通道,或部分物业服务企业为了提高车辆停放收入擅自将部分消防通道划为停车位,这样往往会导致消防通道堵塞,严重影响出现事故时的消防疏散及抢救。因此,车辆停放管理应特别注意对消防疏散通道的管理,确保车辆停放符合消防管理要求,绝对不能堵塞消防通道。

4. 做好电梯口等安全防范工作

对于电梯直接通往室内停车场车库的小区必须做好电梯入口的安全防范监控措施,避免不法人员直接从地下车库进入楼内。

思 考 题

一、简答题

1. 简述物业公共秩序管理服务的主要内容。
2. 公共安全防范管理服务的主要内容有哪些?
3. 物业消防安全检查的组织方法和形式有哪些?
4. 简述常用消防设备设施和器材。
5. 车辆管理注意事项有哪些?

二、案例分析题

6岁的小光和另外3个小朋友在某花园小区的一幢住宅楼后面玩耍。在一个堆放杂物的临时搭建的房子里,孩子们发现了几个放"天那水"的小铁桶。孩子们用木棒点燃"天那水"玩,其中小亮将燃烧的木棒插入"天那水"小桶后发生爆炸,小光因离得最近而被严重烧伤。事情发生后,小光的父母立即将孩子送入医院抢救。但经过一个月的治疗后,小光因大面积烧伤导致患败血症而死亡。后来,小光的父母把管理该花园小区的物业服务企业和另外3个孩子的家长告上法庭,要求赔偿损失。

请对以上案例进行分析。

第九章
物业环境管理

【教学目的与重点难点】

通过本章的学习，学生可了解环境、物业环境、保洁管理、绿化管理的概念，城市绿地的分类；掌握物业环境污染防治措施，保洁管理的内容、工作程序、操作细则和要求；掌握常用的绿化指标、绿化管理的基本操作及绿化养护管理的质量要求和考核指标等。

案例导入

【案例9-1】做好现场标识,防止行人摔倒

案例描述:

20××年1月16日9:00,某小区物业管理处环境美化部保洁员对公寓楼各楼梯进行一次全面彻底的清洁,并在各大门上悬挂"工作进行中"的指示牌。9:30左右,保洁员做完最后的拖地工作,收拾工具并取下大门上悬挂的"工作进行中"的指示牌准备离去。这时,一位四楼的业主上楼。随后,保洁员听到"扑通"的声音,保洁员立即赶到现场查看情况,原来是业主摔倒在地上。

处理过程:

1. 保洁员赶到现场,扶起业主并道歉。询问业主有无受伤情况。
2. 确定无受伤的情况下,保洁员再次向业主表示道歉。此业主通情达理未追究任何责任。

案例点评:

1. 保洁员清洁地面后应及时擦干,地面不能有积水。
2. 保洁员的安全防范意识不强,工作现场没有"小心地滑"的警示牌。保洁员应为此而造成的后果负责。

第一节 物业环境管理概述

环境是指周围所在的条件,对不同的对象和科学学科来说,环境的内容也不同。在建筑学上环境是指室内条件和建筑物周围的景观条件。习惯上分为自然环境和社会环境。

自然环境亦称地理环境,是指环绕于人类周围的自然界,包括大气、水、土壤、生物和各种矿物资源等。自然环境是人类赖以生存和发展的物质基础。

社会环境是指人类在自然环境的基础上,为不断地提高物质生活和精神生活水平,通过长期有计划、有目的的发展,逐步创造和建立起来的人工环境,如城市、农村和工矿区等。社会环境的发展和演替受自然规律、经济规律以及社会规律的支配和制约,其质量是人类物质文明建设和精神文明建设的标志之一。

一、物业环境的概念及类型

物业环境是指物业管理区域内的周围环境及公共设施,即和业主与物业使用人的生活和工作密切相关的、直接影响其生存发展和享受的各种必需条件和外部变量因素的综合。按物业类型的不同,物业环境可以分为生活居住环境、生产环境、商业环境和办公环境等。

(一) 生活居住环境

生活居住环境是指提供给人们居住的物业环境,包括内部居住环境和外部居住环境两个方面。

1. 内部居住环境

内部居住环境是指建筑的内部环境。内部居住环境的影响因素包括：住宅标准，住宅类型、隔声、隔热和保温，光照，通风，室内小气候，室内空气质量和二氧化碳含量等。

2. 外部居住环境

外部居住环境是指住宅和与居民生活密切相关的各类公共建筑、共用设施、绿化、院落和室外场地等。外部居住环境的影响因素包括：居住密度、公共建筑、市政公共设施、绿化、室外庭院和各类活动场所、室外环境小品、大气环境、声环境和视环境、小气候环境、邻里关系和社会环境等。

（二）生产环境

生产环境是指提供给生产企业及其生产者进行生产时相关的环境和条件。生产环境的影响因素包括：物业类型及用途，隔声、隔热和保温，光照，通风，绿化，卫生，生产设施和行政办公条件等。

（三）商业环境

商业环境是指提供给商业企业及其经营者从事商业活动的物业环境。商业环境的影响因素包括：物业类型及用途，隔声、隔热和保温，光照，通风，绿化，卫生，交通条件及室内各种环境小品、商业设施等，商业从业人员的服务态度和服务水平也是影响商业环境的一个很重要的因素。

（四）办公环境

办公环境是指用于行政办公目的的物业环境，包括办公室内环境和办公室外环境。办公室内环境的影响因素包括：办公室标准及类型、隔音效果、隔热与保温、室内气候和室内景观布置等。办公室外环境的影响因素包括：绿化、大气环境、办公区域的治安状况、办公人员的思想文化素质、艺术素质以及相互关系等。

二、物业环境管理的内容

物业环境管理是指物业服务企业按照物业服务合同的约定，对物业管理区域的物业环境进行管理的活动。物业环境管理的任务是保护和维持物业管理区域内的容貌，防止人为破坏和减缓自然损坏，维护正常的生产秩序、生活秩序和办公秩序，保持物业的外观及整体形象的永恒性，提高知名度等。

物业环境管理的内容包括以下几个方面。

（一）物业环境污染防治

物业环境污染防治包括：水体污染防治、大气污染防治、固体废弃物污染防治、噪声污染防治和电磁波污染防治等。

1. 水体污染防治

造成物业环境水体污染的原因包括：过量排放造成水的物理、生化污染和致病性微生物污染。

水体污染防治的途径包括：加强污水排放的控制，加强对已排污水的处理和加强生活饮用水二次供水卫生管理。

2. 大气污染防治

造成物业环境大气污染的主要原因包括：烧煤，机动车尾气，基建扬尘，不当燃烧以及燃放烟花爆竹等。

大气污染防治的途径包括：改变能源结构；禁止不当燃烧；严格控制物业管理区域内的工业废气的排放；加强车辆管理；在物业装修时尽量采取防止扬尘的措施；平整路面，减少扬尘；以绿色净化环境。

3. 固体废弃物污染防治

固体废弃物是指人们在生产和生活中扔弃的固体物质。造成物业环境固体废弃物污染的主要原因包括：生产与生活垃圾、粪便和沟泥等。其中垃圾包括无机垃圾(如砖瓦碎石、炉灰和渣土等)和有机垃圾(如动植物残体、废纸、塑料和碎布等)。

固体废弃物污染防治的途径包括：全过程管理(即贯穿于从产生、排放、收集、输出、贮存、综合利用、处理到最终处置的全过程)；实行"三化"(即固体废弃物的减量化、资源化和无害化)；集中防治与分散防治相结合。

4. 噪声污染防治

噪声污染是指所产生的环境噪声超过国家规定的环境噪声排放标准，并干扰他人正常的工作、学习、生活的现象。噪声可分为交通噪声、生产噪声和生活噪声等。

物业环境噪声污染防治的途径包括：禁止设立产生噪声污染的生产、经营项目；规定夜间不得作业的时间；禁止机动车、船在禁止鸣喇叭的区域内鸣笛；控制音响。

5. 电磁波污染防治

电磁波污染即各种电子生活产品，包括空调、计算机、电视机、电冰箱、微波炉、卡拉OK机、电磁炉和移动电话等在正常工作时所产生的各种不同波长和频率的电磁波，被称为"电子垃圾"或"电子辐射污染"。

面对这个无形的杀手，我们应尽量减少被辐射的机会，采取一定的措施进行防治。如电器用品不使用时，将插头拔掉；保持距离也可减少电磁波；尽量分开使用电器，尽量避免长时间操作，保持室内空气流通等。

(二) 物业环境保洁管理

保洁管理是指通过宣传教育、监督治理和日常清洁工作，保护物业管理区域环境，防治环境污染，定时、定点、定人进行生活垃圾的分类收集、处理和清运。通过清、扫、擦、拭、抹等专业性操作，维护物业管理区域内所有公共地方、共用部位的清洁卫生，从而塑造文明形象，提高环境效益。物业环境保洁管理是物业管理中一项经常性的管理服务工作，其目的是净化环境，为业主与物业使用人提供一个整洁、舒适、美化的居住环境和工作环境。

(三) 物业环境绿化管理

物业环境绿化管理包括环境绿化和美化两部分。物业环境绿化主要是在物业管理区域内栽植花草树木。物业环境美化主要是建设各种园林小品，它可以组织空间，充实、丰富、美化物业环境。园林小品设计应从使用功能出发,与物业管理区域内的环境要协调统一,与建筑群体和花草树木要密切配合。

通过物业环境绿化管理,扩大绿化面积及种植花草、树木,不仅可以净化空气,调节物业管理区域的气候,保持水土、防风固沙,而且还可以消声防噪,创造出和谐、绿色的自然环境。

（四）物业环境宣传

物业环境宣传实质上是物业软环境建设的一项重要措施,主要是普及环境保护知识,宣传国家政策、法规,引导业主与物业使用人自觉遵守公民行为准则和道德规范,倡导业主爱护身边的环境,维护各种设施,共同建设美好的家园。物业环境宣传是配合物业环境管理的其他内容,应融入物业环境管理的各项具体工作中。

第二节　物业环境保洁管理

在物业管理区域中,洁净的卫生环境是业主与物业使用人正常生活和工作的需要,它是提升服务水准的一个直观指标,物业环境卫生的好坏也是评判一个物业服务企业管理水平高低、实力强弱的一个最直观的指标。

一、物业环境保洁管理的范围

1. 楼宇前后左右的公共地方

楼宇前后左右的公共地方是指物业管理区域内的道路、空地、绿地和公共停车场等所有公共地方。

2. 楼宇上下空间的公共部位

楼宇上下空间的公共部位是指楼宇一层到顶层屋面的所有公共部位,包括楼梯、电梯间、大厅、天台、公用卫生间和楼宇外墙等公共部位。

3. 生活垃圾的处理

生活垃圾的处理是指日常生活垃圾(包括装修垃圾)的分类收集、处理和清运。生活垃圾的处理要求和督促业主与物业使用人按规定的地点、时间和要求,将日常垃圾倒入专用容器或者指定的垃圾收集点,不得擅自乱倒。

二、物业环境保洁管理的基本要求

1. 保洁管理要责任分明

保洁工作是一项细致、繁重的常规性工作,必须做到责任分明,做到"五定",即定人、定地点、定时间、定任务和定质量。

2. 保洁管理要明确标准

要明确具体的管理指标,对卫生清扫、垃圾清运等工作进行评判和验收,要达到"六不"和"六净"。"六不"即不见积水、不见积土、不见杂物、不漏收垃圾、不乱倒垃圾和不见人畜粪。"六净"即路面净、路沿净、人行道净、雨水口净、树坑墙根净和废物箱净。

3. 保洁管理要及时

保洁管理要体现及时快速性,对每天产生的垃圾及时清除,做到日产日清,建立合理的分类体系。

4. 保洁管理要因地而异

在同一物业管理区域内,不同管理部位要求的标准也可能不同,应根据不同类型、不同档次的物业对楼宇清洁卫生的质量标准不同而制定相应的管理制度和措施。

三、物业环境保洁管理工作程序

保洁管理工作程序是要求保洁工作必须按照有关程序来开展。下面以某大厦的部分保洁工作程序为例来说明。

(一)楼道的保洁

1. 范围

楼道梯级、扶手、墙面、信报箱、配电箱、消防栓、消防管道、楼道门窗、楼道灯开关及灯具的清洁。

2. 作业程序

(1)准备扫把、垃圾铲、胶桶、拖把各一只,从底层至顶层自下而上清扫楼道梯级,将果皮、烟头、纸收集于胶袋中然后倒入垃圾车;用胶桶装清水,洗净拖把,拧干拖把上的水,用拖把从顶层往下逐级拖抹梯级,拖抹时,清洗拖把数次。

(2)准备抹布一块,胶桶(装水),自下而上擦抹楼梯扶手及栏杆,擦抹时,清洗抹布数次。

(3)清洁消防栓、管:准备扫把一把,抹布两块(干、湿各一块),胶桶(装水)。先用扫把打扫消防管上的灰尘和蜘蛛网,再用湿抹布擦抹消防栓及玻璃,然后用干抹布擦抹玻璃一次,按上述程序逐个清洁。

(4)清洁墙面、宣传板、开关:准备干净的长柄扫把、抹布、胶桶(装水)和刮刀。先用扫把打扫墙上的灰尘和蜘蛛网,再撕下墙上贴的广告纸。如有残纸时,用湿抹布抹湿残纸,慢慢用刮刀刮去,撕下宣传板上过期的资料和通知,用湿抹布擦抹干净;将抹布清洗干净,尽量拧干水分,擦抹各楼道灯开关板。

(5)用干抹布擦抹配电箱、电表箱上的灰尘和污迹。

(6)清洁窗户玻璃:准备玻璃刮刀、清水一桶、清洁剂,按玻璃门、窗、镜面的保洁进行作业。

(7)巡视检查楼道内外卫生,将广告纸、垃圾清扫干净。

3. 标准

(1)每天清扫、擦抹两次。楼梯踏步每天用拖把拖抹,窗户玻璃每月清洁一次。

(2)目视楼道无烟头、果皮、纸屑、广告纸、蜘蛛网、积尘和污迹等。

(二)玻璃门、窗、镜面的保洁

1. 作业程序

(1)先用铲刀铲除玻璃边缘上的污垢。

(2) 将玻璃清洁剂按 1∶5 加入清水稀释。

(3) 把浸有玻璃水的毛巾裹在玻璃刮上,然后用适当的力量按在玻璃顶端,从上往下垂直刮。

(4) 除掉毛巾,用玻璃刮刮去玻璃上的水分。

(5) 一洗一刮连贯进行,当玻璃的位置与地面较接近时,可以将刮横向移动。

(6) 最后用拖把抹净地面上的污水。

(7) 清洁高处玻璃时,可把玻璃刮套在伸缩杆上。

2. 标准

清洁后要求玻璃上无污迹、水珠,无明显的灰尘。

(三) 灯具的保洁

1. 范围

各住宅小区内的大厦内外、大堂灯具、走廊灯、楼道灯、办公室和各活动场所的灯具。

2. 作业程序

(1) 准备梯子、螺丝刀、抹布、胶桶等工具。

(2) 关闭电源,架好梯子,人站在梯子上,一手托起灯罩,一手拿螺丝刀,拧松灯罩的固定螺丝,取下灯罩。

(3) 先用湿抹布擦拭灯罩内外污迹和虫子,再用干抹布抹干水分。

(4) 将抹干净的灯罩装上,并用螺丝刀拧紧固定螺丝。

(5) 清洁日光灯具时,应先将电源关闭,取下盖板,取下灯管,然后用抹布分别擦抹灯管和灯具及盖板,重新装好。

3. 标准

清洁后的灯具、灯管无灰尘,灯具内无蚊虫,灯盖、灯罩明亮清洁。

4. 注意事项

(1) 在梯子上作业应注意安全,防止摔伤。

(2) 清洁前应首先关闭灯具电源,以防触电。

(3) 在梯子上作业时,应注意防止灯具和工具掉下碰伤行人。

(4) 用螺丝刀拧紧螺钉,固定灯罩时,应将螺钉固定到位,防止损坏灯罩。

(四) 公共场地和道路的保洁

1. 范围

公共场地和道路的保洁范围包括汽车道、人行道和消防通道等。

2. 作业程序

(1) 用长竹扫把把道路中间和公共活动场所的果皮、纸屑和泥沙等垃圾扫成堆。

(2) 用扫把把垃圾扫入垃圾斗内,然后倒进垃圾手推车。

(3) 对有污迹的路面和场地用水进行清洗。

(4) 雨停天晴后,用竹扫把把马路上的积水泥沙扫干净。

3. 标准

(1) 每天打扫三次,半天循环保洁一次,从 6∶00 至 18∶00,保持整洁。

(2) 公共场地,路面无泥沙,无明显垃圾,无积水,无污迹。

(五) 绿地的保洁

1. 范围

绿地的保洁范围包括物业管理区域内的草地和绿化带。

2. 作业程序

(1) 用扫把仔细清扫草地上的果皮、纸屑和石块等垃圾。

(2) 对烟头、棉签、小石子和纸屑等用扫把不能打扫起来的小杂物,弯腰用手捡入垃圾斗内。

(3) 在清扫草地的同时,仔细清理绿篱下面的枯枝落叶。

3. 标准

(1) 每天早晨、上午、下午各清扫一次以上,半天循环清洁一次,保持清洁干净。

(2) 目视无枯枝落叶,无果皮,无饮料罐,无 3 cm 以上的石块等垃圾和杂物;烟头数量控制在每 100 m^2 1 个以内。

(六) 雕塑装饰物、宣传栏和标识宣传牌的保洁

1. 作业程序

(1) 雕塑装饰物的清洁:备长柄扫把、抹布、清洁剂和梯子等工具,用扫把打扫装饰物上的灰尘,人站在梯子上,用湿抹布从上往下擦抹一遍,如有污迹则将清洁剂涂在污迹处,用抹布擦抹,然后用水清洗。

(2) 宣传栏的清洁:用抹布将宣传栏里外周边全面擦抹一遍,擦玻璃用玻璃刮清洁,按玻璃门、窗、镜面的保洁操作。

(3) 宣传牌、标识牌的清洁:有广告纸时先撕下纸,用湿抹布从上往下擦抹,然后用干抹布抹一次。

2. 标准

宣传牌每周清洁一次;室内标识牌每天清洁一次;雕塑装饰物每月清洁一次,清洁后检查无污迹、积尘。

3. 注意事项

梯子放平稳,人勿爬上装饰物上面,防止人员摔伤;清洁宣传栏玻璃时,小心划伤手;清洁工具不要损伤被清洁物。

(七) 垃圾池(箱)的保洁

1. 范围

垃圾池(箱)的保洁范围包括物业管理区域内的垃圾池和果皮箱。

2. 作业程序

(1) 用铁铲将池内垃圾铲入手推车内,用扫把将剩余垃圾扫干净后,冲洗池内外一次。

(2) 用去污粉撒在垃圾池内外瓷砖和垃圾池门上,用刷子擦洗污迹。

(3) 疏通垃圾池的排水道,清洁周围水泥面。

(4) 打开水闸用水全面冲洗垃圾池内外,同时用扫把或刷子擦洗。

(5) 关闭水闸,收回水管,锁好垃圾池门。

(6) 垃圾桶或果皮箱的清洁:清除箱内垃圾后,将箱搬到有水源的地方,先用水冲洗一遍,然后在污迹处倒少许去污粉擦洗,再用水冲洗干净,搬到原处放好。

3. 标准

目视无污迹,无广告纸,每天清运、清洗一次;垃圾池(箱)每月用去污粉清洁一次;垃圾池周围不积污水。

四、保洁管理操作细则和要求

保洁管理的操作细则要求可分为每日管理要求、每周管理要求和每月管理要求,以便在管理中进行定量、定期检查考核。

由于物业状况及客户需求不同,服务标准也存在差异,现以住宅小区为例说明保洁操作细则和要求。

1. 住宅小区每日保洁操作细则和要求

住宅小区每日保洁操作细则和要求参见表9-1。

表9-1 住宅小区每日保洁操作细则和要求

序号	保洁项目和内容	保洁方式	保洁次数/次
1	各楼层楼梯(含扶手)过道	清扫、抹擦	1
2	居民生活垃圾、垃圾箱内垃圾	收集、清除、集送	2
3	电梯门、地板及周身	清扫、抹擦	2
4	通道扶手、电梯扶手、电梯两侧护板与脚踏	抹擦、清扫	2
5	男女卫生间	拖擦、冲洗	3
6	会议室、商场等公共场所	清扫、拖擦	2~4
7	指定区域内的道路	清扫、洒水	2
8	指定区域内绿化带	清扫	1

2. 住宅小区每周保洁操作细则和要求

住宅小区每周保洁操作细则和要求参见表9-2。

表9-2 住宅小区每周保洁操作细则和要求

序号	保洁项目和内容	保洁方式	保洁次数/次
1	天台、天井	清扫	1
2	各楼层公共走廊	拖洗	1
3	用户信箱	抹擦	1
4	电梯表面保护膜	涂上	1
5	手扶电梯打蜡	涂上	1
6	共用部位门窗、空调风口百叶	抹擦	1
7	地台表面	拖擦	2
8	储物室、公共房间	清扫	1

3. 住宅小区每月保洁操作细则和要求

住宅小区每月保洁操作细则和要求参见表9-3。

表 9-3　住宅小区每月保洁操作细则和要求

序号	保洁项目和内容	保洁方式	保洁次数/次
1	共用部位天花板、四周围墙	清扫	1
2	共用部位窗户	抹擦	1
3	共用电灯灯罩、灯饰	抹擦	1
4	地台表面打蜡	涂上	1
5	卫生间抽排气扇	抹擦	2
6	共用部位地毯	清洗	1

五、保洁设施建设

（一）常用清洁剂

1．酸性清洁剂

酸性清洁剂对物体有腐蚀性，且对皮肤有损伤，具有一定的杀菌除臭功效，但不用于纺织品、木器和金属等处。酸性清洁剂包括外墙清洁剂、除锈剂、洁厕剂和消毒剂等。

2．中性清洁剂

中性清洁剂配方温和，不腐蚀和损伤任何物品，对被清洗物起到清洁和保护作用，其主要功能是除污保洁，但对久积的污垢去除力弱。中性清洁剂包括多功能清洁剂和洗地毯剂。

3．碱性清洁剂

碱性清洁剂不仅含有纯碱（碳酸钠），还含有大量的其他化合物，对于清除一些油脂类脏垢和酸性污垢有较好的效果。碱性清洁剂包括玻璃清洁剂、家具蜡和起蜡水等。

（二）常用清洁设备

1．一般清洁用具

一般清洁用具包括手工操作和不需要电机驱动的清洁设备，如抹布、扫帚、拖把、多用途清洁车和玻璃清洁器等。

2．机器清洁设备

机器清洁设备一般是指要经过电机驱动的器具，如吸尘器、吸水机、洗地机、洗地毯机、打蜡机、升降工作平台和长梯等。

六、保洁管理的具体措施

保洁管理的具体措施是指物业服务企业为了创造整洁、卫生、优美、舒适的物业环境所采取的行之有效的方法和手段。

1．生活垃圾处理

将生活垃圾统一收集后运至指定地点进行无害化、资源化和减量化处理，从而改善了环境的质量，有利于提高物业管理区域的文明程度和环境质量。

2．进行超前宣传教育

物业服务企业在早期介入阶段寻找"切入点"，如在售房时、分房时和入户时，对未来的业主进行超前宣传教育,明确保洁管理的要求,以便收到事半功倍的效果。

3. 配备必要的硬件设施

为了增强保洁工作的有效性,还应配备与之有关的必要的硬件设施。如有的物业服务企业在每户门前安置一只相对固定的 ABS 塑料垃圾桶,上面有盖,规定业主每日将生活垃圾装袋后丢入,由清洁工每日清晨定时收集,用不锈钢小车乘电梯运到楼下倒入指定的垃圾箱。

4. 依法处罚及典型曝光

对于各种不良的卫生习惯,除了要进行宣传教育外,还应当采取必要的硬性措施,依法按规定进行经济和行政处罚。对极少数屡教不改者,在业主委员会、居民委员会的配合下可采取典型曝光的方法,公开其不文明行为。

第三节 物业环境绿化管理

物业环境绿化管理是指为了充分发挥物业绿化的防护和美化的功能,根据植物的生物特性,通过科学的肥水管理、整形修剪、中耕锄草、防治病虫害和防风防寒等养护措施,使物业环境绿地中的花草树木生长茂盛,以维护良好的生活环境和工作环境的管理活动。

物业环境绿化是城市绿化的一部分,与业主的日常生活关系最为密切的绿地,在改善物业管理区域内的小气候和卫生条件,美化环境,为城市居民创造室外休息活动场所等方面有显著作用。

一、城市绿地分类和绿化指标

(一) 城市绿地分类

以绿地的主要功能和用途作为分类的依据,将城市绿地分为五大类,即公园绿地(综合公园、社区公园、专类公园、带状公园和街旁绿地)、生产绿地、防护绿地、附属绿地(居住绿地、公共设施绿地、工业绿地、仓储绿地、对外交通绿地、道路绿地、市政设施绿地和特殊绿地)及其他绿地。

(二) 城市绿化指标

1. 城市绿地率

城市绿地率是指城市各类绿地(包括公共绿地、居住区绿地、单位附属绿地、防护绿地、生产绿地和风景林地等六类)面积之和与城市总面积的比值。

$$城市绿地率(\%) = \frac{城市各类绿地面积之和}{城市总面积} \times 100\%$$

2. 城市绿化覆盖率

城市绿化覆盖率是指城市绿化覆盖面积与城市面积的比值。其中,城市绿化覆盖面积以城市内全部绿化种植垂直投影面积计算。

$$城市绿化覆盖率(\%)=\frac{城市内全部绿化种植垂直投影面积}{城市面积}\times 100\%$$

3. 城市人均公共绿地面积

城市人均公共绿地面积是指城市中每个非农业人员平均拥有的公共绿地面积。

$$人均公共绿地面积=\frac{城市公共绿地面积}{城市非农业人员}$$

"十四五"时期是我国污染防治攻坚战取得阶段性胜利、继续推进美丽中国建设的关键期。坚持绿水青山与金山银山的统一,坚持经济发展和环境保护的统一,坚持以人民为中心与美丽中国建设的统一。"十三五"期间,我国总计植树造林 5.45 亿亩,"十四五"阶段森林覆盖率达到 24.1%。

二、物业环境绿化管理的基本操作

绿化种植的都是有生命的植物,不少单位在绿化时往往规划设计高标准,施工养护低水平,好景保持时间不长。在绿化养护管理上,要了解种植植物的类型和各种植物品种的特性,抓好水、肥、草、剪、虫和过冬等方面的养护管理工作。

(一)浇水排水

不同品种的植物需水量不同,不同的季节需水量也不同,浇水时应根据具体情况掌握。浇水应根据不同植物生物学特征、树龄、季节和土壤干湿程度确定。做到适时、适量、不遗漏。每次浇水要浇足。北方地区园林植物浇水时间、次数参见表 9-4,各类草坪浇水时间、次数参见表 9-5。

表 9-4 北方地区园林植物浇水时间、次数参考表

序号	植物类型	生长期内每月浇水次数/次	浇水时间	湿润深度/cm	冬灌深度/cm
1	低矮地被植物	2~3	早、晚	10	40
2	一年生草本花卉	3~4	早、晚	10	40
3	多年生灌木、藤木	1~2	早、晚	20	40
4	竹类	3~5	早、晚	30	50
5	1~5 年生乔木	2~5	早、晚	40	50
6	5 年以上乔木	1	早、晚	40	50

表 9-5 各类草坪浇水时间、次数参考表

序号	植物类型	生长期内每月浇水次数/次	浇水时间	湿润深度/cm	冬灌深度/cm
1	观赏草坪	2~3	早晨、下午	6~8	30
2	休息草坪	3~4	早晨、下午	5~8	20
3	球场草坪	1~2	傍晚与夜间	6~10	20
4	活动性草坪	3~5	傍晚	6~10	20
5	南方冷季型草坪	2~5	傍晚	3~4	20

（二）施肥

为确保园林植物的正常生长发育,要定期对树木、花卉和草坪等进行施肥。施肥应根据植物的种类、树龄、土地条件、生长情况及肥料的种类等具体情况而定。合理施肥能够促进植物的生长,增加绿化、花卉的观赏价值。

根据绿化生长情况以及所需要的肥料选定有机肥(如垃圾肥、蘑菇肥和饼肥等)和无机肥(氮、磷、钾和复合肥)。施肥分基肥和追肥两类。基肥一般采用复合肥,在植物休眠期内进行;追肥一般采用化肥或复合肥,在植物生长期内进行。化肥要先溶解再施用。干施化肥一定要注意均匀,用量宜少不宜多,施肥后必须及时浇水,以免伤根伤叶。

1. 花卉施肥

一般在栽种之前要施以基肥,大多使用厩肥、堆肥、河泥和骨粉等。生长期间为使枝叶繁茂要施以氮肥,开花结果期间则只施磷钾肥。追肥之前宜先中耕除草,然后将肥料兑水,随浇水而进行。施肥宜选晴天,土壤干燥时为佳。

2. 乔灌木施肥

不宜对乔灌木多施肥。一般在休眠期通过沟施的方法施基肥,也就是在乔灌木根部挖环形沟或在树冠外缘的投影线下,每株树挖对称的两穴。肥料是将氮肥和过磷酸钾配合使用。

3. 草坪施肥

草坪要经常补充肥料。南方地区由于气温高,一般多在秋季施肥,其中长江流域则以梅雨季施肥为宜;北方寒冷地区应在春季施肥。所施肥料以氮素肥料为主,同时施以磷、钾肥来促进茎叶繁茂,增加草坪的抗病和防病的能力。

（三）中耕除草

中耕除草即清除杂草,既能提高土壤透气性,又能集中营养和水分,防止杂草丛生。

1. 花卉的中耕除草

除草要除早除小。除草的次数要根据野草混杂程度及花卉的植物种类而定。一般生长期内中耕松土2次,除草3或4次。

2. 乔木、灌木的中耕除草

乔木、灌木一般20~30天可除草结合松土1次。除草结合松土时,要注意深度以6 cm左右为宜。北方的中耕除草,一般从4月开始到9月或10月结束。

3. 草坪的中耕除草

清除草坪中的杂草的方法比较多,可采取物理机械和化学药物的方法达到除草的目的。

（四）整形修剪

修剪应根据树种习性、设计意图、养护季节和景观效果进行,才能达到均衡树势、调节生长和姿态优美的目的。

修剪分为休眠期修剪(冬剪)和生长期修剪(夏剪)。落叶乔木、灌木在冬季休眠期进行,常绿乔木、灌木在生长间隙期进行,亚热带植物在早春萌发前进行。绿篱、造型灌木、色块灌木和草坪等按养护要求及时进行。

（五）病虫害防治

病虫害对花、草、树木的危害很大，轻者影响景观，重者导致植物死亡，及时做好病虫害的防治工作，以防为主，精心管养，使植物增强抗病虫能力。物业服务企业应经常检查，早发现、早处理。采取综合防治、化学防治、物理人工防治和生物防治等方法防止病虫害蔓延和影响植物生长。尽量采用生物防治的办法以减少对环境的污染，用化学方法防治时，一般在晚上进行喷药，药物用量及对环境的影响要符合环保的要求和标准。

（六）防寒越冬

冬季在北方地区做好苗木防寒越冬措施，特别对于新栽乔木应提前浇好防冻水，封根缠干。在冬季可以采用以下防冻保温措施。

(1) 越冬前灌足封冻水，一般在秋末、初冬地表温度在0℃左右时浇足水，这样才能达到保水防寒的作用。

(2) 秋末适当修剪。

(3) 对根茎培土，盖地膜。灌完封冻后在树木整个树坑内覆盖地膜，然后根茎培上20～30 cm 的土堆。

(4) 覆土，对于不耐寒的树苗、藤木，在土地封冻前将枝干柔软、树身不高的植株压倒固定，盖一层干树叶或覆细土40～50 cm。

(5) 缠树干的措施。对法桐等落叶乔木的冬季防寒处理是用布料缠裹树干，把树干包严，再用绳缠上，使次年的法桐成活率达到99%。

(6) 搭风障的措施。如雪松等树种越冬困难，可以搭风障保证树木能安全越冬。

(7) 建保温棚。对于当年栽植的大叶黄杨、小叶黄杨和铺地龙柏等苗木可以根据面积大小，用木条和无纺布搭建保温棚的方法进行防寒。

(8) 树干涂白防冻。这是行道树冬季防寒、防病的措施，特别是新植落叶乔木，涂白时间一般在10月下旬至11月中旬。

三、绿化养护管理的质量要求和考核指标

1. 绿化养护管理的质量要求

(1) 树木生长茂盛无枯枝。

(2) 树形美观完整无倾斜。

(3) 绿篱修剪整齐无缺枝。

(4) 花坛土壤疏松无垃圾。

(5) 草坪平整清洁无杂草。

2. 绿化养护管理的考核指标

(1) 新种树苗本市苗成活率大于95%，外地苗成活率大于90%。

(2) 新种树木高度1 m^2 处倾斜超过10 cm 的树木不超过树木总数的2%；栽植一年以上的树木保存率大于98%。

(3) 五大虫害的树木不超过树木总数的2%，树木二级分枝枯枝不超过树木总数的2%。

(4) 绿化围栏设施无缺损,绿化建筑小品无损坏。
(5) 草坪无高大杂草,绿化无家生或野生的攀缘植物。
(6) 绿地整洁无砖块、垃圾。
(7) 绿化档案齐全、完整,有动态记录。

四、园林小品的维护管理

物业环境绿化管理不仅要绿化还要美化环境,园林小品能创造景观,改善人们的生活环境,起着塑造景观特色及个性、体现文化氛围的重要作用。无论是在传统古典园林、现代公园和风景名胜区,还是在城市休闲广场、街头绿地以及居住区内外环境中,园林小品都以其丰富多彩的内容、轻巧美观的造型为人们的各种活动提供服务。保持园林小品清洁美观和良好的观赏效果,对于充分实现其景观功能,发挥其观赏价值具有重要意义。园林小品主要包括景观建筑与雕塑小品、园林设施小品、水体景观和山石小品。

1. 景观建筑与雕塑小品维护

亭、廊、榭、花架和雕塑等庭园景观小品,天长日久,因人为作用或自然因素的影响出现油漆脱落、局部损坏或表面附着污物等问题,应及时进行清洁和修复,保持景观小品的良好形象。

要注重木质园景小品的材质选择。木质小品使用寿命短,宜出现腐蚀,户外小品长期日晒雨淋,风化严重,随意选择的木材及简单的表层涂刷防水漆根本无法抵御外力侵蚀,以至园景小品昙花一现,后患很多。要延长木质园景小品的使用年限,确保园景小品的观赏效果,应从后期使用考虑,挑选专门经过处理的防真菌、防虫蚁等特性的户外专用木材,彻底解决木材在户外应用时易开裂、变形、褪色、腐烂和蚁侵等问题。

2. 园林设施小品维护

园林设施小品包括铺装路面、休息、照明等人工设施,这些设施的维修工作与庭园建筑及设施的维修清洁工作基本相同,一旦发现设施破损、玷污,应及时加以修复和清洁,同时还要进行宣传教育。

3. 水体景观维护

(1) 定期去积浮,捞除残花、落叶和废弃物,以及生长过多的漂浮植物。沉积水底的污泥每年要清除一次。

(2) 检修管道设施是否淤塞或漏裂,并做到及时修复。

(3) 每年的夏季要对水生植物管理池中的野生水草割除、清理一两次。栽种的水生花卉,每二三年须挖起重栽,或清除一部分。如为不耐寒的品种,冬季则须连缸捞起入室保护越冬,入春解冻后再重新放入水体中。换季时,也要进行残花败叶的剪除工作。

4. 山石小品维护

假山或叠石小品石块的接合缝隙往往会由于冰冻、冲刷、树根挤压和小动物钻营而扩大,甚至造成山石坍塌,一旦发现应立即进行修复。岩石假山上的树木,每年须修剪一次或两次,使其造型、体量与假山保持协调。攀缘植物攀附于山石表面,能使山石更为生动,但若布满山石则会掩盖山石的特性,所以每年也须修剪一次或两次。

五、物业环境绿化管理档案的建立

绿化档案管理是一项十分重要的基础性工作,建立绿化档案要从绿化工程接管验收开始,并建立管理手册,对绿化养护情况进行记录等。

1. 绿化工程接管验收资料的收集整理

绿化工程验收后将下列资料及相关记录加以整理并归档:《绿化工程合同》《绿化工程设计图》《绿化工程竣工图》《绿化种植更改签证》《苗木种植一览表》《绿化工程初验、复验表》《绿化工程预决算书》《实际工程量统计表》和《绿化工程竣工报告》等。

2. 建立绿化手册

建立大小两个绿化手册。大手册作为基础资料留存物业服务企业,其最主要内容是绿化平面图,要求绘制比例为1∶200—1∶500,注明主体树的位置,误差不得超过1%。小手册是绿化人员经常使用的工作手册,除没有绿化平面图外,其他均与大手册相同。

3. 对绿化养护情况进行记录

对物业管理区域内的绿化从浇水、施肥、喷药、修剪、除草和治病杀虫等环节随时进行养护情况记录。

物业环境绿化管理工作既是一年四季日常性工作,又具阶段性特点。如花、草、树木的栽种、繁殖、修剪、整形、浇水、施肥、松土和病虫害防治等一年四季都要分段进行。树木栽植后,管理是绿化成功的关键,不进行养护管理,植物就会坏死,就会失去环境绿化、美化的效果,因此做好绿化管理是非常必要的。

思 考 题

一、简答题

1. 什么是物业环境?按物业的不同,物业环境分为哪几类?
2. 物业环境管理的内容有哪些?
3. 物业环境保洁管理的范围有哪些?
4. 物业环境保洁管理中的"五定""六净"和"六不"分别指的是什么?
5. 城市绿化指标有哪些?其含义分别是什么?
6. 物业环境绿化管理档案的建立包括哪些内容?
7. 简述物业环境噪声污染的防治方法。

二、案例分析题

1. 近来某市汇阳小区的小区业主与物业使用人一直生活在肮脏、恶臭的环境中。小区楼前楼后到处是垃圾,小区成了"垃圾小区"。小区物业服务项目部经理说,这是因为住户不交物业服务费用所致。去年下半年只有少数住户交了费,而今年以来则几乎没有住户交费,公司目前已亏损5万多元。对此,业主认为物业服务企业的服务质量差,光收钱不办实事,所以大家都不交物业服务费用。

请问：业主不交物业服务费用，物业服务企业能降低保洁服务标准吗？

2. 物业公司的李经理在巡视该小区时看到以下情况：小区室外停车场上部分车辆停放无序，有小孩在玩耍；室外垃圾桶敞开，周围堆放一些装修垃圾；草坪上有人在跳绳，有人在打羽毛球；保洁人员在用保洁设备清洗擦地时东张西望，原地不动；走廊里堆放纸箱；楼内垃圾桶无盖；电梯滑道有垃圾纸屑。

请问：上述现象是否存在问题？物业服务企业应如何处理这种情况？

第十章
物业服务风险防范与紧急事件处理

【教学目的与重点难点】

通过本章的学习，学生可了解常见的物业服务风险类型，以及如何防范风险、化解矛盾，掌握物业服务紧急事件的类型与防范处理，提高抵抗风险的能力与水平。重点掌握物业服务风险防范与紧急事件处理所涉及的相关法律法规，物业服务风险包括的内容，以及典型紧急事件的处理。

物业服务涉及对象关系复杂，风险无时无处不在。物业服务风险如果不加以合理妥善防范，在一定条件下就有可能演化为突发的、影响比较大的紧急事件。因此，物业服务风险的合理防范和紧急事件的有效处理，是物业服务企业普遍面临的且无法回避的问题。物业服务行业又是利润相对低的行业，承担风险可能导致企业正常的生产经营活动无法开展，所以物业服务风险的防范成为摆在物业服务企业的头等大事。

案例导入

【案例 10-1】灯光昏暗老业主摔倒，物业服务企业要不要担责？

案情介绍：

20××年1月，朱某到小区地下室车位取物，途经过道时，由于车库光线昏暗，而朱某年事已高，腿脚不够灵活，在途经过道时不慎被过道门槛绊倒受伤。小区保安通过监控发现朱某摔倒，立即与朱某家人取得联系。朱某在家人陪同下就医，经医院诊断，朱某为右腿骨骨折，先后花去治疗费用3.1万元。朱某家人认为，自己每个月都向物业服务企业支付物业费，在收取服务费用的情况下，物业服务企业却对小区内公共设施未尽到基本的管理、维护职责，对于朱某受伤，物业服务企业应当承担全部责任。朱某向法院提起诉讼，要求物业服务企业赔偿各项损失共6.2万元。

法院判决：

法院审理认为，物业服务企业作为小区管理人，对小区公共设施负有维修、保养、管理义务，因事发时光线昏暗，客观上导致行人通行不便，在一定程度上存在安全隐患，法院认定物业服务企业在尽到一般管理义务上存在瑕疵。此外，朱某作为成年人，在经常出入的小区地下车库，理应注意到进出过道上有门槛，但因自身未能充分注意，自身过错明显。法院最终判决物业服务企业承担15%的责任，朱某本人承担85%的责任。

法官评案：

物业服务企业对公共设施管理义务为非无限责任。

法官认为，在小区内发生摔倒受伤事件是常见事件，但由于发生的地点有物业服务企业管理，业主往往会一味地认为是物业服务企业管理不到位造成的，从而要求物业服务企业承担全部赔偿责任。法官表示，物业对服务范围内的公共设施在一定的合理限度范围内负有保障管理义务，但管理义务范围是有限的，并不能无限地夸大物业服务企业责任，依照《民法典》的相关规定，当事人因过错造成他人人身损害的，应承担赔偿责任，受害人亦有过错的，可减轻侵害人的赔偿责任。据此，法院应该根据双方提供的证据材料和案件的实际情况来划分责任。

第一节 物业服务风险概念

风险是指未来的不确定性所带来的可能损失，是收益或结果偏离期望值或平均值的可能性。物业服务风险是指物业服务企业在服务过程中，由企业或企业以外的自然因素、社会因素所导致的应由物业服务企业承担的意外损失。

《物业管理条例》第三十五条规定："物业服务企业应当按照物业服务合同的约定，提供相应的服务。物业服务企业未能履行物业服务合同的约定，导致业主人身、财产安全受到损害的，应当依法承担相应的法律责任。"该条规定了未按照法定和约定全面履行义务，给权利人造成直接或间接经济损失和人身损害的，要承担相应的法律风险和赔偿的法律责任。

物业服务风险是因义务产生的,风险的类型可以根据物业服务的具体义务划分而确定。具体来说,物业服务风险可以分为治安风险、车辆管理风险、消防风险、设备风险、公共环境风险等。当然,这并不能涵盖物业服务的全部风险,但包含了物业服务的主要风险。

第二节　物业服务风险类型

物业服务作为一个新兴行业,其不成熟性、社会性决定了物业服务具有较大的经营风险性,因此研究物业服务风险的内涵及影响、物业服务风险识别、物业服务风险评估、风险管控体系的建立、物业企业风险管理的方法与过程控制等方面,对于提高物业服务企业的经济和社会效益具有一定的现实意义和价值。

物业服务风险主要包括早期介入的风险、前期物业服务的风险和日常管理的风险。

一、早期介入的风险

早期介入的风险主要包括项目接管的不确定性带来的风险和专业服务咨询的风险。

1. 项目接管的不确定性带来的风险

有的物业服务企业在招投标阶段就投入了人力、物力和财力,但因为种种原因,最终没有中标,前期投入产生了一定的损失。

2. 专业服务咨询的风险

早期介入涉及面广、时间长、技术性强、难度高,当物业服务企业不具备足够的能力,就会难以发现在项目规划和施工等方面存在的问题和隐患,其提供的服务咨询和建议就可能出现不足和偏差。

二、前期物业服务的风险

前期物业服务的风险主要表现在合同风险上,合同风险具体有以下三个方面。

1. 合同期限的风险

《物业管理条例》第二十六条规定:"期限未满、业主委员会与物业服务企业签订的物业服务合同生效的,前期物业服务合同终止。"因此,前期物业服务合同期限具有不确定性。物业服务企业有可能随时被业主委员会和业主大会解约,一旦提前解约,企业对物业服务项目的长期规划和各种投入将付诸东流,企业也将蒙受损失。但是如果物业服务企业过多地在乎这个问题,致使前期投入不到位,可能带来短期效益,但会引发业主与物业服务企业之间的矛盾和冲突。

2. 合同订立的风险

在订立物业服务合同时,物业建设单位居于主导地位。物业相关资料的移交,物业管理用房、商业经营用房的移交,空置房物业费缴纳等均需物业建设单位的支持与配合。因此,建设单位与物业服务企业签订合同时,可能将本不该由物业服务企业承担的风险转嫁给物业服务企业。一些物业服务企业为了取得项目管理权,盲目压低管理费用,作出一些不可能实现的承诺,导致在合同执行中可能产生各种损失。

3. 合同执行的风险

前期物业服务合同是建设单位代表业主与物业服务企业签订的合同,在执行过程中,可能导致某些业主对前期物业服务合同订立方式和条款内容不认同、不执行,从而引起业主与物业服务企业之间的纠纷。还有业主对建设工程遗留质量问题、配套问题、建设单位承诺的子女入园问题、设施设备调试的问题等产生不满情绪,而向物业服务企业发泄,若物业服务企业处理不当,会诱发管理风险。

三、日常管理的风险

常见的日常管理的风险有两个方面:一是业主在使用物业和接受物业服务过程中存在的风险;二是物业管理日常运行过程中存在的风险。

1. 业主在使用物业和接受物业服务过程中存在的风险

第一,业主对物业违规装饰装修带来的风险;第二,业主在物业使用中产生的风险;第三,业主与物业服务人员对法律法规的漠视和误解而产生的风险。

2. 物业管理日常运行过程中存在的风险

第一,物业费收交风险。业主由于各种原因不交、少交或者拒交物业费是物业服务工作中比较突出的问题。收费风险是物业服务最大的风险。物业分期开发、业主分期入驻、物业服务收费率低,都会导致项目存在亏损的风险。

第二,服务项目外包存在的风险。物业服务企业在项目外包单位的选择、合同的订立、实施服务的诸多环节中,虽然可以采取多种措施和手段对风险加以控制,但是外包服务一旦达不到标准,业主仍将责任归咎于物业服务企业。

第三,物业服务企业员工工作存在的风险。物业服务企业未能履行物业服务合同的约定,导致业主人身、财产安全受到损害的,要承担相应的法律责任。由于员工违规操作引发的问题,按照法律规定为"雇主责任",物业服务企业也将承担其下属员工不当作为导致的赔偿责任。

第四,公共媒体在宣传报道中产生的舆论风险。在物业服务活动中,物业服务不到位、矛盾化解不及时、投诉处理不当、与各方面沟通不及时等,均有可能导致物业服务产生舆论风险。舆论风险不仅会影响物业服务企业的品牌形象,而且会给物业服务企业带来经济上的损失。

第五,公用、共用设施设备的使用产生的风险。物业公用、共用设施设备本身的隐患及公用、公共设施设备的管理不善都有可能导致业主或非业主使用人的人身和财产安全损失。由于物业内公用、公共设施设备的多样性和分布较分散,风险有可能频繁发生。物业服务企业面临如此的风险不仅要承担经济责任,直接责任人和企业管理者还可能要承担刑事责任。

第三节　物业服务风险防范管理

一、治安风险防范

所谓治安风险,主要是指由于外界第三人的过错和违法行为给物业服务区域内的业主或物业使用人造成人身损害、丧失生命和财产损失等风险,即导致了物业服务的风险。

首先要明确物业服务企业的法律地位和职责。每一个物业服务区域都是社会的组成单元,都面临着社会治安问题。应该明确的是,社会包括物业服务区域的治安是由公安机关负责的,物业服务企业的义务是协助公安机关维护物业服务区域的公共秩序。这一点,物业服务企业和业主都应明确,物业服务企业仅仅是依法成立的、普通公司法人主体,不享有超出法律规定的任何行政管理职权和行政处罚职权,包括保安人员都不具有超出普通公民的任何特权,因此治安防范义务是在一定限度内的有限的义务,物业服务企业不具备保证业主与物业使用人人身和财产安全的行为能力。

在明确自身法律地位和职责的基础上,物业服务企业应在一定职责内有限地履行义务,协助公安机关维护物业服务区域的公共秩序,防范治安风险。

为防范治安风险,针对不同的物业服务区域的具体不同情况,制定相对完善和实用的制度,组建和设置相应的机构。制度中应明确对住宅小区和大厦往来人员如何管理,定时安排人员巡逻和巡视,针对治安事件的处理程序等。鉴于住宅小区和大厦的业主与物业使用人的不同需求和特点,对于人员的往来管理是有区别的。住宅小区可以采用业主与物业使用人凭密码和智能卡进出,来访者采用登记或经业主与物业使用人的同意后进入。大厦和以办公商业为主的区域,因为人员进出过于频繁,进出人员数量过大,逐一登记是不必要和难以落实的,多数都采用对从大厦和住宅小区搬离物品进行登记的方式,并凭当时在业主或合法的物业使用人入住时预先所留的印鉴或签名确认。往来人员的登记和管理是由固定岗位的工作人员完成的,同时必须配备相应的其他人员进行定时的流动式巡逻和巡查工作,对已进入住宅小区或大厦的人员的行为进行监督,及时发现和制止不法侵害的行为,第一时间报警,协助公安机关制止和防范违法犯罪行为、保护事发现场,以履行协助公安机关维护公共秩序的责任。物业服务企业应根据住宅小区的不同情况与业主委员会协调共同组织一定数量的业主,按照自愿原则,建立业主防范体系,配合和促进治安防范工作,既针对非法侵害行为,也可以监督和发现工作漏洞,最终形成不同层次的防范体系。

物业服务企业严格依据经过业主大会确定的各项管理制度和物业服务合同,履行自己的义务,协助公安机关维护社会公共秩序,不再承担业主与物业使用人因第三人非法侵害导致的人身损失和财产损失赔偿责任。

在目前的物业服务行业中,有一部分物业服务企业将协助公安部门维护住宅小区和大厦公共秩序的工作委托给专门的保安公司,协商约定支付一定的保安服务费,由保安公司根据具体要求提供一定数量的保安员,按照合同约定提供要求的服务。该做法实际也是与其他主体分担法律风险的措施。

但众多的保安公司往往在合同中要求排除因住宅小区盗窃和抢劫事件造成损失的赔偿责任。而法律目前对保安公司的义务尚没有明确的规定,造成聘请专业保安公司分担法律风险的做法的效果显得极为有限。

二、车辆管理风险防范

所谓车辆管理中车辆的损坏和灭失,主要是指物业小区中的停车场在经营车辆停放服务过程中,车辆发生车身受损、车辆灭失等损坏。车辆停放服务是由小区物业服务附带产生的附加服务,通常受建设单位或小区业主委员会的委托进行停车场的经营管理,并收取车辆停放服务费。车辆停放期间,车辆可能遭故意损坏或过失损坏,也可能在停放期间被盗窃或被抢劫。该类事件和诉讼争议也是物业服务企业面临的可能赔付金额较大的风险。

物业服务企业接受建设单位和业主委员会委托对停车场进行经营管理,应从停车场硬件建设、维护和车辆停放管理方面进行防范风险。

停车场经营管理需要向公安机关依法取得经营许可证,向物价部门申请取得收费许可证。取得经营许可证的前提是停车场的规划和建设符合法律规定,同时须负责相关停车场设施的维护和维修保养;将停车场车辆停放服务的内容制作成公示牌,放置在停车场的显著位置,明示停车场经营单位是否承担车辆的保管责任等。停车场内因维修工程等原因可能造成停放车辆损害时,应以公示牌等形式向车辆停放人明确告知,并将可能造成车辆损害和危险的区域用围栏进行分离,明确禁止车辆停放在上述区域。

在停车场硬件完善并符合要求后,还应依照规定制定车辆停放管理制度,对车辆的出入进行严格管理。停车场的工作人员对进入停车场的所有车辆发放停车凭证,该凭证可以是一次性的停车票,或者是多次反复使用的停车卡。停车凭证应由物业服务企业加盖公章,并记载车辆的车牌号、进入停车场的时间和发卡的经办人,对车辆明显的、已有的损害和破损应记载在凭证上。同时将停车场的停放服务的具体内容和车辆停放人应注意的事项记载在该凭证上,告知车辆停放人。当车辆进入停车场后,停车场工作人员负责对车辆的停放位置和停放秩序进行规范和指挥,及时制止不规范的停放行为,防止因外界原因造成停放车辆的损害,履行管理职责。

车辆驶离停车场时,停车场管理人员应向车辆驾驶人员收取进入停车场时发放的凭证,并仔细核对凭证上记载的车牌号和其他情况是否与车辆相符。当内容不一致时,应及时核对车辆行驶证件或驾驶人员的证件,与发放凭证的人员联系确认记录中是否存在错误。确认驾驶人员是依法停车的,应予以放行,并收取停放服务费,给予收款凭证,收款凭证上应记载停放的时间和车辆的车牌号。如果车辆停放凭证丢失,应由车辆停放人持车辆的行驶证件和驾驶人员的身份证前往物业服务企业办理相应的凭证挂失手续,重新领取车辆放行凭证。

上述管理规范的程序用于确保停放车辆不被损害与停放车辆的完好。如果车辆停放人不按照停车场的管理规定停放车辆,而停车场已进行明示告知,管理人员已进行劝止,停放人拒不改正而导致损害的,应由车辆停放人承担责任。

关于车辆保管问题,《民法典》第八百九十条规定:"保管合同自保管物交付时成立,但当事人另有约定的除外。"从《民法典》立法来看,保管物的交付实际上就是要将保管物的实际控制权和排他占有权交付给保管人,保管人有责任保管好该保管物,丢失、损坏要承担损失责任。而机动车辆停放在停车场,物业服务企业收的只是停车服务管理费,实际上是保洁费,不承担因车辆剐擦等造成的损失。车辆保管关系与车位有偿使用关系是两种截然不同的法律关系。

三、消防风险防范

近年来,消防通道堵塞问题成为消防事故发生的主要原因。小区业主找不到停车位,消防通道就成为"最佳停车点"。可是,当火灾发生时消防通道被占用,损失的不仅仅是时间、金钱,最重要的是因为时间拖延而被大火带走的生命。这些事情很可能就发生在大家身边,"打通生命通道"成为很多城市管理部门一再呼吁的问题。

消防风险主要是指消防事故和隐患,它是小区或大厦公共设施管理服务风险之一,但由于消防设施自身的特殊性,同时消防往往影响广大业主的生命财产安全,因此将此项风险单独列明更有利于物业服务风险的防范和广大业主公共安全利益的维护。做好消防设施的日常维修和养护,确保火灾发生时消防设施能够发挥正常功效,满足消防部门处理消防事故的要求。消防设施的维修保养不完善、无消防用水供应和消防报警系统失灵都可能导致业主与物业使用人的人身和财产损失,如此,物业服务企业面临的风险不仅是经济赔偿的民事法律责任,其直接责任人和单位主要负责人等个人还可能因此而承担刑事法律责任。

住宅小区和大厦等物业服务项目的消防问题是关系到广大业主与物业使用人的生命、财产安全的关键问题,同时也具有一定的专业性。首先在住宅小区和大厦接管验收时要查验是否已通过消防部门的验收,取得消防验收合格证。在住宅小区和大厦等物业服务项目未取得消防验收合格证之前,物业服务企业可以提前进入,但有义务将消防存在的隐患或瑕疵告知委托管理方。

业主入住后进行二次装修的过程中,物业服务企业要审查业主申请装修项目是否影响结构安全,使用的材料是否符合消防要求。同时在业主装修过程中,物业服务企业应监督业主是否按照消防要求配备消防灭火器械,在装修现场应严禁明火等;监督业主在装修过程中是否损害公共消防设施和器械。对损害公共消防设施和器械的行为,物业服务企业应及时予以制止和纠正,造成重大损坏或严重后果的,物业服务企业应向消防主管部门报告,由消防主管部门依法进行处理。

在进行物业服务过程中,物业服务企业对住宅小区和大厦等物业服务项目的消防设施和器械要进行日常的维修和养护。对消防设施的维修和养护事项,物业服务企业应委托给专业的消防公司;对消防设施需要中修、大修的,要根据消防部门检查的整改意见,依照法律规定的程序经业主大会同意,从维修资金中开支。

在住宅小区和大厦等物业服务项目发生消防事故时,物业服务企业应在第一时间报警,并协助消防部门进行事故处理;确保消防设施、器械完好和功能正常;相关人员要熟悉和掌握消防设施的正确使用方法。

四、设备风险防范

设备风险是指物业本身及共用设施设备的管理不善可能造成业主或物业使用人的人身和财产损失,此项管理服务义务是物业服务企业主要的工作之一,同时因为物业本身、共用设施设备的多样性和分散性特点,易导致风险的频繁发生。物业本身主要包括房屋本体公共部位及属于物业服务范围的房屋建筑物的附着物、坠落物和悬挂物;公共设施和设备包括供水系统、供电系统、安全报警系统、排水和排污系统、配套的娱乐活动设施等。

《物业管理条例》第二十七条规定:"业主依法享有的物业共用部位、共用设施设备的所有权或者使用权,建设单位不得擅自处分。"物业本身及公共设施设备、公用设备管理和维护方面潜在的隐患也是物业服务风险的主要方面。为防范上述风险,应做好以下几个方面的工作。

物业服务企业与建设单位或业主委员会签订物业服务合同承接物业时,在办理物业承接验收手续时应从建设单位、业主委员会处接收下列资料:

(1) 竣工总平面图,单体建筑、结构、设备竣工图,配套设施、地下管网工程竣工图等竣工验收资料;

(2) 设施设备的安装、使用和维护保养等技术资料;

(3) 物业质量保修文件和物业使用说明文件;

(4) 应对物业共用部位、共用设施设备的现状和存在的问题进行交底和记录,了解以往曾出现的故障和隐患,各方进行书面确认,这些记录和情况作为以后防范设备风险的参考资料。

对于交接过程中发现的重大损坏和人为原因造成的事故,根据不同情况,确定责任和修复费用的承担主体。这些基础技术资料都是物业服务所必需的,也是提高管理水平和防范风险所必备的文件,法律风险的防范要建立在设施和设备本身技术风险防范基础上。尤其在物业服务项目建成时间较长以后,隐患和事故发生的概率逐年增加,风险的系数也在逐年增大,大量的设施和设备需要重新中修、大修,甚至进行更换,上述资料就更为重要和不可缺少。

在各方交接的过程中,向物业服务企业移交上述全部资料,是建设单位、业主委员会应履行的法定义务和合同义务,如果不履行,应承担相应的违约责任。

根据相关规定,物业服务企业应首先明确自己的管理责任范围,管理责任范围决定风险责任承担的范围。建筑物的管理责任范围可以分为两部分,一部分是业主自己房产入户门以内属于业主自己维修和养护的范围,相应的责任和费用都由业主承担;由于业主的窗户坠落、业主在阳台放置的物品或者悬挂的物品坠落造成他人人身或财产损失的,由业主承担全部的赔偿责任;如果证明是受害人的故意行为造成的,由受害人承担责任。在此种情形下,无论是业主还是物业使用人的过失行为导致的损害,业主都应承担相应的法律责任。另一部分是物业的共用部位和共用设施设备的维修与养护管理责任归物业服务企业负责。分清上述责任是防范物业服务风险的举措之一。物业服务企业等建筑物管理人应当采取必要的安全保障措施防止上述情形的发生;未采取必要的安全保障措施的,应当依法承担未履行安全保障义务的侵权责任。

对上述责任问题应在物业服务区域内积极公开宣传,让广大的业主与物业使用人清楚地了解上述责任义务,促进业主与物业使用人提高防范风险意识,防止住宅小区和大厦等物业服务项目发生人身和财产损害事件。

物业服务企业工作人员的防范风险意识是防范风险措施具体化和落实的根本。工作人员只有具备防范风险意识才能使他们日常的服务行为规范化、制度化和法治化,没有物业服务企业工作人员的防范风险意识,一切防范风险的措施都将成为空话。

为防范风险,物业服务企业必须对所管理的全部建筑物本体共用部位、公共设施设备和共用设施设备做好日常的和例行的检查、维修、保养工作,保持建筑物本体公共部位完好,公共设施设备和共用设施设备的正常运行。对房屋公共通道所属的窗户和公共天台、通道、空中连廊区域的设备应定期检查是否完好,是否需要更换,考虑在台风等特殊天气时是否可能发生损坏,从而导致业主与物业使用人的人身和财产损害,造成不该发生的伤害。

物业服务企业对房屋、设施设备的维修、养护要进行书面和现场施工记录,如果是委托其他专业公司和人员完成的,应签订有关合同,保留履行合同的所有证据,以证实自己已履行了善意的管理义务。同时如果因为其他公司履行合同不符合合同约定或不符合法律规定,造成第三人人身和财产损害的,可以向其追索,以降低物业服务企业的风险和赔偿责任。

将物业服务中涉及的电梯、绿化、清洁等专项服务委托给专业的公司,由专业公司提供专业的服务。这种分项发包形式也是防范风险的措施之一。

在专项管理分包中,选聘电梯、绿化、清洁等专业公司时,第一,必须审查承包公司的法人资格和专业资质,如电梯维修保养专业公司不具备专业资质从事承包工作,不仅是违反法律规定,也被法律所禁止,如果设备造成业主与物业使用人的人身和财产损害后果,将依法承担赔偿责任。第二,在与专业公司签订的承包合同中应明确规定,专业公司在承包期因维修保养不善造成设施本身的损坏或给第三人造成人身和财产损失的,由专业公司承担全部赔偿责任。

一些物业服务企业为追求更大的经济利润,在未取得相应资质的情况下,委派单位内部人员从事电梯设备等日常维修、保养,形式上采用挂靠有资质单位的名义,每年缴纳一定的管理费,但这种做法是违法的,实际上将产生巨大的法律风险,因此是不可取的。

物业服务企业在公共设施设备和共有设施设备的管理和养护过程中,如果发生事故和损害事件,应向有关部门报告,由相应的部门对事件进行调查,并写出调查报告,对事件和损害发生的原因进行认定;该原因就是日后各方包括法院认定过错和责任的依据,在一定程度上可以说是最重要的依据。因为在很多情况下,如果当时未进行调查和认定,在诉讼过程中,由于距离事件发生的时间已久,很难查清和证明原因;而法院只能依法委托专门的机构进行鉴定,但时间太长,现场已不存在,专业鉴定机构也无法进行鉴定,如此,举证的责任就依法落在物业服务企业的身上,如果不能举证,将承担败诉后果。损害事件发生后,物业服务企业应积极面对,暂时的回避是解决不了问题的,责任也是无法逃脱的。

五、公共环境风险防范

公共环境风险是指物业服务企业依据法律规定和合同约定,对小区和大厦内的公共区域和场地进行管理和维护服务时可能造成业主或物业使用人的人身或财产损失。

住宅小区和大厦公共区域的绿化、消杀、环境污染的整改和公共区域施工等规范管理都是消除公共环境不安全因素和隐患的必要工作。

因住宅小区和大厦的公共设施的维修工程或其他供水、供电、有线电视、网络和通信等单位施工需要,在公共场所、小区道旁或者通道上挖坑、修缮安装地下设施时,物业服务企业应监督施工单位或在施工现场周边设置明显标志和采取安全防护措施,避免造成他人人身和财产损害。

在上述情形下,因维修物业或者公共利益,确需临时占用、挖掘道路、场地的,应当征得业主委员会和物业服务企业的同意,物业服务企业应与相关的施工单位在施工前签订协议,对住宅小区施工现场管理和风险防范、法律责任分担问题进行约定,降低法律风险和责任。施工结束后,施工单位应当将临时占用、挖掘的道路、场地在约定期限内恢复原状,消除风险和隐患。

住宅小区和大厦的公共区域的绿化和消杀工作是为了维护住宅小区和大厦良好的生活环境。但在上述工作中,物业服务企业应注意避免由于上述工作本身给广大业主与物业使用人带来的潜在风险和隐患。如在绿化养护时,往往对新种植的草坪和其他植物采用围栏方式阻止行人通过,以实现养护的目的。围栏很多采用带滚刺的铁丝,而在黑夜时行人很难看清楚铁丝,容易造成行人被绊倒和摔伤。对于在公共区域设置的临时性障碍物,首先必须考虑所使用的障碍物本身是否会造成对他人的人身损害,所以应选择安全的障碍物,如可以将铁丝更换为光滑的圆形竹竿,加装夜间反光材料;其次,在障碍物前需要设置明显的提醒行人注意的标识,告知行人注意和绕行。又如在消杀前应在住宅小区或大厦的公示栏提前告知业主与物业使用人消杀的时间安排,提醒注意未成年人和宠物的安全;消杀过程中,对作业的区域应适当加以封闭,暂时阻止行人通过;消杀完成后的一定时间应在作业区域的周围设置明显的提示和告知标识,避免因业主与物业使用人在不知情的情况下造成人身和财产损害。

对住宅小区和大厦中的商业用途的房屋管理也是物业服务企业面临的难题之一。商业用途的房屋如果用于饮食业会给住宅小区带来一定程度的油烟和排污、气味的污染。物业服务企业在饮食场所开业前应审查排污、排烟设施的建设,相关政府部门的批准文件;开业后,继续跟踪监督和管理,针对其他业主与物业使用人的投诉应及时调查和取证,及时限期进行整改,对整改无效或拒不整改的应依法向有关部门以书面形式反映情况,提交政府部门处理和处罚,因为物业服务企业不具有行政处罚的权利。而拖延和不作为,可能发生新的风险和安全隐患。

如果物业管理区域内的业主个人所有的物业存在安全隐患,可能危及公共利益及他人合法权益时,物业服务企业应书面通知责任人及时维修养护,要求相关业主给予配合;同时将上述情况书面告知住宅小区和大厦业主委员会,由业主委员会出面协调,督促责任人履行自己的义务。在采取上述措施都无效的情况下,经业主大会同意,可以由物业服务企业维修养护,相关费用由责任人承担,物业服务企业可以向责任人追索。

第四节 物业服务紧急事件处理

随着现代科技的发展和人类文明程度的提高,人们对各种紧急事件的控制和利用能力在不断提高。面对突如其来、不可预见的紧急关头或困境,必须立即采取行动以避免造成灾难和扩大损失。任何紧急事件都有潜伏、爆发、高潮、缓解和消退的过程,抓住时机就可能有效地减少损失。面临紧急情况要及时发现、及时报告、及时响应、及时控制和及时处置。

物业服务企业在处理紧急事件的过程中,通过对处理原则、处理程序和处理策略的正确理解和运用,将更有助于有效地处理好紧急事件,降低物业管理风险。

一、紧急事件的概念和特点

1. 紧急事件的概念

紧急事件是指物业服务活动过程中突然发生的,可能对服务对象、物业服务企业和公众产生危害,需要立即处理的事件。

2. 紧急事件的特点

(1) 突发性。紧急事件能否发生,何时何地发生,以什么方式发生,发生的程度如何,均是难以预料的,具有极大的偶然性和随机性。

(2) 复杂性。紧急事件的复杂性不仅表现在事件发生的原因相当复杂,还表现在事件发展变化可能会不断升级。

(3) 危害性。不论什么性质和规模的紧急事件都会不同程度地给社区、企业和业主造成经济上的损失或精神上的伤害,危及业主正常的工作秩序和生活秩序,甚至威胁到人的生命和社会的和谐。

二、处理物业服务紧急事件的要求

(1) 在发生紧急事件时,物业服务企业应尽可能努力控制事态的恶化和蔓延,把因事件造成的损失减少到最低限度,在最短的时间内恢复正常秩序。

(2) 在发生紧急事件时,物业服务企业的工作人员不能以消极、推脱甚至是回避的态度来对待,应主动出击,直面矛盾,及时处理。

(3) 随着事件的不断发展、变化,对原定的预防措施或应对方案要能灵活运用,要能随各种环境的变化而有针对性地提出有效的处理措施和方法。

(4) 在紧急事件发生后应由一名管理人员做好统一的现场指挥,安排调度,以免出现"多头领导",造成混乱。

(5) 处理紧急事件应以不造成新的损失为前提,不能因急于处理而不顾后果,造成更大的损失。

三、物业服务紧急事件的处理过程

物业服务紧急事件的处理过程可以分为事先准备、事中控制和事后处理三个阶段。

(一) 事先准备

1. 成立紧急事件处理工作小组

紧急事件处理工作小组应由物业服务企业的高层决策者、公关部门、质量管理部门、技术部门领导及法律顾问等共同参加。

2. 制订紧急事件行动计划

紧急事件处理工作小组必须细致地考虑各种可能发生的紧急情况,制订相应的行动计划,一旦出现紧急情况,工作小组就可按照应急计划立刻投入行动。对物业管理常见的紧急事件,不仅要准备预案,而且针对同一种类型的事件要准备两个以上预选方案。

3. 制订紧急事件沟通计划

紧急事件控制的一个重要工作是沟通,因此紧急事件沟通计划要事先制订好。沟通包括物业服务企业内部沟通和与外部沟通两个方面。

(二)事中控制

在发生紧急事件时,首先必须确认危机的类型和性质,然后立即启动相应的行动计划,负责人应迅速赶到现场协调指挥。物业服务企业应调动各方面的资源化解事件可能造成的后果,对涉及公众的紧急事件应指派专人向外界发布信息,避免受到干扰,影响紧急事件的正常处理。

(三)事后处理

对于紧急事件的善后处理,一方面要考虑如何弥补损失和消除后遗症,另一方面要总结紧急事件处理过程,评估应急方案的有效性,改进组织、制度和流程,提高物业服务企业应对紧急事件的能力。

四、典型物业服务紧急事件的处理

在物业管理服务过程中经常会面临的紧急事件有火警,燃气泄漏,电梯故障,噪声侵扰,电力故障、浸水、漏水、高空坠物,交通意外,刑事案件和台风袭击等。

1. 火警

(1)了解和确认起火位置、范围和程度。

(2)向公安消防机关报警。

(3)清理通道,准备迎接消防车入场。

(4)立即组织现场人员疏散,在不危及人身安全的情况下抢救物资。

(5)组织义务消防队。在保证安全的前提下接近火场,用适当的消防器材控制火势。

(6)及时封锁现场,直到有关方面到达为止。

2. 燃气泄漏

(1)当发生燃气泄漏时,应立即通知燃气公司。

(2)在抵达现场后要谨慎行事,不可使用任何电器(包括门铃、电话、风扇等)和敲击金属,避免产生火花。

(3)立即打开所有的门窗,关闭燃气闸门。

(4)情况严重时应及时疏散人员。

(5)如发现有受伤或不适者,应立即通知医疗急救单位。

(6)在燃气公司人员到达现场后应协助其彻底检查,消除隐患。

3. 电梯故障

(1)当乘客被困电梯时,消防监控室应仔细观察电梯内的情况,通过对讲系统询问被困者并予以安慰。

(2)立即通知电梯专业人员到达现场救助被困者。

(3)被困者中如有小孩、老人、孕妇等情况须特别留意,必要时请消防人员协助。

(4) 督促电梯维保单位全面检查,消除隐患。

(5) 将此次电梯事故详细记录备案。

4. 噪声侵扰

(1) 接到噪声侵扰的投诉或信息后应立即派人前往现场查看。

(2) 必要时通过技术手段或设备,确定噪声是否超标。

(3) 判断噪声侵扰的来源,针对不同的噪声源,采取对应的解决措施。

(4) 做好与受噪声影响业主的沟通、解释工作。

5. 电力故障

(1) 若供电部门预先通知住宅小区和大厦暂时停电,应立即将详细情况和有关文件信息通过广播、张贴通知等方式传递给业主,并安排相应的电工人员值班。

(2) 若属于因供电线路故障,住宅小区和大厦紧急停电,有关人员应立即赶到现场,查明确认故障源,立即组织抢修;有备用电线路或自备发电设备的,应立即切换供电线路。

(3) 当发生故障停电时,应立即派人检查确认电梯内是否有人,做好应急处理;同时立即通知住户,加强消防和安全防范管理措施,确保不至于因停电而发生异常情况。

(4) 在恢复供电后,应检查住宅小区和大厦内所有的电梯、消防系统和安防系统的运作情况。

6. 浸水、漏水

(1) 检查漏水的准确位置及所属水质(自来水、污水、中水等),设法制止漏水(如关闭水阀)。

(2) 若漏水可能影响变压器、配电室和电梯等,通知相关部门采取紧急措施。

(3) 利用现有设备工具排除积水、清理现场。

(4) 对现场进行拍照,并存档作为申报保险理赔的证明。

7. 高空坠物

(1) 在发生高空坠物后,物业服务企业的工作人员要立即赶到现场,确定坠物造成的危害情况。如有伤者,要立即送往医院或拨打急救电话;如造成财物损坏,要保护现场,拍照取证并通知相关人员。

(2) 尽快确定坠落物来源。

(3) 确定坠落物来源后,及时协调受损或受害人员与责任人协商处理。

(4) 事后应检查和确保在恰当位置张贴"请勿高空抛物"的标识,并通过多种方式使业主自觉遵守社会公德,建议物业服务企业在容易出现高空坠物的地方安装摄像头,并购买公众责任险。

《民法典》第一千二百五十三条规定:"建筑物、构筑物或者其他设施及其搁置物、悬挂物发生脱落、坠落造成他人损害,所有人、管理人或者使用人不能证明自己没有过错的,应当承担侵权责任。所有人、管理人或者使用人赔偿后,有其他责任人的,有权向其他责任人追偿。"

《民法典》第一千二百五十四条规定:"禁止从建筑物中抛掷物品。从建筑物中抛掷物品或者从建筑物上坠落的物品造成他人损害的,由侵权人依法承担侵权责任;经调查难以确定具体侵权人的,除能够证明自己不是侵权人的外,由可能加害的建筑物使用人给予补偿。

可能加害的建筑物使用人补偿后,有权向侵权人追偿。物业服务企业等建筑物管理人应当采取必要的安全保障措施防止前款规定情形的发生;未采取必要的安全保障措施的,应当依法承担未履行安全保障义务的侵权责任。发生本条第一款规定的情形的,公安等机关应当依法及时调查,查清责任人。"

近年来,从高空坠落的各种物品造成人身伤害的事件屡见不鲜、屡禁不止,严重威胁着群众"头顶上的安全"。《民法典》将高空抛物列入违法行为,对高空抛物、坠物治理规则进行细化和完善,明确规定禁止从建筑物中抛掷物品。同时针对高空抛物、坠物"调查难""取证难"等老大难问题,强调公安等机关应当依法及时调查,查清责任人,并规定物业服务企业等建筑物管理人应当采取必要的安全保障措施防止此类行为的发生。

8. 交通意外

(1) 在物业管理区域内发生交通意外事故的,物业服务企业的安全主管应迅速到场处理。

(2) 有人员受伤的应立即送往医院或拨打急救电话。

(3) 如有需要,应对现场进行拍照,保留相关记录。

(4) 应安排专门人员疏导交通,尽可能使事故不影响其他车辆的正常通行。

(5) 应协助有关部门尽快予以处理。

(6) 事后应对物业管理区域内的交通情况进行检查,完善相关交通标识、减速坡、隔离墩等的设置。

9. 刑事案件

(1) 若控制中心接到案件通知后,应立即派有关人员到现场。

(2) 如证实发生犯罪案件,要立即拨打"110"报警电话,并留守人员控制现场,直到警方人员到达。

(3) 禁止任何人在警方人员到达前挪动现场的任何物品。

(4) 若有需要,关闭出入口,劝阻住户及访客暂停出入,防止疑犯乘机逃跑。

(5) 积极协助警方维护现场秩序和调查取证等工作。

10. 台风袭击

(1) 在公告栏张贴台风警报。

(2) 检查和提醒业主或物业使用人注意关闭门窗。

(3) 检查天台和外墙广告设施等,防止坠落伤人,避免损失。

(4) 检查排水管道是否畅通,防止淤塞。

(5) 物业管理区域内如有维修棚架、设施等,应通知施工方采取防护和加固措施。

(6) 有关人员值班待命,并做好应对准备。

(7) 台风过后要及时检查和清点损失情况,采取相应措施进行修复。

思 考 题

一、简答题

1. 风险的基本含义是什么?

2. 物业服务中的风险主要包括哪些方面?
3. 什么是紧急事件?
4. 处理紧急事件的要求是什么?
5. 发生火警的主要应对措施是什么?

二、案例分析题

在某小区公共区域的草坪范围内,因为草坪存在一定程度起伏,为方便业主通行,该小区物业服务企业在草坪中间修建了一条台阶小路并加铺了瓷砖。在其中的一级台阶处,因为有下水井不能用瓷砖和水泥封闭,所以物业服务企业采取用一块钢板覆盖此处的方法形成台阶。业主张女士起诉称:她通过台阶去买菜时踩在以钢板制成的台阶上摔倒,导致骨折,入院治疗20天,发生医药费、住院伙食补助、误工费和交通费等合计6万余元。

请问:(1) 本案例属于哪种风险?(2) 你认为发生的费用应由谁来承担?原因是什么?(3) 该物业服务企业应该总结的经验和教训是什么?

第十一章
物业客户服务

【教学目的与重点难点】

通过本章的学习,学生可掌握物业服务企业客户沟通的方式与技巧,投诉的处理程序与方法,客户满意度调查的实施步骤。熟悉客户沟通的注意事项,投诉处理的内容与流程,客户满意度调查的基本原则与调查方式。学生对客户服务各项内容和工作程序要有一定的了解和掌握,在日常工作中具备基本的客户沟通和服务技能。

第十一章　物业客户服务

案例导入

【案例 11-1】外墙渗水业主怨，积极处理避骚乱

某小区自入住以来，外墙出现较大面积裂纹渗水，半年后涂料已经基本褪色，严重地影响了环境美观。业主多次联合向建设单位和物业服务企业管理处反映，但始终没有得到解决，随着时间的推移和建设单位的不作为，业主要求更加强烈，准备采取更大的联合投诉。

因事态严重，管理处迅速采取措施：(1) 与建设单位紧密联系，如实反映小区外墙实际情况，拍摄照片派人送达，把后果的严重性通报给建设单位，从根本上打消建设单位无限期"拖"的念头。(2) 向建设单位提供多个解决方案，并分析各自的利弊。(3) 真诚与业主委员会合作、与有影响力的业主进行沟通，取得各方的信任，尽可能通过建设单位的具体行动把事情解决。(4) 督促建设单位尽早确定方案并进场开工，告知争取在雨季到来前完成，否则拖入下半年，事情将更难处理，后果无法想象。最后，建设单位在认真考虑、衡量利弊后采取了行动。

点评：

建设单位与业主之间不可避免地会出现一些矛盾，倘若一方只考虑自己的利益得失，不考虑别人，矛盾就会升级、激化。此时，管理处应依据相关法规、文件的规定，适当运用强硬手段协调处理。当然，管理处在具体实施时，也要考虑周全，不要让矛盾扩大。

第一节　物业客户服务概述

物业服务是指业主通过选聘物业服务企业，由业主和物业服务企业按照物业服务合同约定，对房屋及配套的设施设备和相关场地进行维修、养护、管理，维护物业管理区域内的环境卫生和相关秩序的活动。物业服务的基本内容包括常规性的公共服务和非公共性的延伸服务。

客户服务是一种了解和创造客户需求，以实现客户满意为目的，企业全员、全过程参与的经营行为和管理方式。其内涵主要包括：客户永远是对的；视客户为朋友；强化现代服务理念，提升服务品位；正确处理好服务与经营的关系。

从广义来说，物业客户服务包括了所有为业主提供的服务，既包括对"物"的管理（如电梯的运行维护管理等），也包括对"人"的服务（如入住服务等）。本章所定义的物业客户服务，仅指对"人"的服务，即与客户发生接触部分的服务。

一、物业客户服务的含义

物业客户服务是指通过客户沟通、接待服务、投诉服务和满意度调查等手段，不断改进工作，提高服务水平，获取更大经济效益的行为。它是物业服务企业为提高自己服务的质量，而与客户（业主与物业使用人）之间开展一系列相互活动。

物业服务企业应以客户为导向，时刻站在客户的角度，为客户提供更加主动、热情、周到、细致的服务，最终使客户满意，从而建立良好的客户关系。其中，以客户为导向、提供客户所需要的服务、使客户满意是三个关键的要素。

二、物业客户服务的运作模式

物业服务企业一般在物业服务项目内设置客户服务中心，负责客户服务工作。物业客户服务中心采取"在最短时限内完成服务"的原则，以专人跟进客户的投诉、咨询、意见、反映及要求，以最有效的手段协助客户解决问题，避免客户因联络其他部门而引发失误或导致问题升级，确保客户得到优质的物业服务。

物业客户服务中心运作模式主要的特征是：一站式服务、全程式管理、信息流畅、集中处理、快速应答、及时反馈。物业客户服务主要涵盖问询服务、报修服务接待、业主投诉的接待与处理、业主满意度测评等服务内容。

三、物业客户服务的工作目的

物业客户服务工作主要包括物业服务咨询、客户资料管理、业主投诉与服务需求处理、物业服务回访、物业服务费用收缴和业主日常报修处理等，其主要目的是保证为业主与物业使用人提供及时的、优质的物业服务，满足业主与物业使用人的生活需要和工作需要。

四、物业客户服务的主要工作内容

（一）日常客户服务工作

日常客户服务工作主要包括以下几个方面。

1. 受理客户服务需求

物业服务企业设立客户服务部或客户服务中心专门负责业主和物业使用人的各项服务工作，建立 24 小时值班制度，设立服务电话接受业主与物业使用人对物业服务有关报修、求助、建议、问询、质疑、投诉等各类信息的收集和反馈，并及时进行处理。

2. 收取物业服务费用

按照与业主签订的物业服务合同的约定收取物业费、有偿特约服务费、电梯及二次加压分摊电费等，接受水、电、暖等公用事业单位的委托代收业主自用部分水电费、取暖费等费用。

3. 开展特约服务项目

根据物业服务合同的约定以及业主与物业使用人的需要开展代办服务、租赁服务和家政服务等。

（二）接受和处理客户投诉

接受和处理客户投诉包括投诉受理、投诉处理和投诉反馈等，具体内容详见本章第三节"物业服务企业客户投诉的处理"。

（三）开展客户满意度调查

物业服务企业定期向业主与物业使用人发放物业服务工作意见调查表，开展客户满意度调查活动,征询业主与物业使用人对物业服务的意见和建议,具体内容详见本章第四节"物业服务企业客户满意度调查"。

(四)社区文化建设

对于物业服务企业来说,良好的社区文化可以树立起企业的品牌和形象,为扩大业务打下坚实的基础;同时,有利于加强客户和物业服务企业的协调与沟通,进而化解矛盾和不必要的纠纷。而对于客户来说,创造了一个赏心悦目的工作环境和生活环境可以丰富广大客户的业余文化生活,在物业内形成一种和睦、融洽、安宁的氛围,有利于邻里之间的沟通与交流。做好社区文化建设应加强硬件和软件方面的建设。社区文化活动一般分为以下类别:常设性活动,如庆典活动、社区文艺长廊(宣传栏、楼内广告板)、评比活动、互助活动;临时性活动,如趣味体育竞技、综艺活动和公益活动等。

五、物业服务企业如何开展客户服务

物业服务企业开展客户服务必须全员参与,并且各部门互相协作。客户服务是一项长期的工作,物业服务企业可以从以下几个方面入手逐渐展开。

1. 强化客户服务意识

思想是行动的指南,要想做好物业客户服务工作就必须提高全员的客户服务意识。物业服务企业可以在企业服务理念的指导下连续不断地开展一些活动,如采用看视频、听讲座、组织特色服务座谈会、印制服务小册子、案例分析讲解等方式营造客户服务的氛围,让员工自觉地以客户为导向思考问题,并通过反复的培训将其固化在每一个员工的思想和行动中,整体提高客户服务意识。

2. 梳理优化物业服务流程

物业服务企业应以客户满意为导向,梳理、优化现有的操作和服务流程。梳理流程应以高效、方便为原则,即站在客户的角度,考虑方便客户、方便操作层员工。梳理优化的内容可以包括以下几个方面:一是优化岗位设置、岗位职责、协同工作方式等;二是从方便客户服务角度入手,梳理服务作业流程;三是整合客户接触渠道,协同信息传递方式;四是完善客户咨询、投诉建议、客户回访、满意度测评等方面的服务标准。

3. 完善基础资料,认知客户

在实施客户服务前,首先要尽可能地掌握服务对象的情况。只有掌握了物业的情况才能做好系统的维护,熟悉了客户信息才能提供有针对性的服务。所以,物业服务企业应继续完善物业基础资料和客户档案,将物业和客户信息当作一种资源运用好。如将客户信息按籍贯、年龄、职业、爱好等进行细分,通过细分可了解客户的结构及变化情况,确定工作的主导方向。通过分析客户的家庭人员结构可以了解不同层次人群的服务取向,通过客户需求变化趋势分析可以深入地识别客户,进而更好地提供服务。物业服务企业还可以利用特定客户资源协调公共关系,解决一些疑难问题。

4. 建立沟通渠道,主动沟通

良好的沟通是与客户建立信任和关系的关键。物业服务过程中,往往是业主投诉了,物业服务企业才安排人员与业主进行沟通,在日常工作中,物业服务企业很少主动地与业主接

触,询问服务过程中存在的问题,或探询业主需求。实际上,沟通应该贯穿在物业服务的每一个环节。物业服务企业可以通过上门拜访、意见征询、座谈会、通知公告、电话、网站和社区活动等多种方式与业主进行良好的沟通,了解深层次的需求,通过服务给客户合理的满足,与客户建立一种长期的信任和互动关系。而服务是互动的过程,多一分认识就多一分信任,多一分信任就多一分理解和配合。

5. 各部门、人员密切协作,强化执行

物业客户服务工作的质量在很大程度上取决于服务的及时性能否得到保障,及时性反映在执行力上,所以,确保各项工作得到强有力的执行是提高物业服务企业客户服务质量的根本保证。当客户的需求能够快速得到解决时,就能给客户带来心理上的满足。这就要求物业服务企业的工作人员不仅需要具备强烈的服务意识,而且还要具备强烈的敬业精神、合作意识,全方位地主动服务,总体上提高客户服务水平。

总之,物业服务企业要以客户为导向,加强客户服务意识,从发掘客户需求入手,把握服务的关键点,在与客户直接接触的各个环节中为客户提供更加主动、贴心、细致、周到的服务,建立更为和谐、融洽的客户关系,赢得客户的忠诚。

第二节 物业服务企业客户沟通

业主是物业服务合同的主体,是物业服务企业的服务对象,因此物业服务企业应把与业主的关系放在首要位置。物业服务企业与业主之间如果缺乏有效的沟通,业主不理解物业服务企业的工作,彼此之间就容易产生误会和隔阂,甚至产生对立情绪。现在很多的问题可以说就是因为业主和物业服务企业之间缺乏沟通或沟通不当造成的。物业服务企业运用公共关系相关理论和知识与业主进行有效的沟通是物业管理服务工作持续的重点工作之一。

一、物业服务企业客户沟通的内容

物业管理服务的对象是业主与物业使用人,提供的产品是服务,因此沟通在物业管理服务中就显得极为重要。

沟通是两个或两个以上的人之间交流信息、观点和相互理解的过程。良好的沟通可以使沟通双方充分理解、弥合分歧、化解矛盾。

物业服务企业客户沟通是指物业服务企业客户服务人员与业主或物业使用人之间交流信息、观点和相互理解的过程。沟通有以下方法,即倾听、提问、表达同情、解决问题和跟踪回访。

在物业服务活动中,沟通是一种常见的服务行为,也是物业客户服务工作的一个重要组成部分。通过"沟通"这座桥梁,物业服务企业与服务对象了解彼此的想法、立场和观点,进而达到相互理解、相互信任,最终达到建立和谐社区的目的。物业服务企业客户沟通的内容一般包括以下几个方面。

(1) 物业管理相关法律、法规的宣传和引导;

(2) 物业服务内容、标准和有关账目的公示和解释;

(3) 物业服务相关事项、规定和要求的询问与答复;

(4)物业服务的投诉受理与处理反馈;

(5)物业服务需求或其他需求的受理、答复、解释和反馈;

(6)物业服务的项目、水平、标准以及其他事项的沟通交流;

(7)日常客户服务中的一般沟通交流。

二、物业服务企业客户沟通的方式

1. 面对面沟通

面对面沟通是客服人员与客户沟通最常见的一种方式,客服人员通过定期或不定期的客户走访,及时了解客户需求及客户的意见和建议,从而改进物业服务的质量。

2. 平台式沟通

目前,常用的沟通平台包括网上沟通平台(如网站、社区论坛)、电话沟通平台(如设立24小时服务电话)和信箱沟通平台等。通过这些方式,物业服务企业可以实现与客户的无障碍沟通,并且通过沟通平台能够及时地了解客户需求,以及对物业服务的意见和建议。

3. 体验式沟通

通过组织业主与物业使用人参观物业服务现场、组织社区文化活动等形式,让业主和物业使用人参与到物业服务活动中来,让他们在参与中了解物业服务的过程,了解物业服务活动。

三、物业服务企业客户沟通的技巧

在物业服务中,沟通的技巧和方法在于工作实践中的经验积累,"熟能生巧"就是这个道理。

(一)端正心态

物业服务企业的客户服务人员,要端正思想认识,必须做到以下几点。

1. 尊重客户

物业客户服务人员渴望得到业主与物业使用人的尊重,首先要学会尊重业主与物业使用人,物业服务的对象来自社会各阶层、各团体,切不可以貌取人。不懂得尊重别人的人也得不到别人的尊重。

2. 热情、不冷漠

物业服务行业是服务性行业,物业服务企业的客户服务人员要保持热情的态度,这也是起码的职业道德,最忌讳的就是一脸冷漠、对人爱理不理。

3. 诚信、不敷衍

在工作中,物业服务企业客户服务人员要以诚为本,说到就要做到,切不可事前乱承诺,事后不兑现,敷衍了事。

4. 在坚持原则的基础上灵活处理

物业服务企业的客户服务人员在工作中既要坚持原则,也要视实际情况,在不违反原则的前提下灵活地予以变通处理,尽量满足业主与物业使用人的要求。

5. 礼貌、不刻薄

礼貌是社交中的基本准则,更是物业服务的基本要求。物业服务活动中要礼字当头、礼貌在先,切忌讽刺、挖苦、语言尖刻。

6. 负责、不推诿

在物业服务活动中该做的,就要做到;该负责的,决不推诿。

(二)沟通的方法

在物业服务中有以下几种沟通的方法。

1. 说服教育法

说服教育是将物业管理的有关法律、法规、政策向业主与物业使用人进行宣传、教育和说服,这是物业服务工作中最常用的方法,但往往也是效果最不明显的方法,直观的、死板的说教对沟通是没有帮助的。

讲法律、讲政策理所当然,但怎么讲却很有讲究。因此,说服教育常常要和其他方法结合使用,方能奏效。

2. 换位思考法

换位思考的实质就是设身处地为他人着想,即想他人所想,理解至上。换位思考是人对人的一种心理体验过程。作为物业服务的提供者,有时站在"我是业主"的角度,设身处地去考虑、处理物业服务过程中的一些问题会更容易与业主或物业使用人达成共识,化解物业服务中存在的问题与矛盾。

3. 入乡随俗法

入乡随俗,因地制宜。物业服务与业主或物业使用人的生活息息相关,在物业服务过程中应当尊重当地民风民俗,了解业主与物业使用人的生活习惯,避免给业主与物业使用人带来麻烦,这样就容易与他们"打成一片"。如在服务中讲方言,"家乡音,一家亲",同样的服务在情感上更容易获得对方的认同。

4. 避实就虚法

避实就虚,顾名思义就是对所谈的问题回避要害。在与客户沟通交流时,如果双方对问题的看法很尖锐,直截了当、直奔主题反而会使矛盾激化,无法继续沟通下去,不利于问题的处理;避实就虚,谈一些与主题无关的或对方感兴趣的话题,采取迂回战术,寻找契机,切入主题,这样就容易沟通了。

5. 投其所好法

这里所说的投其所好是指善解人意,讲对方感兴趣的话题。在物业服务过程中,物业服务企业会接触各种各样的客户,他们的脾气、兴趣、爱好各不相同,作为物业服务企业的客服人员,要善于把握业主或物业使用人的兴趣爱好,多讲其感兴趣的话题,避免枯燥、生硬地讲述专业问题。如业主或物业使用人喜欢足球,就谈谈足球比赛;客户炒股,就说说股票投资近况。

6. 以退为进法

以退为进,以守为攻。在对客户进行服务的过程中以退让的姿态作为进取的手段更利于沟通交流。如谈话双方各持己见,僵持不下,此时没有必要一定分出是与非,可以以退为进来个缓兵之计,待对方冷静之后再找合适的机会,或换别人再跟业主进行沟通,这样问题就容易解决了。

7. 委曲求全法

有时物业服务企业的客服人员会遇上爱钻牛角尖的业主或物业使用人,这时更需要宽容、大度,切不可以牙还牙、针锋相对,而更应该和颜悦色、轻声细语,待时机成熟时再向客户解释。

四、物业服务企业客户沟通的注意事项

(1) 营造良好的沟通环境。在与客户沟通时,应尽快离开冲突现场,因为在冲突现场客户容易"触景生情",心态无法平静,加之可能有旁观好事者添油加醋、扰乱局面。把业主或物业使用人劝离现场,到会议室、接待室等适宜沟通的场所,更容易心平气和地处理问题。

(2) 坐下来谈。能坐下谈就不要站着,"请坐"不光是礼貌,也能够使气氛融洽,达到便于沟通的目的。

(3) 在与业主或物业使用人沟通时,物业客服人员应态度诚恳、神情专注,不要去做与沟通无关的事情。职责范围内能够决定的事情要及时给予肯定答复或解决,不能立即答复或解决的事情应做出必要解释,可报请上级领导答复或另行约定时间答复。

(4) 沟通时要与业主或物业使用人保持合适的距离和位置,不要有过多的肢体动作或不恰当的行为。根据心理测试,一般人谈话,身体保持 1.5 米的距离为宜,太近会让人感觉压迫,太远则有生疏之感,且交谈双方所站位置最好呈 90°角,面对面有对抗之嫌。

(5) 根据不同的沟通对象、目的、地点采取恰当的沟通方法。沟通应有明确的主题,在沟通时不要偏离主题。

(6) 沟通的过程、结果要记录存档,沟通中业主或物业使用人提出的要求,无论是否能满足,物业服务企业都要将结果及时反馈给业主或物业使用人。

第三节　物业服务企业客户投诉的处理

投诉是客户对产品和服务不满意的一种集中表现,同时,也包括客户或投诉者在进行投诉过程中,对物业服务企业未能及时有效地给予投诉回复或者所投诉的问题未能得到满意解决的不满意的表示。

一、客户投诉内容

在物业服务运行的过程中引起客户投诉的原因很多,主要有以下几个方面。

(1) 因房屋质量问题引起的客户投诉,包括因房屋漏水、墙体裂缝等质量问题以及返修工作质量引起的业主或物业使用人不满意导致的业主与物业使用人投诉。

(2) 业主或物业使用人对物业日常保洁、维修、客户服务等方面服务的不满意导致的业主与物业使用人投诉,包括员工服务态度、服务质量、服务时效和服务项目等方面。

（3）因对物业服务收费价格、收费方式、费用分摊等方面不满意引起的业主或物业使用人投诉。

（4）因突发事件处理不满意引起的业主或物业使用人投诉，突发事件包括停电、停水、电梯困人、业主或物业使用人财物受损被盗和意外火灾等。

（5）其他的原因，如与毗邻关系业主或物业使用人因房屋漏水、宠物饲养和装修影响等方面的矛盾导致的业主或物业使用人投诉。

二、投诉处理原则

投诉处理应坚持以下几项原则。

（1）以诚相待。处理业主或物业使用人投诉的目的是获得业主或物业使用人的理解和再度信任，这就要求在处理业主或物业使用人投诉时必须坚持以诚相待的原则，本着对业主或物业使用人负责的精神，认真听取业主或物业使用人的投诉意见。

（2）迅速处理。投诉处理以迅速为本，因为时间拖得越久越会加深投诉业主或物业使用人的不满意度，同时也会使他们的想法变得顽固而不易解决问题。因此投诉不可拖延，而应立刻采取行动解决问题。对于所在部门管辖范围内出现的问题应由本部门处理的，应在第一时间做出妥善安排。本部门处理不了的问题要及时上报，并召集有关责任人迅速解决。

（3）对业主或物业使用人的投诉表示欢迎，业主或物业使用人的一切意见和建议都应该成为物业服务企业的行动指针，从"为业主或物业使用人服务"这一理念去理解，业主或物业使用人当然总是有理的。

（4）站在业主或物业使用人的立场上想问题，在投诉无法避免的情况下，身为客服人员，必须站在业主或物业使用人的立场上考虑问题。这一原则性要求是物业服务企业有效处理业主或物业使用人投诉的前提条件。

（5）要做到让业主或物业使用人满意为止，并应在事后与业主或物业使用人保持联系，及时沟通。

（6）处理结果要做记录，定期进行统计和总结。

三、做好应对投诉的心理准备

维护物业服务企业的形象，在处理投诉时持负责任的态度，对工作可能引起的失误进行道歉、协调，这应是所有为业主或物业使用人服务的人员必须具备的基本素质。

避免意气用事。客服人员必须控制自己，应冷静地交谈，避免发生争执和冲突，以免导致双方的不愉快。

忍受业主或物业使用人的愤怒，在处理投诉时应通过在心理上退一步来应对，就会比较容易对业主或物业使用人那些带否定的话充耳不闻，这样就可避免引起争执。

将处理业主或物业使用人的投诉看成是客服人员必经的一个工作过程，并把它当成是人生的一种磨炼。

四、投诉处理的依据

1. 依据国家有关的法律法规

客服人员应熟知国家有关物业管理行业的各项法律法规，以及相关的司法解释，对业主与物业使用人的投诉能做到依法说服、依法处理。

2. 按照物业服务合同的约定

本项目的物业服务合同以及管理规约等文件是依法通过并经全体业主同意的管理约定,本物业服务区域内的成员应自觉遵守。

3. 参照有关案例

物业形态包括社会各个方面,产生的纠纷也会千差万别。在实践中的成功案例是客服人员的现实教材,应引导业主或物业使用人正确地加以理解和处理。

五、投诉处理流程

投诉受理人员必须掌握下列投诉处理流程。

(1) 投诉受理人员在接到投诉后,首先安抚业主或物业使用人的情绪,运用"先处理心情,后处理事情"的处理原则,在态度上给业主或物业使用人一种亲切感,以积极的态度对待业主或物业使用人的投诉。

(2) 当业主或物业使用人在陈述事由时,记录投诉内容,利用业主或物业使用人投诉登记表详细地记录业主或物业使用人投诉的全部内容,如投诉人、投诉时间、投诉对象、投诉事件和投诉要求等。

(3) 根据业主或物业使用人所投诉的事项进行业务分类,判定投诉内容,了解业主或物业使用人投诉的内容后要确定业主或物业使用人投诉的理由是否充分、投诉要求是否合理。能当场处理的,立即处理;若不能当场处理的,可以跟业主或物业使用人协商处理时间,请示上级后,限时进行电话回复。如果投诉不能成立,可以婉转的方式答复业主或物业使用人,取得业主或物业使用人的谅解,消除误会。

(4) 确定投诉处理责任部门,根据业主或物业使用人投诉的内容,确定相关的具体受理部门和受理负责人。

(5) 责任部门分析投诉原因,要查明业主或物业使用人投诉的具体原因及造成业主或物业使用人投诉的具体责任人。提出处理方案时要根据实际情况,参照业主或物业使用人的投诉要求,提出解决投诉的具体方案。

(6) 提交主管领导批示,对于业主或物业使用人投诉的问题,主管领导应予以高度重视,对投诉的处理方案要一一过目,及时做出批示。根据实际情况,采取一切可能的措施挽回已经出现的损失。

(7) 实施处理方案,通知业主或物业使用人,并尽快收集业主或物业使用人的反馈意见。

(8) 业主或物业使用人不满意处理结果时,物业服务企业投诉处理人员可交上级领导处理。

(9) 投诉处理完毕,对投诉处理过程进行总结与综合评价,吸取经验教训,提出改善对策,不断完善物业服务企业的经营管理和业务运作,以提高物业服务质量和服务水平。

物业服务企业投诉处理流程参见图11-1。

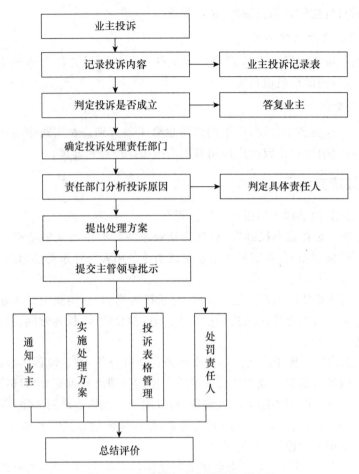

图 11-1 物业服务企业投诉处理流程

第四节 物业服务企业客户满意度调查

满意度是指一个人通过对一个产品的可感知的效果（或结果）与他的期望值相比较后，所形成的愉悦或失望的感觉状态。

国内的满意度调查是在近些年才发展起来的，但已经引起越来越多企业的重视。在一些行业，由于客户群庞大，实现一对一的服务几乎不可能，所以通过满意度调查了解客户的需求、企业存在的问题以及与竞争对手之间的差距，从而有针对性地改进服务工作，显得尤为重要。

一、客户满意度调查的基本原则

为做到使自己的客户满意，首先必须了解和评估客户的满意度，分析客户的满意度是在上升还是在下降；倘若客户的满意度下降，则必须决定采取哪些必要的措施来促使客户满意度上升;如果客户的满意度上升,同样有必要了解具体是哪些方面。

客户满意度评估是企业根据自己的业务目标并针对客户的侧重点进行规划、研究、调查、衡量、分析、采取纠正措施和持续改进的过程。它还是一个为推动以客户为中心的业务战略和长远规划而认识市场、优势、实力和机遇的过程。客户满意度调查应当注意:

(1) 目标明确,即明确客户满意度调查的目标;
(2) 领导重视,即在实施评估之前应首先获得高层管理者的支持;
(3) 持续改进,即采用持续的调查系统,而不仅仅只是一次性的调研;
(4) 协同运作,即调动企业内外资源开展客户满意度调查行动;
(5) 基于事实,即要求客户满意度调查真实有效。

二、客户满意度的调查方式

物业服务企业客户满意度的调查方式通常有以下两种:

(1) 物业服务企业客户服务部或客户服务中心自行组织实施,这是大多数物业服务企业常采用的方式。

(2) 第三方调查,包括由业主或业主委员会组织的调查,聘请不直接参与物业服务活动的第三方专业调查机构组织的调查活动。

三、客户满意度问卷调查实施步骤

1. 制订客户满意度调查计划

客户满意度调查首先应制订调查计划,包括调查目标、调查对象、调查方法、调查分析方法、调查实施部门和调查实施步骤等。

2. 收集调查客户资料

调查前,需要利用企业现成的客户数据库收集所有内部已掌握的客户情况。

3. 制作调查问卷

客户需求信息收集齐备后应制作调查问卷。如果缺乏这方面的经验,则可以求助于问卷设计专家或专业公司。制作调查问卷时应注意内容设计的合理性,保证所调查内容的真实性和完整性。

4. 按调查计划实施调查活动

按调查计划逐项实施客户满意度调查活动。

5. 收集、分析调查结果,形成调查报告

运用统计技术对调查结果进行分析,以易于阅读的格式呈交有关调查数据,包括对照列表和对数据的统计分析,以便不同级别的人员都能看懂调查的结果,向他人讲解时最好用图片的形式,这种效果最佳。

6. 制定整改措施

针对调查反映的服务质量的不足制定有效的整改措施。这是成功完成一次客户满意度调查的重要步骤之一。

7. 回访客户,对客户满意过程再评估

向客户传达调查结果将使他们确信自己的意见得到了采纳,而在本单位内部交流这方面的信息则可以使企业职工准确地知道客户对物业服务的看法。必须对整体客户满意过程进行再评估,以保证其有效性并为持续改进做出相应的调整。客户满意过程是一个持续而不断深入的过程,必须不断与客户沟通,并根据具体问题和反馈结果制定出可行的策略。

思 考 题

1. 简述物业服务企业客户服务管理的主要工作内容。
2. 简述物业服务企业客户沟通的技巧。
3. 简述投诉处理流程。
4. 简述客户满意度问卷调查的实施步骤。

第十二章
物业人力资源管理

【教学目的与重点难点】

通过本章的学习,学生可了解人力资源的概念,物业员工的招聘、解聘、激励的一般形式,掌握物业员工培训的内容、物业员工培训的形式、考核的内容、人事考核方法、物业员工的年度考核、激励的概念。本章的学习重点是掌握物业员工培训的意义、原则,物业员工招聘的标准、来源与方法,激励行为、奖励与惩罚。

人力资源(Human Resources)是社会经济资源的重要组成部分,社会经济资源包括自然资源、人力资源、物力资源以及资金、知识、信息、技术等。人力资源一般是指蕴含在人体内的一种生产能力,以及具有这种能力的人,而生产能力是指在劳动活动中可以运用的体力和脑力的总和,是存在于劳动者身上的、以劳动者的数量和质量表示的资源。人力资源管理则是指对人力资源的取得、开发、激励、利用等活动的计划、组织、指挥和控制过程。

第一节 物业员工招聘与解聘

一、员工招聘的标准

员工招聘是指人力资源部门根据企业人力资源计划、人力资源市场的供求状况和企业的发展需要,按照员工招聘的标准,通过一定的渠道采取一定的方法选聘合适的员工充任到空缺岗位上的活动及过程。员工招聘是人力资源管理的一项基础性工作。

(一)物业服务企业的岗位与员工招聘

物业服务企业的岗位设置各不相同,名称也各异,但一般来说主要包括以下岗位。

1. 管理岗位

如总经理、副总经理(总会计师、总工程师)、总监、副总监、部门经理、副经理等。

2. 执行岗位

如正主管、副主管,领班,员工等。

3. 见习岗位

如见习员工。

(二)不同岗位员工招聘的标准

物业服务企业针对不同岗位的员工招聘标准会有一些特殊的要求,因此,在这里只对员工招聘的共性标准进行分析。

1. 外显条件标准

外显条件标准如学历、工作经历及过去的业绩、管理愿望等方面的要求。这些标准是管理者的基本要求。可以通过档案材料、函件、询问等方式获得应聘者相应的信息,并能判断其是否符合标准。但不能以性别、年龄、外形等歧视应聘者。

2. 内涵素质标准

内涵素质标准包括专业领域的知识水平、工作经验与管理能力(专业技术能力、抽象与概括能力、谋划能力、协调能力、决策能力和应急处理能力等)、个性特点和思想品德修养等。这些标准是管理者能否胜任工作岗位、能否较好地履行工作职责、完成工作任务的保证性要求。

3. 潜在素质标准

潜在素质标准包括学习能力、创新思维能力、工作能力、思想境界与价值标准等。这些标准是作为新兴行业的要求。物业服务企业的经营领域和范围将越来越宽,这就要求新员工具有较好的潜在素质,应对企业的未来发展与使命、任务、目标,必须有很强的敏感性和直觉以及适应能力,才能面对这种挑战。

二、员工招聘的来源与招聘方法

员工招聘主要有内部来源及内部招募法、外部来源及外部招募法两种。

(一)内部来源及内部招募法

1. 内部晋升

内部晋升即根据物业服务企业的空缺职位的性质、责任轻重、难易程度和所需资格条件的要求,从内部的现有员工中选用合适的人员充任。这种方法主要适用于选拔主管及以上职位的管理人员,使企业员工认同企业的价值,并把自己的命运与企业的发展及利益相联系,期望在企业的发展中体现个人价值,因而积极性易于发挥,工作努力。

2. 内部补缺

内部补缺即根据发展产生的新岗位的需要和员工个人的意愿及个人专长,将企业内部合适的员工调整到空缺岗位上的过程。这种方法能使一些员工发挥自己的特长,满足他们的兴趣爱好,从而调动他们的积极性。

3. 易岗轮换

易岗轮换是一种常用的人力资源开发途径。易岗轮换主要基于两个目的:一是通过不同岗位的轮换使轮换者有不同岗位的经历,并在不同的岗位得到锻炼,为企业培养后备人才;二是避免工作的枯燥无味感,增加工作的新鲜感,从而激发员工工作的热情。此种方法主要适用于对一些中高层管理岗位的管理。

易岗轮换具有使企业内部员工的工作积极性增强,员工效忠企业的意愿增强,人力资源管理的直接成本和间接成本大大降低等许多优点。但是,易岗轮换也存在一些缺陷,如在招聘中没有实现愿望的员工会感到不公平从而影响其积极性的发挥。

内部招募员工很难避免任人唯亲,"内定"倾向客观存在;"近亲繁殖"现象难以克服,不利于企业员工整体素质的提高等。这些都是在进行内部招募时应当注意的问题。

(二)外部来源及外部招募法

除了从内部招募途径解决岗位空缺问题外,通常还需要通过外部招聘来解决大量的人员需求缺口和优秀人才不足的问题。

1. 传统媒体广告法

传统媒体广告法是指通过各种传统媒体如报纸、广播、电视、杂志、广告牌和宣传品等来发布企业的员工招聘广告,从而获得应聘者的方法。

2. 网络信息法

通过互联网上的各种网站发布招聘信息或直接从网上获得求职者的信息在目前是成本

较低的招聘方法。利用网络招聘员工具有经济、快捷、针对性强和信息量大等优点,当然也存在资料真实性不强、难签约、存在欺骗性等问题。

3. 供需见面会法

供需见面会法主要瞄准每年的人才交流会,因为人才交流会上聚集了大量的专业人才,所以可以从中物色企业所需的人才。物业服务企业应该把握好全国各地人才交流会的招聘机会,宣传企业,吸引优秀的人才来企业工作。

4. 联络互动法

联络互动法主要是指通过联谊会、同学会、校友会等各种途径与各类人才建立关系,保持联系,并采用联谊会、交流会、学习研讨、实习见习、项目服务等各种方式以及捐赠、资助等各种方法培植企业与各类人才之间的感情,进而达到吸引、合作、选用等目的。

5. 中介法

中介法主要是指通过人才交流中心、职业介绍机构和专业的人才中介机构——"猎头公司"等机构招募人才。人才交流中心是物业服务企业选用人才的重要途径。职业介绍机构是劳动力市场交易机构,也可从中选用合适的员工。"猎头公司"是为企业物色高级经营、管理和技术人才的经营组织,物业服务企业可利用其为本企业招募较为合适的高级物业经营管理人才和优秀的物业管理应用技术人才。

6. 企业员工推荐法

企业员工推荐法主要是指通过企业员工的社会网络关系为企业引进人才。企业一旦出现空缺职位,如公布招聘广告后,员工推荐合适的外部人才进入企业工作,如招聘专业人才和初级人才,员工推荐比较有效。企业员工推荐法的优点是招聘成本小,应聘人员素质高,易成功,录用后能较快开展工作。

7. 校园直接招聘法

物业服务企业可直接瞄准物业管理专业及其他专业的应届大中专毕业生,在重点招聘对象的大专院校直接进行招聘。校园直接招聘法的主要方式是招聘广告张贴、设摊招聘、举办招聘讲座和学校推荐。这种方法花费很少,效果比较好。但缺点是招聘范围窄。

三、员工解聘

员工解聘是指根据《中华人民共和国劳动法》(以下简称《劳动法》)和国家有关法规以及劳动合同条款的规定,结合企业的经营情况和工作任务变动以及其他原因,双方协商解除或终止、单方面解除或终止企业与员工之间劳动合同关系的行为。建立例行的员工解聘制度是适应市场经济的要求建立灵活的用工制度的需要,也是建立用工市场竞争机制与淘汰机制的需要。

(一)员工解聘的原因

物业服务企业根据《劳动法》及相关的法律、法规、政策,企业的经营情况和工作任务变动及其他原因,以及和员工签订的劳动合同,有权解除或终止企业与员工之间的劳动合同关系,并由此导致员工被解聘。员工被解聘后不再有员工的身份。员工的解聘必须严格依法办理。员工解聘的原因如下:

(1) 合同期满时,合同自动终止;双方协商又不能达成续订合同,员工即被自动解聘。

(2) 如因企业生产经营情况变化,调整工作任务;员工要求变更合同条款企业不同意;企业订立劳动合同时所依据的客观情况发生重大变化致使原合同无法履行,经双方当事人协商不能就变更劳动合同达成一致时,企业可以解除劳动合同。

(3) 有下列情形之一者,劳动合同即告终止,员工即被解聘:① 员工已达法定退休年龄;② 员工死亡;③ 员工被批准自费出国留学或出国定居;④ 企业被依法撤销、解散、歇业、关闭、宣告破产;⑤ 双方在劳动合同中约定的终止条件(事件)已经出现。

(4) 双方协商一致解除劳动合同关系,员工事实上被解聘。

(5) 有下列情形之一者,企业可单方面解除劳动合同:① 员工在试用期间,被证明不符合录用条件;② 员工严重违反劳动纪律及企业依法制定的规章制度;③ 员工严重失职、营私舞弊,对企业利益造成重大损害;④ 员工有违法行为并被追究刑事责任;⑤ 员工不胜任工作,经培训或调整工作岗位仍不能胜任工作;⑥ 员工患病或非因工负伤,医疗期届满后不能从事原工作,也不能从事由企业安排的其他工作;⑦ 劳动合同虽未到期,但因企业生产经营发生严重困难以及破产或濒临破产处于法定整顿期间,确实需要按规定裁减人员;⑧ 其他符合国家有关劳动合同管理法规、政策规定的可解除劳动合同条件的。

(6) 有下列情形之一者,员工可解除劳动合同:① 在试用期内;② 经国家有关部门确认,企业劳动安全卫生条件恶劣,没有相应的保护措施,严重危害员工的安全健康;③ 企业不能按劳动合同规定支付劳动报酬;④ 企业不能为员工办理缴纳退休养老保险等社会保险费;⑤ 企业以暴力、威胁或非法限制员工人身自由的手段强迫劳动;⑥ 企业故意不履行劳动合同,严重违反国家法律、法规,侵害员工其他合法权益。

(二) 员工不得解聘的情形

根据有关法律法规的规定,员工有下列情形之一者,企业不得解除劳动合同:

(1) 员工患职业病或因工负伤,医疗期内,或医疗期满时经市、县级以上医务劳动鉴定委员会确认丧失或部分丧失劳动能力;

(2) 患病或非因工负伤,在规定的医疗期内或医疗期虽满但仍住院治疗;

(3) 符合计划生育政策的女职工在孕期、产假期、哺乳期内;

(4) 员工经批准享受法定假期,在规定的期限内;

(5) 符合国家有关劳动合同管理法规、政策规定的不得解除劳动合同情形。

员工解聘的上述规定既反映了企业作为法人的用工自主权,又反映了法律对员工合法权益的有效保护,充分体现了企业与员工在法律上的平等性。关于员工解聘的具体操作可依法结合本单位的实际设计相应的、更加具体的条款反映在合同中,但根本原则不能与国家有关法律法规相抵触。

(三) 员工解聘的程序及方法

员工解聘是经常发生而又非常严肃的事情,且政策性很强,是物业服务企业和员工双向选择的结果。它既关系员工的切身利益,又关系企业的事业发展。为确保双方的权益,员工解聘必须按照一定的程序及方法来进行。关于员工解聘的程序及方法,不同的物业服务企业有不同的规定。

1. 解聘的程序及方法

物业服务企业和员工都必须以书面形式提出解聘要求。除试用期内或员工因违纪被辞退、除名、开除及合同另有其他规定等情形之外,双方必须提前30天书面通知对方。

物业服务企业提出解聘的,先由部门经理递交解聘的报告,经最高管理部门或总经理审查批准,才能解聘员工。

(1) 员工辞职的一般程序为:由员工本人向部门经理提出书面辞职请求,由员工所在部门经理向人力资源部门及有关领导提出报告,经审批后转人力资源部门、财务部门等备案,人力资源部门开具离职还物表—员工在结束工作后,归还发给的全部物品,并经各有关部门汇总—由财务部门结清员工工资及其他账目—在人力资源部门办理离职解聘手续。

(2) 解聘员工的一般程序为:部门经理提出辞退员工的报告—经由最高管理部门或总经理批准后转人力资源部门、财务部门等备案—员工归还发放的应归还物品—财务部门结清有关账目—人力资源部门办理辞退解聘手续。

2. 解聘手续办理

劳动合同期满或当事人约定的劳动合同终止条件出现,劳动合同即行终止。物业服务企业终止劳动合同的应提前30日通知员工本人并开具《终止劳动合同通知书》。

员工严重违反劳动纪律、本单位的规章制度,经教育无效的;严重失职,营私舞弊,对用人单位利益造成重大损害的,依据《劳动法》第二十五条的规定,用人单位可以与其解除劳动合同,并下达《解除劳动合同通知书》。

当事人双方协商一致解除劳动合同,须签订《解除劳动合同协议书》,双方签字盖章。

3. 员工解聘中的法律责任

(1) 物业服务企业的责任。

物业服务企业或员工要终止或解除劳动合同的,必须按国家有关规定或劳动合同约定承担相应的责任,并由物业服务企业为被解聘员工开具《终止劳动合同证明书》或《解除劳动合同证明书》及参加社会保险证明。如果被解聘员工要求说明原因,物业服务企业应客观地说明解除劳动合同的原因。

劳动合同终止、解除后,物业服务企业应在15日内为员工办理档案转移手续。移交档案时,物业服务企业应提供《终止劳动合同证明书》或《解除劳动合同证明书》,填发《职工劳动手册》,移交档案等有关手续。物业服务企业移交档案后应通知员工本人。被解聘员工个人按有关规定办理失业登记。对非因员工个人原因被解聘的,物业服务企业应给予经济补偿。物业服务企业如有违约行为,应承担违约责任。

(2) 被解聘员工的责任。

员工被解聘后应办理移交手续。对其后占有的属于物业服务企业的财物、技术资料等应负有返还的责任,损坏应予以赔偿。员工违约应按合同条款的约定承担相应的法律责任。

第二节 物业员工培训与管理

一、员工培训的意义

1. 改变目前物业服务企业的整体素质,特别是员工素质不高的状况

目前,我国城市物业服务企业大多是由房管单位或房地产开发企业分立出来的,企业的经营理念、管理体制、管理方式方法、运作模式及员工素质,特别是物业管理专业技术水平、服务意识与态度等均较低下,因此需要通过长期的、制度化的员工培训这种方式来改变这一现状。

2. 缓解物业管理人才缺乏的矛盾

管理人才奇缺是我国各行各业尤其是服务行业普遍存在的问题。自1981年3月深圳市成立第一家物业服务企业以来,迄今全国已有1.5万多家物业服务企业、近200万物业服务从业者。而从事物业管理的人员仅10万余人,且集中于深圳、广州、上海等沿海大城市。物业管理人才,特别是有经验的物业高级管理人才在数量上有很大的缺口。而目前大专院校所培养的物业管理人才虽然已有相当的数量,但在适用性、适应性以及数量上还不能满足物业服务企业的人才需要,因此仍需要通过物业服务企业结合岗位的培训来改变这一状况。

3. 满足物业服务企业使用新技术、新材料和开拓新业务、新领域的需要

市场竞争正在加剧,新技术、新材料将不断被应用到物业服务领域,生命安全与环境管理、个性化服务、智能系统的应用等将越来越多地使用新技术、新材料。因此,必须采取多种形式、多种渠道加快培养物业管理人才。

4. 开发人力资源,培植企业文化,形成企业精神,实现企业的长远战略目标

物业服务行业是一个新兴行业,目前仍没有摆脱传统的"房地产物业管理",物业服务企业不能作为独立的行业主体而存在,不能形成自己的企业品牌和企业文化,这是许多企业刚刚起步就衰落的主要原因。通过培训使员工明确物业服务企业的发展战略及分步目标,学习和遵守企业的各种标准、制度,统一管理和服务的言行,协调整体行动的方式,形成共同的价值准则,进而形成并认同企业文化,为企业的发展尽心尽力服务。通过培训可以把物业服务企业建成学习型组织,从而实现物业服务企业的发展与壮大和长远战略目标。

二、员工培训的原则

员工培训的原则是物业服务企业员工培训的指导思想和培训过程中所必须遵循的一般准则。它是增强培训效果的理论依据和工作方针。通过培训达到传递信息、提高服务水平、更新知识和发展素质的目的。物业服务企业员工培训的基本原则包括以下几个方面。

1. 理论学习与技能训练相结合原则

物业服务行业业务范围越来越广,涉及的专业领域越来越多,物业服务企业的员工需要

不断地拓宽知识面才能适应这种需要。学习相关的理论知识是进入这些专业领域的通行证。只有掌握一定的专业理论知识才能发展相关的业务。同时，物业服务行业作为一个实务性很强的行业，需要让员工掌握一些应知、应会、应用自如的技能。只有把理论学习与技能训练结合起来才能满足物业服务企业的发展需要。如在绿化管理上，员工既要懂得植物科学、植物病虫害防治等方面的理论知识，又要懂得种植、养护植物的具体操作。又如在保洁服务上，员工既要懂得清洁药剂的化学性能、对物业的影响等方面的理论知识，又要懂得清洁药剂的使用方法与配制技巧。这些都需要通过员工培训来实现。

2. 物业专业知识学习与新技术、新方法学习相结合原则

目前，为解决物业服务行业员工的素质普遍偏低的问题，对员工进行物业专业知识的培训仍然是主要途径。同时，物业服务行业作为一个成长中的行业，一些新技术、新方法不断地向其渗透，物业服务企业的员工必须随时准备接收新知识。在培训过程中，物业服务企业应当把基本专业知识学习与新技术、新方法的学习结合起来，对员工进行普遍的基本专业知识学习轮训；针对新岗位、关键岗位结合新技术、新材料、新方法的应用，做好技术骨干员工的重点培训。

3. 全员培训与拔优培训相结合原则

全员培训是针对普遍性、长远性、战略性的问题开展的基础性、常规性的培训工作，如员工素质提高的问题，知识技能转型更新的问题，统一思想、明确目标、统一计划、统一行动的问题，企业经营理念与企业文化建设问题，怎样完成阶段性任务等都需要全员培训。同时，针对优秀员工进行的拔优培训在物业服务企业有独特的功效，它有利于优秀员工的成长和发展，形成物业服务企业的人才梯队，优化人力资源结构。因此，把全员培训与拔优培训结合起来可以更好地发挥培训的作用。

4. 培训效果与奖惩相结合原则

物业服务企业的员工培训是与企业的经营管理目标紧密结合的企业投资性质的培训，它必须给企业带来实际效果，这里面有一个投入产出的问题。也就是说培训必须严格按计划来进行，整个过程必须有考核、评价和奖惩。学习是一种员工应履行的义务，不仅仅是权利，参加培训者必须对学习效果负责。培训效果最终要与培训者的切身利益挂钩，要把培训与工资晋级、职务晋升和岗位任用等紧密结合，使企业的培训投资变成企业的实际收益。

5. 脱产专门培训与在岗学习提高相结合原则

物业服务企业的员工在培训过程中还要处理好脱产专门培训与在岗学习提高的关系。脱产专门培训是物业服务企业定期轮训员工的常规培训工作，是培训工作的主要方式，员工可以通过脱产培训系统地学习物业服务工作必备的专业知识以及管理思想与方法，物业服务企业的先进思想、理论与技术的接受普及主要靠这种方式。在岗学习提高则是终身学习、岗位成才的要求。物业服务涉及的专业知识领域广、学科多，实际操作性与技能性强，这就需要企业结合岗位实际进行见习、模仿、研究、革新、发明和应用等解决实际问题。脱产专门培训与在岗学习提高相结合，可以从不同的程度和层次解决物业服务企业的技术问题和管理问题。

三、员工培训的内容

物业服务企业员工培训内容确定的依据有两个方面:一是物业服务企业员工的基本礼仪方面的培训,这是各物业服务企业共同的培训内容;二是根据物业服务企业发展成长阶段的经营管理目标的需要来设计培训内容,在此方面各物业服务企业不能一概而论。在这里只对物业服务企业共同的培训内容作介绍。

(一)物业服务企业员工培训的基本内容

1. 思想观念与经营管理理念教育

结合物业服务企业的实际开展系统的思想观念与经营管理理念的教育,使员工树立全心全意为业主与物业使用人服务的思想,端正工作态度,把为业主与物业使用人服务的思想作为物业管理服务的根本宗旨,深深扎根于心底。同时要把思想观念的教育同企业经营管理理念结合起来,通过学习现代经营管理理论与思想,认识本企业的经营管理目标和经营管理战略,让每个员工按照企业的经营管理模式和经营管理理念来服务业主与物业使用人。

2. 职业道德与企业文化建设教育

物业管理人员的职业道德主要体现在其履行职责的过程中,它规定了员工在履行职责的过程中应该怎样做、不应该怎样做。这个"应该"和"不应该"是出自员工内心的道德要求,体现了员工的品质、人格和精神境界。物业服务企业的企业文化是物业服务企业在长期的经营管理活动中创造的具有本企业特色的精神文化和物质文化。物业服务企业的企业文化渗透在物业管理的宗旨、观念、思想、理念、制度、规范、服务品牌与标志、服务语言、员工服饰、办公环境、物业景观等从精神到物质、从软件到硬件的各个领域之中。物业服务企业的员工必须了解、认同本企业的文化才能统一思想和理念,进而有协调一致的行动。职业道德建设与企业文化建设是相互促进的关系,职业道德建设是基本的素养要求,企业文化建设是使员工的素养变成工作的动力与合力。

3. 物业服务业务知识教育

做好物业服务工作,物业服务人员不仅要有全心全意为业主服务的思想,而且还要有过硬的业务能力。物业服务工作的范围广泛,涉及多方面的专业知识。对物业服务人员来说,岗位必备知识主要有以下几点:

(1) 管理学理论知识;
(2) 房地产经济理论知识;
(3) 物业管理理论及实务知识;
(4) 法律知识;
(5) 建筑知识;
(6) 电子计算机在物业服务中的应用,机电设备及智能化设备的维修保养知识;
(7) 物业建设规划及管理知识;
(8) 物业服务应用文写作知识;
(9) 公共关系知识;

(10) 财务税收知识；

(11) 其他的如治安、交通、绿化、环境科学、行为科学、社区服务理论、社会学和公共行政管理等知识。

(二) 物业服务企业员工培训内容的针对性

物业服务企业员工培训内容可按物业服务从业人员的不同工作范围确定培训的知识层次，从而开展有针对性的培训。

(1) 针对基层人员(如保洁员、保安员、技术员、操作工人及勤杂人员等)的培训内容要注重操作性。基层人员应学习有关物业管理法律法规、房屋结构和保养维修基本知识以及员工工作范围内的专业知识，如治安保卫、清洁卫生、绿化园艺、服务技能、水电维修和机电设备维修养护、计算机操作等技能。

(2) 中层管理人员(部门正副经理以下的管理人员)的培训除了应学习物业的保养和维护、设备维修、园林绿化等知识外，还要对企业经营管理、物业管理法规知识、智能化物业管理系统、ISO9000 质量体系在物业服务中的应用等有较全面的了解，而且需要掌握相关专业知识，如经纪中介等业务知识、房产估价知识和财务专业知识等。

(3) 高级管理人员(正副总经理)应重点掌握社会主义市场经济理论、现代管理理论、行政管理学、企业管理学、物业管理学及实务、城市规划学、社会学、社区管理学、房地产经济学、房地产法律、房产经纪、金融保险学，以及国家有关法律法规知识等。

四、员工培训的形式

物业服务企业员工培训的形式主要有以下几种。

(一) 直接传授培训

1. 课堂教学法

课堂教学法就是按传统的教学方式，采取讲课、讲座和专题报告等多种形式授课，授课可采取有组织、有准备、有重点的，以学员为主体的研究讨论方法解决理论问题与实践问题。

2. 多媒体教学

多媒体教学是培训中常用的一种方法，即利用课件在网上教学，利用电视机、投影仪、计算机等设备开展教学，向学员呈现有关资料、信息。多媒体教学通常可作为传统的课堂教学法的补充。

3. 学徒制跟班学习

学徒制跟班学习是培训新人最常用的方法，这种培训方法具有悠久的历史，过去的各种手工艺人主要是通过学徒制跟班培养出来的。现在它仍然是企业中用来培训生产一线员工的主要方法之一。学徒制跟班学习的特点就是由一位经验丰富的师傅负责帮带一名或几名新员工。学徒制跟班学习传授技能过程一般分为传授、示范、练习、检查反馈四步。

(二) 互动参与式培训

1. 互动研讨

采用互动研讨这种方法时，学员们就某一主题进行广泛的探讨，交流各自的意见、看法。

这种方法要求学员们积极参与,各抒己见,最后达成共识。讨论法的人数不宜过多,以20～30人为宜,可分成5人或6人的小组进行。学员们先在各自的小组中进行讨论,再由每个小组发表意见。

2. 案例教学

案例教学是一种以已往的物业服务成功经验和失败的教训为典型材料,研究其中的规律以帮助学员们提高物业服务水平和工作效率的方法。学员们对某一典型的物业服务活动进行分析思考,共同寻找答案,从而达到学习目的。通过对某一案例的讨论,培养学员们分析问题、解决问题的能力,并将这种能力运用到日常工作中去。案例教学方法往往用于对中高级管理人员的培训。

3. 情景模拟

情景模拟的方法除用在招聘甄选人员中外,还可用在对人员的培训上。这种方法可使学员们身临其境地分析问题、解决问题,对他们的实际工作能力提高会有很大的帮助。情景模拟通常用在对管理人员的培训上,常用的方法包括以下几种。

(1) 公文处理法。

公文处理法即让学员们在一定的时间内完成若干文件的批阅,这些文件与他们日常工作中遇到的文件有一些相似性。

(2) 角色扮演法。

角色扮演法是让学员们假想他们是企业中的某一角色,以此角色身份来处理问题。

(3) 管理游戏法。

管理游戏法寓教育于游戏,通过完成事先设计好的精妙游戏让学员们领悟到其中的管理思想。

(4) 无领导小组讨论。

无领导小组讨论是学员们自由展开讨论。主持者事先给予某一主题,然后让参加者自己组织讨论,从中观察每个人不同的人际交往能力、领导能力、说服能力和表达能力等。因无领导小组讨论具有较强的针对性、实战性,故较受企业的欢迎。

(三) 其他培训方式

除了上面的培训方式之外,还有业余进修、开展读书活动、参观访问等几种方法,这是通过参加者的自身努力、自我约束来完成的,物业服务企业应给予鼓励、支持和引导。

第三节 物业员工薪酬管理

一、员工薪酬管理的主要内容

员工薪酬管理是指企业管理者对员工薪酬的支付标准、发放水平、要素结构进行确定、分配和调整的过程,即对基本工资、绩效工资、激励性报酬和福利等薪资加以确定和调整的过程。

1. 确定薪酬管理目标

企业薪酬管理的目标主要有以下三个：

(1) 吸引高素质人才，稳定现有员工队伍；

(2) 使员工安心工作，并保持较高的工作业绩和工作动力；

(3) 努力实现组织目标和员工个人发展目标的协调一致。

2. 选择薪酬政策

薪酬政策是指企业管理者对企业薪酬管理的目标、任务、途径和手段进行选择和组合，它是企业在员工薪酬上所采取的方式策略。

3. 制订薪酬计划

薪酬计划是指企业预计要实施的员工薪酬支付水平、支付结构及薪酬管理重点等的计划。在制订薪酬计划时，企业同时要把握以下两个方面的内容：

(1) 企业要根据自身发展的需要选择薪酬制度和薪酬标准；

(2) 工资是企业的成本支出，压低工资有利于提高企业的竞争能力，但是，过低的工资又会导致激励的弱化和人员的流失。

4. 调整薪酬结构

薪酬结构是指企业员工间的各种薪酬比例及构成，主要包括企业工资成本在不同员工之间的分配，职务和岗位工作率的确定，员工基本工资、绩效工资、激励性报酬的比例及其调整等。

5. 实施和修正薪酬体系

在实施和修正薪酬体系的过程中应及时进行上下沟通，必要的宣传或培训是薪酬方案得以实施的保障。

二、薪酬体系的设计

物业服务企业制定薪酬体系的指导思想是吸引和留住需要的人才，最大限度地发挥员工的内在潜能。但是，由于不同的企业的目标不同、市场的状况不同和员工的需要不同，在构建薪酬体系时没有统一的定式，只有结合本企业的特点，不断地探讨和摸索，逐步建立和完善符合本企业特点的薪酬体系。

1. 薪酬体系设计的基本步骤

物业服务企业的薪酬体系设计一般包括以下几个步骤：

(1) 职位分析；

(2) 职位评价；

(3) 薪酬调查；

(4) 薪酬定位；

(5) 薪酬结构设计；

(6) 薪酬体系的实施和修正。

2. 薪酬体系设计应注意的问题

(1) 薪酬的制定和调整必须考虑社会的生活成本、物价指数、企业的工资支出成本、企业的经济效益和个人工作绩效等因素,形成规范有效的约束机制和激励机制。

(2) 物业服务企业应根据实际情况合理地确定工资构成,特别是基本工资部分、绩效工资部分所占比重要相对平衡。

(3) 在薪酬制度中引入风险机制,使得薪酬成为一种激励与鞭策的措施。

(4) 企业经营者应该正视非物质报酬之外的精神激励,并给予更多的关注。

(5) 物业服务企业除按照国家规定发放员工福利外,可根据企业的具体情况、工作的岗位和性质、员工的不同需求,科学设计、灵活使用薪酬制度,以充分奖励员工对企业的贡献,增强员工的企业归属感,激发员工的工作热情。

第四节 物业员工考核与激励

一、员工考核的作用

考核也是人力资源管理工作的重要部分,是人事决策和人事管理的依据,是"知人"的主要手段,也是企业对员工进行培训、决定人员调配和职务升降、确定员工薪金报酬、对员工进行激励等的依据。

员工考核的作用包括以下几个方面。

1. 为员工岗位调整提供依据

员工考核的结果将客观地对员工是否适合该岗位做出明确的评判。基于这种评判而进行的职务调整往往会让员工本人和其他员工接受和认同。物业服务企业的岗位种类多、工作具体、工作性质差别大,最初的员工配备有时并不一定与工作要求完全相符,需要及时进行调整。员工考核结果是人事调整计划的依据。

2. 为确定员工的工作报酬提供依据

确定员工的工作报酬是许多企业进行员工考核的主要目的。员工考核结论不论是描述性的还是量化的,都可以为员工的薪酬调整、奖金发放提供重要的依据。员工考核结论对员工本人是公开的,并且要获得员工的认同。所以,以员工考核作为依据是非常有说服力的。工作报酬必须与工作者的能力和贡献结合起来,这是企业分配的一条基本原则。在确定员工的工作报酬时,不仅要考核员工担任这项职务所具备的素质,而且还要根据员工在工作中的态度、努力程度和实际表现等因素来确定绩效工资。这些都需要通过员工考核来提供依据。

3. 为员工培训提供依据

员工考核可以帮助企业了解每个员工素质的优势、劣势和内在潜力,因而能够指导物业服务企业针对员工队伍的状况和特点来制定相应的培训和发展规划。

4. 激励员工不断地自我提高和自我完善

客观公正的考核不仅能描述员工的工作业绩,而且能起到督促作用。成绩的描述实际上是对员工业绩的肯定,对员工能起到正面激励作用;指出缺点和不足之处,可对员工产生压力,鞭策他们今后更加努力工作,消除差距。这样一方面可以防止员工不正确地估计自己在企业中的地位和作用,从而减少一些不必要的抱怨;另一方面也可以让员工清楚自己需要改进的地方,指明了员工进步的方向,为员工的自我发展铺平了道路。

5. 有利于促进组织内部的沟通

制度化的员工考核可以使下级更加明确上级或组织对自己的工作要求和能力要求,从而了解努力的方向;可以使上级更加关心下属的工作和问题,从而更关注他们的成长;可以使上下级经常对某些问题加以讨论,从而促进理解的一致性。这些由于员工考核而带来的沟通的增加必然会促进人们对组织目标与任务的理解,融洽企业员工特别是管理层人员之间的关系,从而有利于物业服务企业管理活动的协调进行。

6. 有利于工作目标的实现

通过员工考核可以使管理者和员工知道自己所负责工作的完成进度、完成程度、完成质量和完成效率,使物业服务企业的管理者和人力资源部门可以及时准确地获得员工的工作信息,评价一系列管理政策效果,及时发现不足和问题,改进企业政策,保证企业管理目标的实现。

二、员工考核的内容

对于物业服务企业的来说,不同的员工处在不同的工作岗位,有不同的工作职责,考核的内容应有所不同。但是,"德""能""勤""绩"四个方面是对所有员工考核的内容。

1. 关于"德"的考核

"德"主要是指人的政治思想素质和道德素质。"德"是一个人的灵魂,它决定了一个人的行为方向和行为方式。"德"的标准不是抽象的,而是随着不同的时代、不同行业的要求而变化的。在物业服务行业,员工"德"的表现主要包括政治思想素质(如关心国家大事等)、社会公德(如尊老爱幼、助人为乐和爱护公物等)和职业道德(如敬业爱岗、具有良好的服务意识、认真钻研业务知识等)。

2. 关于"能"的考核

"能"是指人的能力素质。一般来说,"能"主要包括员工的动手操作能力、认识能力、思维能力、学习研究能力、创新能力、表达能力、组织指挥能力、协调能力和决策能力等。不同的职位对"能"的要求有不同的侧重点。

3. 关于"勤"的考核

"勤"是指员工勤奋敬业,主要包括员工工作的积极性、主动性和出勤率。不能把"勤"简单地理解为出勤率,出勤率高是"勤"的一种表现,但并非"勤"的实质所在,员工可能出工不出力。真正的"勤"不仅出勤率高,而且在工作中投入了全部精力。因此,人事考核工作应将表面形式的"勤"(如按时上下班、不迟到早退等)与内在的、实质的"勤"(如勤奋工作、勤于学习、任劳任怨)结合起来,重点考核员工的敬业精神、实干精神。

4. 关于"绩"的考核

"绩"是指员工的工作绩效,包括完成工作的数量、质量、经济效益和社会效益。对员工"绩"的考核,不仅要考核其工作数量、工作质量,更要考核其所做的工作使用户满意的程度以及给企业创造的经济效益和社会效益。

三、员工考核的方法

(一) 常用的员工考核方法

1. 主管决定法

主管决定法就是领导者根据个人印象和看法，直接评价下属工作人员的考核方法。这种考核方法的优点是简便易行，节省考核时间，能直接反映领导对下属人员的看法；缺点是难以做到客观公正，不能反映群众对某一员工的看法，考核的效果基本决定于领导者的识别能力和公正性。

2. 工作标准法

工作标准法就是规定每个职位必须完成的工作数量和质量，以此标准去衡量每个员工的工作情况，评价员工的业绩，达到工作标准即合格，超过工作标准的为优秀，达不到标准的为不合格。这种方法的优点是主管人员决定下属考核结果时有明确的标准作为依据，因而考核较为客观公正，下属在日常工作时也有标准可循；缺点是适用范围有一定的局限性。对工作成绩的考核较为适用，对思想政治表现和能力就难以制定定量标准。即使对工作任务制定具体标准也并非易事，特别是一些复杂岗位的脑力劳动就更难制定。

3. 鉴别性方法

鉴别性方法主要就是依据个人的工作表现、成绩进行排队、分等。排队就是以一般的表现为基础，对职工的工作情况进行比较排队，分成最好的、较好的、中等的和最差的，并加以比较，决定优劣。

4. 配对比较法

配对比较法就是按照考核项目将被考核者一对一对地加以比较，决定优劣。如考核工作成绩，将每一个人都同其他的人分别配对一次，在每一对里，工作成绩较大的打上"＋"号，工作成绩小的打上"－"号。如果有 n 个被考核者，那么对比次数就是 $n(n-1)/2$。最后，"＋"号最多的就是最好的，"－"号最多的就是最差的。这种方法的优点是准确性高，由于在考核过程中，两相比较容易判断谁高谁低，而且考核者很难判断每个被考核者的最终成绩，因而可以避免考核者的主观影响；缺点是手续烦琐，工作量大，如单位的人数过多就不宜应用此方法。

5. 功能测评法

功能测评法就是将各个考核项目分解成若干要素，如能力可分为操作能力、协作能力、表达能力和领导能力等。每一要素分为几等，每一等分别确定计分标准。测评时，让被考核者的领导、同级、下级各层次的人都参加，对每一要素打分。然后将测评数据用计算机进行处理，最后得出每人的等次。

(二) 考核中出现的一些常见问题

1. 考核标准问题

员工考核的标准制定，既要切实可行，又要符合岗位工作实际，否则操作起来很困难，考核结果不能反映实际情况,从而造成工作失误。考核标准问题主要有标准不明确、不具体,标准主观性太强,标准不现实,标准的可衡量性太差等情况。

2. 形式主义

有些员工或物业服务企业的领导不了解考核的作用或以工作忙为借口,往往将考核工作作为应付式的例行公事,草率地对待考核工作。解决办法就是加强对考核工作的认识和理解,明确考核工作的重要性和具体要求。

3. 好人主义

好人主义就是给每个员工都打高分。这是一种在考核中常见的现象,经常发生在对管理人员和部门负责人的考核上。解决办法是对员工考核制定出每个部门考评成绩为"优"的员工比例,明确拉开考核档次。对部门负责人的考核要选择一些原则性强、作风正派、敢于负责的普通员工与公司领导一起进行背靠背的考核。

4. 集中趋势

集中趋势就是指在考核时倾向于把被考核者的工作绩效集中于中间水平或者说平均水平,导致考核的不公。这主要是由于有的领导深入基层不够,对员工的了解不多,认为员工大都差不多,不好不差,于是对每个员工都打个接近良好的中间分。解决办法就是考核小组的成员要有各方面的代表,尤其是要吸收工会、人力资源等部门的负责人参加,还要多听取群众的意见。考核前要对考核小组进行专门的培训,使他们掌握考核所需的各种技能和道德标准。

还有其他的心理因素影响考核的客观性,如晕轮效应、首见效应、常知效应、近因效应、暗示偏差和情感因素等,这些问题在员工考核中应注意克服。

四、员工的年度考核

员工的年度考核是员工考核的基本形式和基本制度,员工的年度考核必须与平时考核结合起来,建立以企业高层考核委员会或小组为核心、部门和单位质检办公室(质检小组)为载体的员工考核制度体系。主管人员对员工的"德""才"表现和工作情况要有切实的记录。年度考核必须以平时考核为基础,不能脱离平时考核以印象论人。平时考核与年度考核相结合就使年度考核做到了考之有据,同时使考核工作变成了一项经常性的工作。

员工的年度考核的程序包括以下几个方面。

(一)做好考核的准备工作

1. 成立考核组织

物业服务企业各部门、各层级单位除应有专门的员工考核组织和人员外,还应在员工年度考核工作进行之前设立非常设的考核工作委员会或考核工作小组,在部门或单位负责人的领导下,负责本部门、本单位员工的考核工作。考核委员会或考核小组的设立可以根据各部门、各层级单位的实际情况确定。考核委员会或考核小组由本部门或本单位的负责人、人力资源管理部门人员和员工代表组成。对考核委员会或考核小组的组成人员要认真选择,他们必须具有较高的政策水平,办事公道,为人正派,而且具备相应的专业知识,并掌握一定的考核技能。

2. 设计考核体系

考核工作委员会或考核工作小组根据物业服务企业的总部署和本单位的具体情况确定考核时间，编制考核日程表，设计考核项目，确定考核标准，拟定考核的具体办法、步骤，以及准备各种考核表格等。

3. 公布考核方案

向考核对象公布考核方案，组织必要的考核前学习，使每个员工都明确考核的目的和要求，明确考核的意义，以保证考核的正常进行。

（二）考核的评语、等次的确定

先由员工进行个人总结，再由主管在听取群众意见的基础上，根据平时的考核记录和个人总结写出评语，并提出等次意见，经考核工作委员会或考核小组审核后，由部门负责人或单位负责人确定考核等次意见，最后由企业最高领导层决定等次，考核员工必须持之有据。这就要求做好平时考核，将每个人的平时情况、突出表现、重大功过随时记录在册。在写评语之前还要采用各种方式听取群众意见，具体方式可以根据各岗位的情况确定，但绝不能走过场。听取群众意见是让群众直接参加考核的具体表现，有利于调动员工的积极性。如组织群众根据测评量表的要求对被考核者进行评鉴。对担任一定领导职务的管理人员，在年度考核时还要组织民主评议和民意测验。主管领导在依据平时考核情况和群众意见给员工写评语时一定要审慎、公正、客观、全面地反映员工的基本情况。最后还要给每个员工提出等次意见，一般分为优秀、良好、合格和不合格四个等次，由物业服务企业的负责人最后确定考核等次并签字。

（三）做好考核的收尾工作

考核的结果要以书面形式通知员工本人，如员工对考核结果有异议，可向主管领导、考核工作委员会或考核小组申请复核。主管领导、考核工作委员会或考核小组应该认真复核。如考核结果引发员工被开除、解聘等劳动关系的变化，应按《劳动法》的有关规定和劳动合同的约定处理。员工考核的结果要存入员工的个人档案，作为员工奖惩、培训、辞退及岗位调整、升级升职和调整工资的依据。

五、激励的概念与行为

1. 激励的概念

心理学家一般认为，人的一切行动都是由某种动机引起的。动机是人类的一种精神状态，它对人的行动起激发、推动和加强的作用，因此称之为激励。

从组织行为学意义上讲，激励是指激发人的动机，诱导人的行为，通过精神或物质的某些刺激，使其发挥内在潜力，为实现所追求的目标而努力的过程。这也就是人们通常所说的调动和发挥人的积极性的过程。

激励的本质就是激发人的动机的过程。而所谓的动机，就是引起、维持并且指引某种行为去实现一定目标的主观原因。因此，要理解激励的本质，即激发动机的过程，就必须研究这样三个问题：一是什么因素引起人的行为；二是什么因素指引着该动机朝向目标前进；三是这种行为如何得以坚持下去或最后终止。实践证明,如何回答上述三个问题对于深刻而全面地理解人的实际工作行为至关重要。在现实中,影响人的工作行为表现的因素是多种多样的。人的能力就是一个非常重要的因素,因为它反映了一个人以前所受过的训练和教育、过去所积累的知识经验以及先天的素质。工作表现的好坏还要受技术设备等客观因素的制约。但是不管其他的条件如何,激励总是决定人的工作行为表现的首要因素。

2. 激励与人的行为

人类的有目的的行为都是出于对某种需要的追求。未得到的需要是产生激励的起点,进而导致某种行为。行为的结果可能使需要得到满足,之后再发生对新需要的追求;行为的结果也可能是遭受挫折,追求的需求未得到满足,由此而产生消极的行为或积极的行为。

激励涉及一个抉择过程。首先,抉择是在若干不同备选目标之间做出选择,这其实就是决定方向。其次,决定了方向之后的下一层抉择就是该花多大的努力去实现所选定的目标,这就是强度。最后一层抉择则是在选定方向上选定的强度应坚持多久,这就是持续的时间。

按此观点,激励代表了行为的方向、幅度与持续期这三种因素的关系,这种关系可以用函数(12-1)来表达:

$$M = (As, Ex, Pe) \tag{12-1}$$

其中,M(Motivation)代表工作积极性(激励水平),As(Aspect)代表行为的方向,Ex(Extent)代表幅度,Pe(Persistence)代表持续期。

3. 激励与绩效

管理的目的在于充分利用所拥有的资源使组织高效能地运转,提高组织绩效,实现组织的既定目标。而组织的绩效是必须以其成员的个人行为的绩效为基础的。

个人绩效取决于多种因素,在组织行为学中用"绩效函数"(12-2)来表示:

$$P = f(M \times Ab \times En) \tag{12-2}$$

其中,P(Performance)代表个人工作绩效,M(Motivation)代表工作积极性(激励水平),Ab(Ability)代表工作能力,En(Environment)代表工作条件(环境)。

函数(12-2)说明了决定个人绩效的三个关键因素:工作积极性、工作能力、工作条件。结论是:没有工作积极性,自然干不好活;仅有热情而无能力,也做不出绩效;"巧妇难为无米之炊",必要的工作条件是取得绩效的基础。"绩效函数"中工作积极性、工作能力与工作条件三类自变量都很重要,提高和保证它们是管理者的责任;但其中工作积极性的提高与保持更重要,也更复杂。因为工作能力可以通过锻炼和培训来提高,工作条件可以通过安排和支持来保证,而工作积极性却受制于个人的动机、需要以及组织的政策、制度等诸多因素。所以,调动人的工作积极性需要管理者付出更多的努力,学习更多的激励知识,掌握更多的激励方法。在现代企业管理中,激励是一项重要的管理职能,激励能力成为对管理者进行考核的极为重要的方面。有关激励理论和实践的研究也成为企业界和学术界关注的一个焦点。

激励的重要作用包括以下几个方面。

(1) 通过激励可以把有能力又是组织需要的人才吸引进来,使其长期为组织工作,使组织人才济济、事业兴旺。

(2) 通过激励可以使员工充分地发挥自己的技术和才能,充分地挖掘员工的内在潜力,提高企业的竞争力。

（3）通过激励可以使积极的员工更加积极，使中间员工或消极员工转变为积极员工，使每个员工都愿为组织多做贡献，从而提高员工的凝聚力，保持工作的有效性和高效率。

六、激励的一般形式

（一）激励的模式

心理学研究表明，人类的有目的的行为是由他所体验到的某种未满足的需要或未达到的目标所引起的。行为都是出于对某种需要的追求。未得到的需要是产生激励的起点，进而导致某种行为。行为的结果可能使需要得到满足，之后再发生对新需要的追求；行为的结果也可能是遭受挫折，追求的需求未得到满足，由此而产生消极的或积极的行为。这就是激励过程，这一过程参见图12-1。

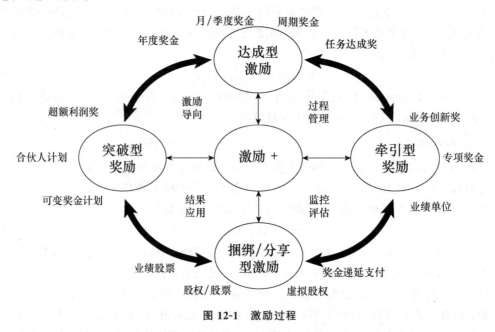

图 12-1　激励过程

（二）激励的一般形式

长期以来，心理学家和管理学家从不同的角度提出各种各样的理论来解释人的激励问题，为管理在工作中采取激励措施提供了方法和思路。根据激励模式的不同，可把激励分为三种形式。

1. 需要型激励

需要型激励即从激励内容——人的需要出发，试图解释是什么因素引起、维持并且指引某种行为去实现目标这类问题。需要型激励理论基本上都认为人的行为动机是由需要引起的，了解人的需要尤其是优势需要是激励的出发点。因此，这一类理论的中心任务就是了解员工的各种需要，确定这些需要的主次顺序或结构，以及满足何种需要将导致最大化激励等。相对而言，这是从静态的角度探讨激励问题的一类理论。属于需要型激励理论的主要有马斯洛的需要层次理论、奥尔德弗的 ERG 理论、赫茨伯格的双因素理论和麦克利兰的成就需要理论。

2. 过程型激励

过程型激励理论是在需要型激励理论的基础上发展起来的。它从激励的起点——未满足的需要到需要的满足这样的过程来探讨、分析人的行为是如何产生、导向一定目标和维持下去或最后终止等问题。与需要型激励理论不同,过程型激励理论基本上都采用动态的、系统的分析方法来研究激励问题。其主要任务在于找出对行为起决定作用的某些关键因素,弄清它们之间的相互关系,并在此基础上预测或控制人的行为。属于过程型激励理论的主要有弗鲁姆的期望理论、洛克的目标理论和斯金纳的强化理论。

3. 状态型激励

如果说需要型激励理论是从激励的起点、过程型激励理论从激励的中间过程来研究激励问题的话,那么状态型激励理论则是从激励的终点(相对而非绝对的)——需要的满足与否或状态来探讨激励问题的。需要的满足方式有公平和不公平之分,需要的不满足将给人带来挫折。不公平和挫折都会降低人的激励水平,因此状态型激励理论的研究重点就是弄清公平或不公平和挫折对人的行为的影响,目的是找到有效的手段或措施来消除不公平和挫折对人的行为的消极影响,最大限度地保证人的积极性得到充分的发挥。属于状态型激励理论的主要有亚当斯的公平理论和挫折理论。

(三) 物业服务企业员工的激励机制

物业服务企业需要通过激励功能的发挥,即研究如何根据人的行为规律激发员工的工作积极性来实现经营管理目标。

哈佛大学的一位教授在一次员工激励调查研究中发现,按时计酬的员工只要发挥 20%～30% 的能力即可保住饭碗,如给予充分的激励,员工的能力可发挥 80%～90%。显然,激励可以挖掘员工的内在潜力,从而显著地提高生产率。因此,对人力资源的开发与管理,除了发挥员工智力(技术、能力、专长)因素的作用外,更应注意员工的情绪,激发员工的工作动机。物业服务企业应建立以下几种激励机制。

1. 目标激励

员工从事任何一项工作都希望所在企业能有一个明确的工作目标,并引导他们围绕着这个目标去工作,最终实现这个目标。只有目标明确了,员工才能有奋斗方向和工作动力。

2. 精神激励

精神激励主要是通过先进的思想理念、公平的竞争机制、榜样示范作用和精神鼓励作用来激励员工,引导员工的态度与行为朝好的方向发展,领导在其中起主导作用。

3. 物质激励

调动员工的工作积极性,要充分体现多劳多得、不劳不得的公平分配原则,对工作表现突出、模范遵守企业管理规定、业主与物业使用人称赞满意的员工要给予一定的物质奖励;对工作不认真、不思进取、违反纪律、工作质量差等违背物业服务企业的经营管理目标和制度的员工要采取惩罚措施,以此来激发员工的工作主动性和创造性。

4. 福利激励

与员工签订劳动合同,并为员工购买养老保险。同时,根据企业的经营状况,实行年终双薪、带薪休假、安排旅游、生日贺金、伙食补助和集中免费洗衣等福利措施来保障员工的利益,为员工解除后顾之忧,使员工全身心地投入工作。

5. 荣誉激励

人的需要和追求是分层次的,当基本的工作需求和物质利益得到满足后,他们往往渴望得到各种荣誉。在此情况下,物业服务企业应尽量满足员工的这部分需求。如对工作成绩优异、素质高、业务能力强的员工,要尽快晋升到高一级的工作岗位,使工作岗位与他们的工作能力相一致;对工作突出、模范遵守企业管理规定、用户称赞的员工授予优秀服务标兵、先进个人等荣誉称号,并将其主要事迹在有关报刊和宣传栏中大力宣传;对素质高、品质好、有发展潜力的员工可派出考察学习和培训,提高他们的业务能力。

6. 参与激励

一个物业服务企业的发展与员工的切身利益息息相关。员工对企业的发展非常关心,如果能多听取员工对企业管理及发展方面的意见和建议,或经常性地开展合理化建议活动,组织员工参与企业的各项管理工作,员工就会以企业为家,以主人翁精神投入工作,焕发旺盛的工作热情。

7. 考核激励

影响员工工作积极性的一个重要因素是激励标准是否公平,因此,加强考核激励、完善考核制度是避免影响员工积极性发挥的重要措施。企业在实施过程中应做到以下几点:一是机会要均等,让所有的员工处于同一起跑线,具备同样的工作条件,使用同一考核标准;二是奖惩的程度要与员工的功过相一致;三是激励措施实施过程要公开。只有这样才能真正地调动起员工的工作积极性。

8. 竞争激励

制定客观、科学、合理的工作绩效评价标准,并严格按照标准控制整个管理活动的全过程,使每个员工的工作成绩得到真实而客观的评价,从而在企业内部形成一个公平竞争的环境。竞争激励促使员工不断地改进工作,从自身找差距,展现自我价值,关心集体等。

七、奖励与惩罚

奖励和惩罚是对员工进行激励的两种最基本的方式。

(一)员工奖励

1. 奖励的含义及种类

奖励是对人的某种行为给予肯定或表扬,以使人保持这种行为。物业服务企业的员工奖励是企业根据员工管理制度,对在工作中表现突出,有显著成绩和贡献的,或者其他突出事迹的员工所给予的一定荣誉或物质利益以示鼓励。

物业服务企业常用的奖励方法主要有以下三种:① 物质奖励,如发放奖金、奖品、晋级、奖励旅游、培训、出国考察;② 精神奖励,如颁发奖状、获奖证书、奖杯、奖章、锦旗、通报表扬,给予荣誉称号,将照片挂入光荣榜等;③ 晋升奖励,如提升工资级别、晋升职务、调整职务(虚职转实职、次要岗位调到重要岗位等)、授予顾问职务或技术职称等。

2. 奖励的艺术

(1) 对不同的员工采用不同的奖励方法。

对于收入低的一般服务人员,主要用物质奖励;对收入高的管理人员,则主要用晋升奖励,如通过晋升职务、授予职称来鼓励他们创新等,这样会收到更好的效果。

(2) 注意物质奖励与精神奖励的综合运用。

进行物质奖励(或发放奖金)时,应尽量增加精神奖励成分,如通过举行隆重的颁奖仪式、发光荣榜、发荣誉证等使获奖人在物质上获得实惠的同时,在精神上也受到鼓励,激起员工的荣誉感、成就感和自豪感,从而产生更好的激励效果。

(3) 适当拉开物质奖励的档次。

奖励档次太少或不同奖励的奖金差额太小,如果形式变成"平均主义"会失去激励的作用;若奖金差额太大,超过了员工贡献的差距,大多数未获奖的员工则会感到不公平。因此,应尽量使奖金额度的差别与员工的实际贡献相匹配,体现公平、公正的奖励原则,才会充分地调动员工工作的积极性。

(4) 适当地树立奖励目标。

在树立奖励目标时,要坚持用"跳起来摘果子"这种可望又可即的标准。奖励目标定得太高,员工会失去信心,奖励难以兑现;目标定得太低,则失去奖励的意义。

(5) 注意掌握奖励时机和奖励频率。

奖励时机直接影响激励效果,奖励时机和奖励频率的选择要从物业服务企业的实际出发,实事求是地确定。对物业服务企业来说,对员工例行奖励可结合员工考核,每半年或每年进行一次;对拾金不昧、服务工作得到用户表扬,或对提出有效合理化建议的员工及时给予奖励。

(二) 员工惩罚

1. 惩罚的含义及种类

惩罚是对人的某种行为予以否定或批评,使人改变这种行为,是一种负激励。物业服务企业员工的惩罚是对员工违背企业规章制度和经营管理目的的非企业期望行为进行处罚,以使这种行为不再发生。犯错误的员工会因惩罚改正自己的错误之处,并向企业期望的目标转移。

关于员工惩罚,物业服务企业可以根据自身制定的具体惩罚标准对员工做出口头警告、书面警告、降级、扣发工资奖金、罚款、辞退和除名等不同种类的惩罚。

2. 惩罚的艺术

(1) 让被惩罚者心服口服。

物业服务企业对员工进行的处罚必须建立在严密的管理制度、操作规程的基础上,并通过必要的培训学习使员工知晓,变成员工的自觉行动。在此前提下实施的对员工的惩罚才能使员工心服口服。

(2) 把握惩罚的尺度分寸,惩罚得当。

对违规员工的处罚要采取实事求是的态度和方式,不能在惩罚中掺杂个人恩怨和个人好恶,更不能打击迫害,报复受罚员工。同时还要尊重受罚员工的隐私权,不要使用侮辱性语言。应注意惩罚宣布或执行的方式,尽量使受罚员工的自尊心的受伤程度降到最低,打击面不宜过大。对员工的惩罚应有明确的处罚标准,不能由领导的主观意志决定,要树立有法可依、依法处罚的原则。

(3) 原则性与灵活性相结合。

惩罚只是人事管理的一个环节,而且带有一定的副作用。因此,在管理工作中应慎用惩罚,在不违背原则、不影响工作的某些特殊情况下采用特殊的方式进行处理,既解决问题,又不伤害员工的自尊心,且更能激发员工的积极性。

奖励和惩罚是规范员工行为的有效杠杆,是激励员工的基本手段,综合运用好奖励和惩罚是物业服务中人力资源管理的重要内容。因此,奖惩必须遵循公平合理、奖励得当、奖励与惩罚相结合、奖励及时和注重实效等原则。

思 考 题

1. 简述员工培训的意义。
2. 员工培训的内容有哪些?
3. 物业服务企业考核中的常见问题有哪些?
4. 物业服务企业应建立哪几种激励机制?
5. 简述奖励的艺术。

第十三章 物业档案管理

【教学目的与重点难点】

通过本章的学习,学生可掌握有关物业档案的概念,熟悉相关的物业档案的分类,熟悉物业档案工作管理流程,并学会进行物业档案的收集、整理、保管和检索利用等工作。

物业档案管理在物业管理中有着极其重要的作用,无论是维修、养护物业设施,还是了解业主及物业使用人的情况、收取物业服务费用、开发经营活动等都要用到物业档案管理。

第一节　物业档案的概念与分类

一、档案及物业档案的概念

"档案"一词在我国始见于明代。至今,全国档案界对"档案"一词的定义多有论及,提法各异。《中华人民共和国档案法》(以下简称《档案法》)第二条规定:"本法所称档案,是指过去和现在的机关、团体、企业事业单位和其他组织以及个人从事经济、政治、文化、社会、生态文明、军事、外事、科技等方面活动直接形成的对国家和社会具有保存价值的各种文字、图表、声像等不同形式的历史记录。"

物业档案的内容包括物业权属资料、技术资料和验收文件、业主(或物业使用人)的权属资料、个人资料,物业运行记录资料、物业维修记录、物业服务记录和物业服务企业行政管理以及物业管理相关合同资料等。

物业管理工作形成的档案文件主要有两大部分,即物业服务企业日常运作形成的普通管理文件,物业管理实际操作接收和形成的多种专业性文件。这些文件完成了现行功能之后就过渡为物业档案。物业服务企业日常运作形成的普通管理文件包括行政管理文件、人事管理文件和财务管理文件等。物业服务企业接收的专业性文件包括承接查验时接收房屋的建筑工程资料、设备和产权资料,形成的专业性文件包括业主入住后不断形成并补充的业主与物业使用人的资料,常规物业管理过程中形成的物业维修文件、物业租赁文件和管理服务文件,物业服务企业开办多种经营活动形成的经营管理文件等。

但是,物业管理工作中可能出现的文件并不都是物业档案,对照《档案法》对档案的规定,物业档案是直接记载物业及物业管理各个方面的历史记录。

与广义的档案一样,物业档案的定义也有四个构成要素。

1. 物业档案的形成者

物业档案的形成者即企业及业主。对于物业档案来说,其形成者主要是指物业服务企业、物业服务人员及物业的使用者。

2. 物业档案的内容

物业档案的内容是指物业管理各项工作中的管理信息,如物业租赁、小区规划、园林绿化、房屋维修、住户情况、资金使用和经营服务等信息。

3. 物业档案的形式

物业档案的形式指文种形式、载体形式、信息记录和表达形式。无论哪类档案,其文种形式都可以是公文、合同、证书和书稿等;其载体形式可以是纸张、光盘和U盘等;其信息记录形式可以是手写、印刷、摄影和录音等;其信息表达形式可以是文字、图形和声像等。

4. 物业档案的本质

物业档案的本质是指直接的、原始的历史记录。这是档案区别于其他的邻近事物,如文件、图书和情报资料的依据。物业档案同样如此。

二、物业档案的分类

随着物业管理的不断发展和完善,物业档案的种类也在不断增加,但总的来看,物业档案基本上可分为两大部分:一部分是物业服务企业日常运作形成的普通档案;另一部分是基层物业服务企业日常运作形成的物业管理专门档案。

(一)普通档案

普通档案包括以下几种类型。

1. 党群工作档案

党群工作档案是指物业服务企业开展党委、工会、团委工作时形成的各类文件材料。

2. 行政管理和经营管理档案

行政管理和经营管理档案是指物业服务企业在日常公务活动、内部管理工作以及开展经营活动中形成的档案。

3. 基建档案

基建档案主要是指在接管验收开发建设单位移交的新建物业或接管验收已经投入使用的原有物业时所收到的文件和图纸材料,以及在以后的物业管理活动中对物业进行较大规模的改建、扩建、维修、养护时所形成的文件、图纸材料。

4. 设备档案

设备档案是指作为物业服务企业固定资产的机器设备、仪器仪表等的档案,包括有关车辆、通信设备、复印机、计算机等的说明书、安装维修记录等的文件和图纸材料。

5. 会计档案

会计档案是指物业服务企业在经济管理和各项会计核算活动中直接形成的作为历史记录保存起来的文件材料,包括会计凭证、会计账簿和会计报表等。

6. 人员档案

人员档案是指物业服务企业在人事管理活动中形成的、记述和反映本公司员工各方面情况的档案。

7. 科教档案

科教档案主要是指物业服务企业对员工进行岗位培训等继续教育所形成的档案。

(二)物业管理专门档案

物业管理专门档案是指在开展具体的物业管理活动中形成的反映物业状况、业主与物业使用人变迁以及物业服务企业的管理、服务和经营活动情况,具有查考利用价值的各种形式的文件材料。

物业管理专门档案包括以下内容。

1. 物业清册

物业清册是指全面反映所有物业单元的自然状况及权属状况的文件材料。

2. 物业维修档案

物业维修档案是指物业中各单元在进行维修时所产生的一系列文件材料。对于整栋大楼或公共设施的维修养护所形成的文件材料属于基建档案。

3. 物业租赁档案

物业租赁档案是指物业服务企业在开展租赁业务时所形成的原始的文件材料。

4. 业主及物业使用人档案

业主及物业使用人档案是指反映物业中各单元的业主与物业使用人的具体情况的文件材料。

5. 物业管理服务档案

物业管理服务档案是指物业服务企业在开展绿化、环卫、秩序维护、车辆管理等管理工作及为业主和物业使用人提供委托服务、开展经营活动时所产生的文件材料。

第二节　物业档案的收集和整理

一、物业档案的收集

物业档案的收集是指按照物业管理的有关规定，依据物业档案归档范围，通过一定的方法将物业服务企业各部门和工作人员手中有保存价值的档案（包括文字、图表和录音等）集中到档案管理部门的过程。物业档案的收集是实现物业档案集中管理的重要内容和基本措施。

档案收集工作的方法分为接收和征集两种。对于物业服务企业档案管理部门来说，接收是指收集本企业文书处理部门和业务部门按规定应当归档的档案，它是物业服务企业最基本的收集方法。征集是档案部门按照国家规定征收散存在社会上的档案和有关文献的活动，物业服务企业的档案收集一般不存在征集这一方式。

（一）物业管理文件材料的积累

1. 物业管理文件材料积累的方法

物业管理文件材料的积累工作一般由物业服务企业的档案管理人员自行完成，并进行登记。物业管理文件材料积累的方法包括：① 落实责任；② 收集齐全，分类存放；③ 简要登记。

2. 物业管理文件材料积累的要求

物业管理文件材料在积累时应注意以下几点：① 物业管理文件材料的积累范围要符合物业档案的归档范围；② 在积累过程中，尽可能保留文件材料正文和原件，在无法保存原件的情况下应注明复印件出处；③ 积累的物业管理文件材料一定要进行登记，有关人员使用时要有借用手续,并严格执行有关规章制度。

(二)物业管理文件材料的归档

1. 归档的含义

物业管理文件材料的归档是指物业服务企业在物业管理过程中形成、积累的有保存价值的文件材料,由业务部门整理立卷,定期交本单位档案室或档案机构集中管理的过程。狭义的物业档案收集工作指的就是物业档案的归档工作。

2. 归档范围

确定归档范围的标准要以文件材料是否具有保存价值为依据。凡是物业服务企业在物业管理各项工作中形成的具有查考利用价值的文件材料都应划入归档范围。正在办理或暂不办理的案卷和项目未完成的文件材料不属于归档范围。

(1)应归档的物业管理文件材料。

应归档的物业管理文件材料包括:党群工作、行政管理和经营管理类档案,基建档案,设备档案,会计档案,人员档案,科教档案,物业管理专门档案、声像档案和荣誉档案。

(2)不应归档的物业管理文件材料。

不应归档的物业管理文件材料包括:重份文件,没有查考价值的信封和通知卡,与物业管理各项业务无关的群众来信,无保存价值的介绍信、便条、光盘等。

3. 归档要求

(1)收集齐全,经过分类、立卷,并正确划分保管期限。案卷质量符合规范要求,卷内文件材料线条、字迹清楚,纸质优良。档案部门在归档时应严格把握部门立卷原则,对案卷质量进行检查,不合格的退回档案形成部门重新整理。

(2)经过必要的技术加工,正确拟制案卷标题,填写或用计算机打印案卷封面、卷内文件目录和备考表。

(3)编制案卷目录或移交清单一式数份,以供归档时双方核准后签名使用。案卷目录最少应包括案卷号和案卷标题。

(三)物业档案的更改

物业档案的更改是指按照一定的原则、制度与要求,用特定的方法改变物业档案某些内容的一项工作。为了维护物业档案的准确性,保证物业档案同它所反映的物业管理活动的现实情况相一致,必须根据现实情况的变化及时地对有关的物业档案进行相应的修改和补充。物业档案的更改是一项严肃的工作,必须严格遵守更改制度的有关规定,严格按照更改程序和更改方法进行。

物业档案的更改方法包括:(1)划改,即对要更改的内容用45°的斜线轻轻一划,然后在旁边写上正确内容;(2)刮改,即将要更改的内容用刀片轻轻刮掉,然后填上正确内容;(3)更换,即用正确的文件替换有错误的文件,这种情况要在卷内备考表上说明。

更改之后,要盖上业务校对章,由更改人签名,注明更改日期。

二、物业档案的整理

物业档案的整理是指将处于零乱状态和需要进一步条理化的档案进行基本的分类、组合、排列和编目,使之系统化。

(一)物业档案的分类

物业档案的分类是指按照物业档案的来源、时间、内容和形式的异同,把物业服务企业的全部档案分成若干类别,并组成体系,以利于整理、保管和利用的过程。分类是档案系统化的关键性环节,是档案工作标准化、规范化的一项重要内容。

一般档案的分类方法包括:年度分类法、组织结构分类法和问题分类法。在多数情况下,将其中的两种分类方法结合运用,如年度-问题分类法等。选择何种分类方法应根据具体情况而定。

(二)各类物业档案的立卷方法

物业档案的立卷是指把具有查考保存价值的文件材料按照其形成过程中的联系和一定的规律组成案卷。

1. 物业管理立卷类别

(1)物业管理专门档案。

① 租赁档案。

租赁档案采用按房屋租赁单元立卷的方法,即以一份租赁合约及其相关文件材料为一个立卷单位。租赁档案案卷内文件材料的排列按结论性材料在前、依据性材料在后,中文译文在前、原文附后,文字材料在前、图样在后的原则进行。

② 住户(租户)档案。

住户(租户)档案以房屋单元为立卷单位,即在一段时期内一个房屋单元的住户资料,包括有关入住手续、家庭概况等文件材料组成一个案卷。住户(租户)档案卷内文件材料按时间顺序排列,即形成早的材料在前、形成晚的材料在后。

③ 修缮档案。

修缮档案以房屋单元为立卷单位,即在一段时期内同一单元的修缮材料组成一卷;如属公共设施或重大项目维修产生的档案归入基建档案类。修缮档案案卷内文件材料的排列同样按结论性材料在前、依据性材料在后,中文译文在前、原文附后,文字材料在前、图样在后的原则进行。

④ 物业房产档案。

物业房产档案以"小区或物业服务企业"为立卷单位。

(2)设备、仪器档案。

设备、仪器档案以"一种或一套设备、仪器"为立卷单位。设备、仪器档案按依据性材料—设备、仪器开箱验收—设备、仪器安装调试—设备、仪器运行维修—随机图样排列。随机图样也可单独立卷。

(3)基建档案。

基建档案以"一个项目或一项工程"为立卷单位。基建档案按依据性材料—基础性材料—工程设计(含初步设计、技术设计和施工设计)—工程施工—工程竣工验收排列。

(4)科研档案。

科研档案以科研课题为立卷单位。科研档案按课题立项阶段—准备阶段—研究实验阶段—总结鉴定阶段—成果申报奖励阶段—推广应用阶段排列。

(5) 行政管理档案。

行政管理档案按年度—问题—保管期限进行立卷，即将同一年度形成的同一问题且同一保管期限的文件材料组成一卷。卷内文件材料按问题、时间或重要程度排列。

(6) 经营管理档案、党群工作档案同行政管理档案。

(7) 声像档案。

声像档案包括照片、光盘和U盘等特殊载体档案。对这部分档案立卷时应先将不同载体形式的档案分开，同一载体形式的档案根据实际情况按专题(问题)进行分类后再立卷，各案卷的排列按时间先后进行。

(8) 人员档案。

人员档案以"个人"为立卷单位。卷内文件材料的排列先按文件材料类别，再按形成时间先后进行。

(9) 会计档案。

会计档案按形式—年度—保管期限进行立卷，即将物业服务企业形成的会计档案，先按财务报告类、会计账簿类、会计凭证类、工资单(或其他)四种形式分开，再按会计年度分开，最后按永久、定期等不同保管期限分别立卷。案卷顺序号按属类内年度流水编号。卷内文件材料按时间顺序排列。

(10) 荣誉档案。

荣誉档案先按荣誉档案的形式进行分类，以"件"为立卷单位。

2. 案卷内文件编码

案卷内文件材料均以有书写内容的页面编写页号。页号编写位置为：单面书写的文件材料在右下角编写页号；双面书写的文件材料，正面在右下角编写页号，背面在左下角编写页号。页号一律使用阿拉伯数字，字体要端正、清楚。案卷封面、封底、目录(原有图样目录除外)、卷内备考表不编写页号。装订形式的案卷采用大流水方式编写案卷页号；不装订形式的案卷，两页以上的单份文件应单独装订和单独编写页号。不在案卷内装订的文件材料应逐件加盖档案号章。

档案号是存取档案的标记，并具有统计监督作用。物业档案通常采用"全宗号—类别(分类)号—项目号—案卷号—件、页(张)号"结构，一案一号，全宗内不允许有相同的档案号。档案号章位置在每件文件首页的右下角，其内容、格式、尺寸及填写规范如下。

(1) 全宗号，即档案馆给定立档单位(物业服务企业)的编号。

(2) 类别号，即类目号、分类号、标注各级类目的符号。

(3) 项目号，即租赁、修缮、住户、房产、工程、课题和设备等档案的代字或代号，具体可引用有关管理部门编制的项目代号。如一个物业服务企业可用该企业所管辖的各小区的代号作为租赁档案或修缮档案的项目号。

(4) 案卷号，即案卷排列的顺序号。

(5) 件号，即案卷内文件的顺序号。

3. 填写案卷封面

案卷封面可采用案卷外封面和案卷内封面两种形式。外封面印制在卷皮的正表面，内封面排在卷内目录之前。

4. 填写备考表

卷内备考表要标明案卷内文件材料的件数、页数以及在组卷和案卷使用过程中需要说明的问题,如更改档案或补充档案材料都可在此反映。

5. 编制案卷脊背

会计档案的案卷脊背内容包括全宗号、目录号、案卷号、类别、期限和册号等。其他类别的档案案卷背脊可编也可不编,其内容包括案卷题名和档案号。

6. 文字材料型、图纸材料型和图文混合型案卷的装订

案卷可采用装订和不装订两种形式,案卷内不同尺寸的文件材料要折叠为同一尺寸幅面,案卷装订时必须去掉金属物。

(1) 案卷装订时,装订方式为:对齐左下角,采用三孔一线的方法把案卷封面、封底、文件材料、卷内目录和卷内备考表装订牢固,并在封底绳结处粘上封纸,盖上骑缝章。行政管理、经营管理、党群工作档案和会计档案一般不用补充文件材料,可采用装订形式进行管理。

(2) 案卷不装订时,其卷内文件材料要按卷内目录的编排次序排列有序,并装入档案袋或卷夹内。房产物业档案和基建档案等可采用不装订形式进行管理。

7. 案卷的入盒

案卷装订或装袋后,必须装入卷盒内保存。

(1) 物业管理专门档案,党群工作档案、行政管理档案、经营管理档案、基建档案、设备档案、人员档案和科教档案的档案卷盒尺寸采用 310 mm×220 mm,其厚度可根据需要分别设置 30 mm、40 mm、50 mm 和 60 mm 的规格,在盒盖翻口处中部应设置绳带,使盒盖能紧扣住卷盒。卷盒封面项目包括全宗名称、类目名称、年度、卷数和保管期限。卷盒封面的填写规范与案卷封面相同。卷脊项目包括年度、类别号、项目号和案卷起止号。卷脊项目的填写规范如下:①年度,填写盒内文件材料的起止年份;②卷数,填写盒内所装案卷的数量;③起止卷号,填写盒内案卷的案卷起止号;④其余项目的填写方法同软卷皮格式。

(2) 会计卷盒封面和脊背内容格式可参照以上案卷封面和脊背格式,并将项目号改为目录号。

(3) 照片、录音、光盘和计算机磁盘卷盒封面的内容同其案卷封面的内容。

8. 编目移交

文件材料组卷后要按照档案号顺序编制案卷目录。案卷目录随档案一并移交。

(三) 物业档案案卷目录的编制

物业档案案卷目录是指能够反映著录全宗内所有案卷的内容与成分等情况,并装订成册的一种检索工具。它是按照一定的规则编排而成的档案条目组合,是档案管理、检索、报道的工具。物业档案全宗内案卷目录一般有案卷总目录、案卷分类目录和案卷专题目录三种类型。

1. 物业档案案卷总目录的编制

物业档案案卷总目录是物业档案案卷的总登记账,其目的主要是掌握物业档案数量与

物业档案基本内容,便于统计管理。案卷总目录包括以下项目。

(1)总登记号:物业服务企业档案管理部门对接收的档案,按照归档时间顺序,以案卷为单位登记的流水编号。

(2)归档时间:案卷归档的实际时间,按年、月、日填写。

(3)案卷题名、档案号、编制单位、编制日期:按照案卷封面上已填写的内容填写。

(4)份数、张数:按照案卷备考表内注明的文件份数、文件总页数填写。

(5)变更情况:填写案卷管理过程中各种变更情况。

(6)备注:填写针对本案卷需要说明的事项。

2. 物业档案分类目录的编制

物业档案分类目录是以全宗内一级类目或二级类目、三级类目为基本单元,以该类目的案卷为登记单位,依照案卷已整理排列顺序进行流水登记的档案目录。

物业档案分类目录的项目与案卷总目录项目基本相同,主要有分类顺序号、归档时间、案卷题名、档案号、份数、张数、编制单位、编制日期、密级、保管期限、变更情况和备注。分类顺序号填写该分类内的案卷排列顺序号,其他项目与总目录填法一致。具体到不同类目,其分类目录的编制各不相同。

(1)行政管理档案、党群档案、经营管理档案、基建档案、科研档案、设备档案和声像档案可各自编制案卷分类目录。

(2)房产物业档案可按照二级类目或三级类目编制若干本案卷分类目录,如物业房产档案目录、物业服务企业租赁档案目录(物业服务企业商业租赁档案目录、物业服务企业住宅租赁档案目录)、物业服务企业修缮档案目录和物业服务企业业主档案目录。

(3)会计档案按报表、账簿、凭证和工资单各自编案卷目录。

(4)已故人员档案独立编制分类目录。

3. 物业档案专题目录的编制

物业档案专题目录是揭示物业管理全宗内有关某一专题的档案内容和成分的检索工具,属检索型目录之一。它的特点是选题灵活,集中了有关某一专题的全部档案,不受案卷顺序号的限制,目的是通过该专题的关键词来检索档案案卷号及其他的相关内容。

物业档案专题目录的项目与分类目录基本相同,不同的是专题目录将该专题的关键词排在表格的最前面,并将案卷号等其他项目排在后面。如物业服务企业租赁档案分类目录,其表格内各项目是按案卷号、地址、出租人(业权人)、承租人、租赁时间、备注等顺序排列的;而物业服务企业租赁档案业权人专题目录,其表格内各项目是按出租人(业权人)、案卷号、地址、承租人、租赁时间、备注等顺序排列的,即将出租人栏目排在其他各项的前面。

第三节 物业档案的保管与检索利用

一、物业档案的保管

物业档案的保管是指采用一定的技术设备、措施和方法,对物业档案实行科学保管和保护,防止和减少物业档案的自然损毁或人为损毁的工作。

(一)物业档案保管工作的物质条件

做好物业档案保管工作,除要求企业配备具有一定的专业知识、熟悉档案自然损毁规律的专职管理人员外,还必须有一定的物质条件。

(1)具备相当容量和适宜条件的档案库房是物业档案保管的首要物质条件。根据保管档案的特点和档案库房的合理要求,选择档案库房要注意坚固耐用、经济美观,能够抗震、保温、隔热、防潮、防虫、防霉、防尘、防光、防火、防盗和防鼠。库房窗户宜小不宜大,宜少不宜多。每开间的窗户面积与外墙面积之比不应大于1:10,有条件采取全部空调的档案部门,库房可不设窗户;库房的开间大小、层高、门窗的结构和形式都应不同于其他的用房,以利于柜架排放、管理及安全;库房开间面积应根据存储档案的类别、数量等情况的不同而有所不同,一般小库为60~100 m,中库为100~200 m,大库为200~300 m;库房层高一般以2.5~2.8 m为宜。库房地面单位面积的承重应大于其他的用房。库房排放一般的木质、金属柜架,每平方米荷载不应小于500 kg;采用密集架,每平方米荷载不应小于1 200 kg。

(2)档案装具是保管档案必需的基本设备。档案装具主要有档案柜、档案箱和档案架等,一般有铁制和木制两种。铁制的防火、耐久,便于机械加工,做成组合构件有可调节性和机动性,便于运输、组装和使用,但造价较高。档案装具的种类很多,各有所长,应按库房特点、档案价值以及规格的不同合理使用、灵活配置。物业服务企业档案室在库房面积不是很宽敞的条件下可选用新型的档案密集架,既节省空间又美观方便。对于图纸档案多的单位,为了避免纸张的折叠影响物业档案的利用及其寿命,最好选购专门的图纸柜。

(3)包装材料档案要求既能防止光线、灰尘和有害气体对档案的直接损害,又能减少机械磨损,对档案有保护作用。目前,我国档案包装材料一般有卷皮、卷盒和包装纸。声像档案则有相册等保护。

(二)物业档案库房的管理

1. 档案装具的排放要求

档案装具在库内排放,应本着便于档案的提调、运送、采光、空气流动和整齐美观的要求。库房门应对着库内的主通道,主通道的净宽不少于1.5 m。固定式的档案装具,相邻两排之间的净宽应不少于0.8 m。为便于通风和防潮,档案装具不能紧贴墙壁,与墙壁的距离应不少于0.08 m,档案装具与墙壁之间的通道不少于0.6 m。有窗户的库房,档案装具的行排应与窗户垂直,利于通风和避免室外光线直射档案。各排装具靠近主通道的一端,应有整齐统一的侧板,以便于贴插标签。

2. 档案的排列次序和方法

无论是固定式柜架还是活动式柜架,其编排次序一般是:人站在库内主通道上,面对各排行柜架,左起第一排为首排,右起第一排为末排。全宗内档案的排放要保持相互之间的联系,按照分类方案逐类排列。每类档案排完后预留一定的空间。档案在柜架内的排放次序应先左后右、先上后下。对于一个档架来说,起始卷号在架的左上角,终止卷号在架的右下角。一个排面的档案排放满后,转到背面的柜架,仍是按前一排面的方式次序排列。档案在装具内不应放得过紧过挤,以免给提取和存放带来困难,并因此造成卷皮和卷盒的损伤。此外,每一类项的排尾要空留一定数量的装具空间,以备以后档案增补、修复或改装卷盒、卷皮时体积增大。

3. 档案柜架贴插标签

档案柜架贴插标签的具体做法是在每一排柜架靠近主通道的一端,在适当高度位置统一贴插字体工整醒目的标签,每一柜架内的各个隔层也要标明档案类项名称和案卷起止号,以便查找和提还案卷。档案装具标签内容包括全宗名称、全宗号、分类号、项目号、案卷起止号、年度、保管期限和箱柜号。

4. 档案存放位置索引

为了便于工作人员全面掌握档案存放情况,并且方便使用,迅速地提取、归还档案,物业档案分库分类排好之后,应该编制《档案存放位置索引》(或称《档案存放地点索引》)。其作用分为两种:第一是指明档案存放位置的,以档案类项为单位,标明存放处所;第二是指明各档案库房保存档案情况的,以档案库房和档案架(柜)为单位,标明所存放的是何种档案。上述两种索引,按形式又可分为书本式和卡片式两种。卡片式可采取图表形式,把每个库房(楼、层、房间)内档案的存放情况绘成示意图,悬挂在醒目的地方,以便随时查看。

5. 档案安全检查

档案安全检查主要从三个方面进行。一是检查档案有无被盗、被损和泄密等情况,及时发现不安全的因素,以便采取有效措施,确保档案的安全。二是检查档案有无发黄变脆、字迹褪色、虫霉感染、潮湿粘连等自然损毁现象,以便采取相应的措施积极防治。三是检查档案是否缺少、案卷有否错位,并应检查库房是否进水、门窗是否牢固、消防设备是否齐全、有无异常变化等情况,以便分析原因,改进工作,加强管理,防止意外事故的发生。

档案安全检查分为定期检查和不定期检查两种。定期检查一般为一年一次或两年一次,按档案目录逐卷检查。不定期检查一般是在库房发生水火灾害、档案被盗或怀疑被盗、发现虫蛀、鼠咬和霉烂等现象以及档案保管人员调换工作等情况时进行。可先进行局部检查,发现问题再进行全面检查。检查时必须做检查记录,以一级类目为单位进行。检查后应写出检查报告,内容包括检查工作的组织、人员、检查时间、进行情况和发现的问题,以及妥善处理发现的问题和改进工作的意见等。

二、物业档案的检索利用

建立物业档案的目的就是要使档案更好地发挥作用,满足查询者的需要。为充分利用物业档案,应做好以下工作。

1. 建立完善的检索体系

物业档案管理部门应重视编制物业档案案卷目录、分类目录、专题目录、底图目录、人名索引、文号索引和物业卡片等各类索引,使档案查找更加迅速、准确。检索工作的编制要与物业管理工作保持一致。

2. 熟悉所藏档案的情况

物业档案管理人员应精通档案业务,熟悉各类档案的存放情况,以提高档案查准率和查全率,更好地为借阅者服务,满足物业管理服务的需要。

3. 利用形式多样化

利用各种方式提供全方位的服务,提高借阅率。

(1) 阅览服务。

建立档案阅览室,为物业服务企业内部工作人员、业主与物业使用人查阅有关的档案原件、获取需要的信息提供服务。

(2) 外借服务。

一般情况下档案不准外借,但遇到特殊需要,如制订大型的修缮计划需要用到房产资料的图样,在阅览室中翻阅会不方便,应允许外借。但需办理外借手续,确定借用的时间,用后即还。

(3) 复制服务。

档案复制服务是指对档案原件的各种复制版本进行利用。根据利用档案的不同用途和范围,可分为原件副本和摘录副本两种。

(4) 咨询服务。

咨询服务是指档案管理工作人员,通过口头(或电话)的形式,向利用者提供档案信息,解答利用者各方面的问题。

(5) 档案证明。

制发档案证明是指根据使用者的询问和要求,为证实某种事实,根据档案记载摘抄并出具书面证明材料。

(6) 档案编辑。

物业档案管理部门应积极开发物业档案信息资源,做好物业档案资料汇编、专题研究等工作,以便管理业务人员能更好地利用档案资源。

4. 做好利用效果记录工作

物业档案利用效果要填写翔实、准确、及时。每年都要编写档案利用年度分析报告,主要内容包括分析、总结本年度档案利用的人次、卷次、内容、利用方式方法和效果,以及存在的问题和拟采取的改进措施等,以充分发挥物业档案的作用。

第四节　物业服务企业信用档案

一、物业服务企业信用档案的作用及范围

为规范物业管理市场行为,维护消费者的合法权益,物业服务企业需将信息内容在物业管理网站上公示,以方便公众查询了解,接受社会监督,规范物业服务企业的执业行为,不断提高行业诚信度和服务水平,使开发建设单位和广大业主在选聘物业服务企业进行服务时能够选择到信誉好、素质高、实力强的物业服务企业,从而促进物业管理市场沿着诚信、规范和健康的轨道发展。

物业服务企业信用档案的启用主要可以起到四个方面的作用:一是方便查询;二是可

以让社会对物业服务企业的信用进行判断、评价；三是用于监督，既可以监督物业服务企业是否合格，又可以监督政府部门是否公开办公；四是方便群众投诉。

物业服务企业信用档案建立的范围是物业服务企业和物业服务企业从业人员。

二、建立物业服务企业信用档案的目标

物业服务企业信用档案工作的目标是：以物业管理电子政务系统、物业管理行业协会自律管理系统和企业经营管理系统为基础，形成覆盖物业管理行业所有企业及执（从）业人员的信用档案系统，实现各级物业管理行政主管部门、行业协会网站的互联互通。

住房和城乡建设部对物业服务企业信用档案系统建设的要求是：① 各级物业管理主管部门要提高认识，加强领导，积极组织、指导和推动物业服务企业信用档案系统的建设工作；② 扩大物业服务企业信用档案的覆盖面；③ 保证物业服务企业信用档案系统信息的全面、准确；④ 及时做好信用档案记录信息的更新工作；⑤ 统一系统数据平台，保证信息传递畅通、资源共享；⑥ 物业服务企业信用档案记录信息的报送、传递及有关事宜的联系，主要采用电子邮件方式。

三、物业服务企业信用档案记录内容的采集

物业服务企业信用档案记录内容主要包括企业和从业人员的基本情况、主要业绩及良好行为记录、违法违规行为、服务质量问题及其他不良行为记录和公众投诉及处理情况等。

物业服务企业及从业人员基本情况和业绩由物业服务企业及从业人员按相关信用档案记录内容的要求填写，经协会核实后提供给物业管理主管部门。

物业服务企业或从业人员获市级以上表彰或荣誉称号的，经核实后即可作为良好行为记录载入该企业或执业人员的信用档案。良好行为记录由物业管理行业协会采集并核实后提交物业管理主管部门。

物业服务企业或从业人员出现违反物业管理法律法规及相关法律法规、标准规范的行为，经核实并受到行政处罚的，即可作为不良行为载入该企业或从业人员的信用档案。不良行为记录以企业自报为主，企业应在受到行政处罚后10日内将有关信息直接报送物业管理主管部门；也可通过物业管理行业协会将行政处罚意见和其他不良行为记录提交物业管理主管部门。

房地产企业及其执（从）业人员基本情况、业绩由房地产企业按信用档案记录内容的要求提供，经房地产行政管理部门审核后，由系统管理机构录入系统。

四、物业服务企业信用档案的投诉处理

物业服务企业信用档案系统接受社会公众按照统一格式提交的有关物业管理方面的网上投诉。

系统管理机构对收到的投诉信息进行登记、整理、分类，并根据被投诉对象和投诉内容分别提交相关业务处室、单位进行核查，或转给被投诉企业处理。系统管理机构根据核查结果和房地产企业反馈情况提出该投诉及其处理结果是否公示和计入该房地产企业信用档案的意见，交房地产行政管理部门审核确定。投诉信息通过电子邮件转给被投诉企业后，被投诉企业应在15日内将处理意见反馈给物业管理主管部门。无正当理由不按期反馈的，可作

为不良行为记录载入企业或从业人员信用档案,在网页设置的"曝光台"上进行公示。必要时,房地产行政主管部门、系统管理机构可派人直接调查。企业及从业人员不良行为记录上网公示前,提前10日告知被公示单位。企业对已公示的违法违规行为进行整改后,可提请物业管理主管部门组织验收,并在网上公布整改结果。如要撤销公示,须由被公示单位提出申请,经物业管理主管部门同意,方可从网上撤销;不良行为记录在信用档案中保留一定期限(3个月)。

五、信用档案激励惩戒办法

建立诚信单位评比制度,根据信用档案记录,定期组织诚信档案评比活动,将评比结果向社会公布。在房地产企业定期检查中,对被评为诚信单位的可以免检,在资质升级等方面给予优先升级,企业参加招投标优先通过资格预审等工作程序,实施简化监督和较低频次的日常检查。对被评为不诚信的房地产企业实施高频次的日常检查,列为日常管理工作的"重点监管对象",在其办理相关手续时从严审查,取消其参加评优和表彰的资格,有资质升级申请的推迟申报审核。

思 考 题

1. 什么是物业档案?物业档案的四要素有哪些?
2. 物业档案如何分类?
3. 简述物业档案的收集及方法。
4. 简述物业管理文件材料归档的定义及范围。
5. 简述物业服务企业信用档案的作用及范围。

第十四章
物业保险管理

【教学目的与重点难点】

通过本章的学习,学生可掌握物业保险的定义与原则,物业保险合同的概念与对象;熟悉物业管理涉及的险种;掌握物业保险管理的内涵;理解物业保险的特征与适用范围。本章的学习要点是保险合同与物业管理涉及的险种。

案例导入

【案例14-1】沈阳推"物业险"在小区受伤可获百万赔偿

沈阳某小区除冰不利,业主走在园区内滑倒导致骨折,住院治疗费用共计1万余元。业主去找物业赔偿损失,物业推诿说是"意外"导致的,所以物业概不负责……因为缺少第三方赔付机构,物业的责任赔偿问题成为难点问题。

2013年7月5日,沈阳召开物业管理责任险统保项目工作会议,根据《沈阳市物业管理条例》等规定,要求物业公司购买物业管理责任险。今后,居民发生人身或财产意外可以由保险公司理赔,大的意外可获赔100余万。

"物业责任险"允许存在管理上的"疏忽或过失"。

据保险公司总经理贾某介绍,目前物业企业和保险公司往往错误使用最基本的公众责任保险条款替代专业物业管理责任保险。公众责任险不允许被保险人存在管理上的"疏忽或过失","物业管理责任险"允许被保险人存在管理上的"疏忽或过失"。很显然,允许与不允许是有天壤之别的,物业管理责任险的赔偿范围远大于公众责任险的赔偿范围。

贾某举例说,某物业服务企业所管辖的中高档住宅公寓,一天一栋居民楼垂直上水管的一个堵头被水冲出来,水直接漫到该层业主家中,经抢修并清理,仍把业主家的实木地板浸坏了,造成损失近万元,业主要求物业服务企业赔偿。

事故发生后,物业服务企业向保险公司报案,经现场查勘后发现物业服务企业见到漏水后,并未及时处理,仅找个容器在下面接漏水,时间久了,漏水把堵头和管接头上螺纹全锈蚀了。

该物业服务企业此前投保了物业管理责任保险,依法得到了保险公司的赔偿。但如果该物业服务企业投保的是公众责任保险,发生上述意外事故是因为管理不善引起的"意外事故",就不属于基本的公众责任险条款的赔偿范畴,保险公司不予理赔,业主权益便难以获得保障。

第一节 保险基本知识

物业管理区域和物业服务过程中存在各种风险,涉及各类保险。掌握保险的基本知识,熟悉保险合同内容,学会合理投保转移风险,是管理者应当具备的专业素质。

一、保险的定义

根据《中华人民共和国保险法》(以下简称《保险法》)第二条规定,保险"是指投保人根据合同约定,向保险人支付保险费,保险人对于合同约定的可能发生的事故因其发生所造成的财产损失承担赔偿保险金责任,或者当被保险人死亡、伤残、疾病或者达到合同约定的年龄、期限等条件时承担给付保险金责任的商业保险行为"。

二、物业保险的定义

物业保险是指物业管理中有关的保险事务。物业管理中经常涉及的险种有：财产保险、公共场所责任保险和雇主责任保险等。

物业保险是一种合同行为，签订双方应承担一定的义务，并享有相应的权利。参与保险的双方，一方为保险人，另一方为投保人或被保险人。双方签订保险合同后，投保人按照合同规定，向保险人交付保险费。将来由保险人按合同规定的责任范围，对被保险人承担补偿或给付责任。

三、物业保险的原则

物业管理者与保险公司订立保险合同时，应遵循以下原则。

1．最大诚信原则

诚信原则要求合同双方，尤其是被保险人必须以最大的诚实、守信的态度对待双方。如透露一切重要事实、不能作虚伪陈述等。否则，不仅难以准确计算保险标的损失，而且保险人有权解除合同或不负赔偿责任。

2．可保权益原则

要求投保财产的被保险人，必须对所投保的标的拥有可保权益。即被保险人对该财产具有某种法律承认的权利或利益关系。

3．赔偿原则

物业保险合同属于赔偿性质的合同，当被保险人的物业遭受保险责任范围内的灾害事故而受损时，保险人应当按照合同的规定进行赔偿或给付。

4．公平互利原则

物业保险合同签订，且被保险人按照预定的保险费率支付保费之后，合同双方应当严格执行合同条款，处理遭损理赔事宜。其中，被保险人应合理索赔，保险人应合理偿付，以体现整个物业保险行为的公平互利。

5．近因原则

只有当保险标的遭受的损失属于物业保险责任范围内的真正的、根本的原因所造成时，保险人才能对其损失进行赔偿。如果是其他原因所造成的，保险人将不负赔偿责任。

6．重复保险分摊原则

重复保险分摊原则是指投保人对同一保险标的、同一可保利益、有重复的时期段，就相同责任险种分别与两个或两个以上保险人订立保险合同，在保险事故发生后，所获赔偿总额不超过实际损失，并由所有保险人之间按相应的责任比例分担的原则。该原则是为了避免额外利益的产生。重复保险分摊的方法通常有三种：比例分摊责任制，限额责任制，超额责任制。

四、物业保险的目的及作用

购买物业保险的目的包括分散意外损失和利于善后工作。物业保险通过对物业管理领域由于自然灾害和意外事故等造成的保险责任范围的损失提供经济补偿或资金付给,对推动物业管理起到了积极作用。物业保险的作用主要是:抵御意外不幸,增强投保人的信用程度,促进住房制度改革,提高投保人的信用程度。

五、物业管理者投保决策及保险公司的选择

(一)投保决策过程

1. 详细调查

物业管理者必须详细调查,了解在其管辖的范围内存在哪些风险因素。

2. 确定所需的保险

物业管理者只对不可以避免的、不可以忍受而保留的、不可以采取种种措施进行预防和抑制的,并且对潜在的损失将超出业主或物业管理者能够或愿意承担的风险才确定购买保险。

3. 保险费和保险金的确定

保险费和保险金的确定是根据风险带来的损失程度以及物业管理者或业主的财务预算状况来确定的。因此保险金过多或不足都会对投保人不利。在这方面要注意保险的几个特点:一是保险价值一般是以重建、重置成本计算,一般不考虑市场价值,因此在投保时应注意重建、重置价值,并且在续保时根据当时的重建重置成本进行调整;二是赔偿额一般是根据保险金的比例来赔偿的;三是多重保险不会得到多重赔偿,因为保险的原则是保障损失,而不是借意外事件来牟利。

4. 选择信用良好的保险公司

我国《保险法》等法律对于保险公司的注册都有严格的规定,因此保险公司的注册经营需要其具备非常多的条件,并且保险公司销售的险种也需要到中国银行保险监督管理委员会进行备案,所以正规的保险公司都具有一定的实力。购买保险最重要的是查看险种本身,选择适合的险种。购买保险也不要拘泥于一个保险公司,可以通过对多家保险公司的保险产品进行比较,选择性价比较高的产品,但最重要的条件是选择信用良好的保险公司。

5. 分析保险条款

保险合同的主要保险条款有:保险人名称和住所,投保人、被保险人名称和住所,人身保险的受益人的名称和住所;保险标的;保险责任和责任免除;保险期间和保险责任开始时间;保险价值;等等。

(二)保险公司的选择

1. 保险公司的实力

保险公司的实力是第一位要考虑的因素。

2. 工作效率与服务态度

工作效率与服务态度可以统称为服务质量,这是选择保险公司第二位要考虑的因素。对物业管理来说,保险公司的工作效率和态度,会直接影响到物业管理者的工作进度和

声誉。

3. 保险成本

保险成本一般是投保人支付的保险费。如果在前两个标准类似的情况下,则保险成本就成了选择保险公司的关键。保险费是越低越好。在计算比较保险成本时,由于保险合同的有效期限不同,因此必须考虑货币的时间价值因素。

六、物业保险后的注意点

要特别提请注意的是,物业管理者在购买保险后并不意味着可以高枕无忧、轻率从事。其理由有如下几点。

(1) 一旦发生保险事故,不仅会带来重大的经济损失,而且会给用户带来诸多不便,这会影响物业管理服务。

(2) 有些意外除了涉及经济责任以外,还会涉及法律责任,而在法律方面,保险公司就无能为力了。

(3) 如果保险公司察觉物业管理者处事轻率致使他们赔偿,则他们会将保费提高,增加了业主或物业管理者的负担。若投保人存在过错,保险公司有权拒绝理赔。

第二节　保险合同

一、保险合同的成立和生效

(一) 保险合同的成立

保险合同的成立需经过要约和承诺两个阶段。一般保险实务中,投保人填写投保单为要约,保险人经审查后同意承保为承诺。但有时,保险人在审查后增加新的条件,应视为一个新的要约,需要投保人的承诺,保险合同才成立。

(二) 物业合同的生效

保险合同成立后,如果合同中约定有生效时间的,按照约定时间,合同发生效力;如果合同没有约定,按照法律规定,自合同成立时生效。

(三) 保险合同的内容

保险合同应当包括下列事项:保险人名称和住所;投保人、被保险人名称和住所,以及人身保险的受益人的名称和住所;保险标的;保险责任和责任免除;保险期间和保险责任开始时间;保险价值;保险金额;保险费以及支付办法;保险金赔偿或者给付办法;违约责任和争议处理以及订立合同的确切日期。

(四) 保险利益

保险利益是指投保人或者被保险人对保险标的具有的法律上承认的利益。保险标的是指作为保险对象的财产及其有关利益或者人的寿命和身体。我国《保险法》规定,投保人对保险标的应当有保险利益,否则保险合同无效。

1. 保险利益的主体

《保险法》规定投保人必须有保险利益,但从保险的原理上说,要求保险利益的存在是为了防止赌博行为和道德风险的发生,即防止对保险标的毫无利益关系的人取得保险金。投保人负担支付保险费的义务,但在发生保险事故时被保险人或人身保险合同中的受益人有权请求支付保险金,因此真正应当对保险标的具有保险利益的人应是被保险人。

2. 财产保险中的保险利益

在财产保险中,保险利益主要包括以下几种:

(1) 财产上的现有利益,包括所有权、抵押权、留置权等产生的保险利益;

(2) 因现有利益而产生的预期利益,如工厂权利人对正常经营产生的利润享有的利益;

(3) 因债务不履行或者因侵权行为产生的责任的消极利益。

财产保险合同一般要求在保险事故发生时,被保险人必须有保险利益。否则,保险人可以拒绝赔偿;投保时并不要求一定存在保险利益,如海上货物运输保险中,投保人在订立保险合同时并不一定具有保险利益。

3. 人身保险中的保险利益

《保险法》规定,投保人对下列人员具有保险利益:(1) 本人;(2) 配偶、子女、父母;(3) 前项以外与投保人有抚养、赡养或者扶养关系的家庭其他成员、近亲属。此外,被保险人同意投保人为其订立合同的,视为投保人对被保险人具有保险利益。

人身保险中,要求在订立保险合同时投保人必须对被保险人有保险利益,否则保险合同无效;而保险事故发生时,并不要求保险利益仍然存在,因为人身保险金通常有储蓄的性质,前期缴纳的保险费要保障此后几年甚至几十年内发生的保险事故,如果因为其间投保人丧失保险利益,而剥夺了受益人的保险金请求权,对受益人不公平。

二、保险合同概述

(一) 保险合同的定义及法律特征

保险合同是经济合同的一种,是投保人与保险人之间关于承担风险的一种民事协议。按照保险合同,投保人向保险人交付合同商定的保险费,而保险人在双方约定的保险事件出现时,向投保人支付保险赔偿或保险金。保险合同除了一般经济合同所有的特征以外,还有其独特的法律特征,具体如下。

1. 保险合同是一种要式合同

要式合同是指需要履行特定的程序或采取特定的形式才能成立的合同。保险合同必须采取书面形式,否则将无效。

2. 保险合同是一种附合合同

附合合同是相对于商议合同而言的。商议合同是双方协商一致后达成的合同。而附合合同是由一方提出合同的主要内容,另一方只能作接收与否的决定。从这方面来说,保险合同实际上是保险人一方的文件。正因为如此,各国在司法实践中,当当事人双方对保险合同产生异议时,法院一般都倾向于作有利于投保人的解释,以维护投保人的利益。

3. 保险合同是双务有偿合同

双务有偿,就是合同双方互相承担对方的经济义务,是一种有经济代价的交换。当然这并不要求等价交换。

4. 保险合同是射幸合同

射幸合同是相对于交换合同而言的。交换合同假定双方交换的价值是相等的,它适用于民法中的等价交换原则。射幸合同,又称为侥幸合同,是指合同的一方支付的代价所得到的仅是一个机会,是一个或是"一本万利"或是"一无所获"的可能性。具体来说,在保险合同有效期间,一旦发生合同约定的保险事故,投保人就可以获得大大超过所支付的保险费的赔偿额;而如果在此期间无保险事故发生,则投保人将一无所获。

(二)保险合同的主体

保险合同的主体可分为当事人和关系人两大类。当事人是指与保险合同直接发生关系的人,包括保险人、投保人和被保险人。关系人是指与合同发生间接关系的人,如受益人、保险代理人、保险经纪人。

1. 保险合同的当事人

(1)保险人(保险公司):在保险合同成立时,有收取保险费的请求权利,在保险事故发生时,负有按合同规定补偿损失和给付保险金的义务。

(2)投保人:与保险人签订合同并负责交纳保险费的另一方当事人。投保人必须有行为能力和责任能力,保险合同才能生效。

(3)被保险人:受保险合同保障的人,享有赔偿请求权,有权按保险合同的规定向保险人取得赔款或给付的人。

2. 保险合同的关系人

(1)受益人:人身保险的被保险人死亡后有权领取保险金的人。

(2)保险代理人:为保险人招揽和代理保险业务而收取佣金的人。

(3)保险经纪人:被保险的代理人。保险经纪人的法律地位与保险代理人截然不同,保险经纪人只能在被保险人授权的范围内行使权利,保险经纪人的行为不能约束保险人,可以约束被保险人。因保险经纪人的疏忽或过失而使被保险人遭受损失,保险经纪人要负赔偿责任。

物业管理企业一般情况下是保险经纪人,受业主和用户的委托代理保险人办理保险业务。物业管理企业也可与保险人签订合同,成为保险代理人。

(三)保险合同主要当事人的义务

1. 投保人的义务

(1)如实告知义务。该项义务要求投保人在投保时,必须将保险标的有关重要情况如实向保险人申报。下列行为属违反告知义务:一是不申报,指由于投保人不知该事实的重要性而漏报;二是错报,投保人所报内容与事实不符,但不属有意为之;三是隐瞒,指投保人故意隐瞒;四是欺骗,指投保人故意作错误的申报。但投保人告知的义务以投保人已知或应知的事实为限。并且对于下列情况可不履行告知义务,即保险人已知或通常情况下应知的事实以及保险人及其代理人已经申明不需告知的事实。

(2)"危险增加"通知义务。该项义务指的是投保人在保险标的危险程度增加的情况下,负有及时通知保险人的义务。所谓"危险增加"指的是签订合同时未曾估计到的危险增加的可能性。保险人接到危险增加通知后,可以作出终止合同、增加保费的决定;但如是不作出答复,则视作默认。该项义务在危险增加不影响保险人负担、为了保护保险人利益而引起的危险增加以及投保人履行道德义务而引起的危险增加时可以免除。

(3)出险通知义务。该项义务指的是投保人在事故发生后,有及时向保险方通知的义务。何谓及时,我国法律尚无明确的规定,这可由保险当事人在合同中确定。

(4)防灾减损的义务。防灾减损分为两阶段:防灾指的是事故未发生时,投保人有义务按照法律法规的规定做好各项预防措施,而保险人有权对投保标的作安全检查,对发现的不安全因素有权要求投保方及时整改;减损指的是一旦保险事故发生,投保人有责任采取一切必要措施,避免损失扩大。这项义务意味着要求投保人对保险标的应像未保险一样谨慎管理,以免发生一些可以避免的事故。

(5)及时交付保费的义务。投保人必须按照保险合同规定的时间、地点、方法交付保费,这是投保人的一项最重要的义务。投保人不能及时履行此项业务将导致违约以致保险合同失效。

2. 保险人的义务

保险人的主要义务就是在合同规定的保险事故出现后负责赔偿部分或全部由保险事故带来的实际损失。实际损失包括发生保险责任范围内的事故时被保险人抢救、保护、整理保险财产的施救费用、诉讼支出以及为了确定损失的检验、估价、出售的合理费用。保险人的赔偿责任是以实际损失为限,但最高不可超过保险金额。如果有分项保险金额,则最高以该分项保险标的保险金额为限。

(四)保险合同的一般内容

保险合同一般应载明以下内容。

1. 当事人的姓名地址

姓名包括自然人姓名或法人的名称以及经济组织的名称;地址包括住址或经营地址。

2. 保险标的

为了确定保险的种类以及判断投保人或投保人对所保标的有无保险利益的存在,保险人一般要求投保人在合同中详细明确记载投保标的。一个保险合同可以是单一的保险标的,也可以是一个以上保险标的的集合。

3. 保险金额

保险金额也称保险额、保额或保险金,它是保险人计收保险费的基础,也是保险人在损失发生时给付的最高金额。保额不得超过保险标的保险价值,超过保险价值的,超过部分无效。

4. 保险责任范围

保险责任范围是指那些风险的实际发生所带来的损害应由保险人承担补偿或给付责任的风险。责任范围可以是单一的,也可以是多种责任的综合险,也可以是除了除外责任以外的一切险。

5. 除外责任

除外责任是指保险合同明确指明保险人不予承担的风险责任。一般包括战争造成的损失、自然损耗、被保险人的故意行为所造成的损失等。

6. 保费

保费亦称保险费,是被保险人根据合同约定向保险人支付的费用。保费的多少取决于保险额的大小以及保险费率的高低这两个因素。

7. 保险期间

保险期间也称保险期限,是指保险合同有效期间。只有在此期间,保险人才承担保险责任。保险期间的开始,也就是保险合同的生效时间,它不同于保险合同的订立时间。订立时间可以是生效时间,也可以不是,这取决于双方合同的约定。我国规定,保险期的起讫时间为生效日当天北京时间的零点开始,至规定终止日北京时间 24 时止。

8. 违约责任

由于保险合同是保障性合同,也是最大诚信合同,所以保险合同当事人在合同中明确规定违约责任是至关重要的,否则会引起不必要的法律纠纷。

(五)保险单

保险单是保险人和被保险人或投保人之间签约保险合同的正式保险凭据,是标准化的保险合同。保险单因险种的不同而各有差异,但一般包括以下几个方面的内容。

1. 声明事项

声明事项包括:(1)被保险人名称;(2)保险标的种类和存放处所;(3)保险金;(4)保险期限;(5)保险费的确定和支付。

2. 保险责任

保险责任是保险人承担的意外事故造成的经济损失的保障责任,包括损失赔偿、责任赔偿及保险金给付等。

3. 除外责任

除外责任属保险人不负责赔偿的部分,如道德危害、保险标的的固有瑕疵、自然损失等。保险人对除外责任所引起的损失,不予赔偿。

4. 附注条件

附注条件是签约双方所应履行的义务,如损失发生后被保险人的责任、保险单变更、转让、经销、索赔期限、索赔手段、争议的处理等。

（六）索赔概念及程序

1. 索赔和索赔时效概念

索赔是指投保人在保险事故造成的损失出现后，按照合同向保险人要求给予经济补偿或给付保险金的行为。索赔原则上由投保人或其法定代理人提出（汽车第三者责任险，可由受害人直接向保险人行使索赔权）。

索赔时效是指投保人在保险事故发生后，向保险人索赔的最长有效期限。在我国，索赔期限通常规定为一年，也有超过一年的。索赔期限原则上从保险事故发生之日起或投保人或其代理人知情之日起。

2. 索赔程序

投保人在保险事故发生后，索赔程序如下：

（1）及时发出出险通知并提索赔要求。

（2）采取一切合理的措施抢救、保护，防止损失扩大。

（3）保护现场，配合检验。

（4）提供必要的索赔单证。主要有保险单正本、已付保险费、有关保险财产的原始单据、本人身份证明、保险事故及损害结果证明及索赔清单。

（5）领取保险金（保险金一般是以现金支付）。

（6）开具权益保证书。当保险事故涉及第三者责任时，被保险人在领取保险金后须出具权益转让证书，并协助保险方向造成保险事故依法应承担赔偿责任的第三方追偿。

第三节 物业管理涉及的险种

物业管理保险主要划分为房屋财产保险、物业管理责任保险、物业管理责任险附加险。

一、房屋财产保险

房屋财产保险分类标准很多，如按投保人的类型可分为企业团体房屋保险和居民房屋保险；按房屋性质可分为商品房保险和自有住房保险等。

物业服务企业购买的财产险主要是火险。火灾保险是对因火灾及保险单中列明的各种自然灾害和意外事故所引起的财产损失给予经济保障的保险。除非经保险人同意并缔结特别合约，对下列财产的损失，火灾保险合同不予承保：寄托或寄售的货物；金银珠宝、古玩、古画、艺术珍品、电脑资料等；票据、现金、邮票等有价证券以及图册、文件、枪支弹药、爆炸物品等。火灾保险的除外责任包括保险标的自身变化、自身发热或烘焙所致的损失、自然原因及战争等政治风险造成的损失、核反应造成的损失、投保人的故意行为和重大过失造成的损失。

物业火灾保险的投保范围包括建筑结构火灾保险、建筑物内部物品的火灾保险和物业综合险。

1. 建筑结构火灾保险

考虑购买建筑结构火险时,物业管理者应决策是选择购买整座建筑的结构火险,还是只购买公共部位的结构火险。具体决策原则是:如果管理合同已有明确规定,则遵守管理合同的规定;如果管理合同没有约定,则物业管理者就可以根据实际的财政状况进行综合考虑。

2. 建筑物内部物品火灾保险

由于物业内物品保金较高,物业管理者很难掌握各单位所存放物品的数量并做出准确的估价来投保。因此物业管理者通常不会为物业内的物品购买保险。

3. 物业综合险

除了保火险外,通常对物业的其他风险,如地震、飓风、洪水、自动灭火系统漏水、破坏、暴动、空中运行物体坠落、水箱满溢或水管爆裂所引起的损失也进行保险。一般说来对这些风险的保险结合火险一起购买一个物业(财产)的综合险为好。

二、物业管理责任保险

物业管理责任保险是指保险公司向物业服务企业收取保险费,保险对象是凡在工商行政管理部门登记注册,取得合法资格的物业管理者,均可作为被保险人。在保险期间内,被保险人在保险合同载明的区域范围内从事物业管理工作过程中,因管理上的疏忽或过失导致意外事故,造成第三者人身伤亡或财产损失,依照中华人民共和国法律(不包括港澳台地区法律)应由被保险人承担的经济赔偿责任,保险人依照保险合同约定负责赔偿。

1. 物业管理者责任保险的扩展范围

(1) 扩展承保物业管理工作人员在从事安全防范工作过程中因疏忽或过失致使小区内业主家庭室内(包括地下室)财产盗抢损失,依法应由被保险人承担的赔偿责任。

(2) 扩展物业服务企业管理责任内的管道(含室内)破裂造成水渍依法应由被保险人承担的赔偿责任。

(3) 扩展承保物业管理工作人员因对小区内公共娱乐、健身设施等物业合同约定的其他设施设备未尽到维护或管理职责导致第三者的人身伤亡,依法应由被保险人承担的赔偿责任。

(4) 扩展承保物业管理区域内高空坠物等造成三者伤亡或财产损失,依法应由被保险人承担的赔偿责任。

(5) 扩展承保小区内业主电动车、摩托车整车被盗的损失,依法应由被保险人承担的赔偿责任。

(6) 扩展被保险人所有、使用或管理的电梯(包括电梯、液压电梯、自动扶梯和自动人行道)因管理疏忽、过失或意外事故造成的第三者人身死亡、伤残或财产损失,依法应由被保险人承担的赔偿责任。

物业管理责任保险是转嫁物业管理企业经营过程中过失责任风险的一项有效经济手段。该保险的开办对于保险公司、物业管理企业和物业使用者都具有积极的意义。

2. 物业管理责任保险的意义

(1) 物业管理责任保险可以扩大保险的服务领域,用保险手段帮助物业管理这个新兴的行业解除经济责任纠纷的困扰,促进其健康、稳定发展。

(2)最大限度地保障了物业使用者的经济利益和合法权益,在物业使用者的合法权益受到侵害时,能够及时有保障地得到赔偿。

(3)可以促进住房制度改革,随着住房制度改革的不断深化,自有房产已成为不少家庭的财产重要组成部分,住房的安全与否对一个家庭很重要,该保险为住房制度改革提供配套的保险服务,和楼宇按揭保险、家庭财产保险等,共同构成了为个人住房消费提供配套服务的系列保险产品,可以消除人们的后顾之忧,推进住房制度改革。

(4)可以增强社会防灾救灾力量。物业保险的承保人可以对被保险的房屋财产等安全情况进行检查,运用日常业务活动中积累的防灾防损经验,向被保险人员提出消除不安全因素的合理建议,从而起到促进保护社会财富安全的作用。

三、物业管理责任险附加险

1. 停车场责任险

在保险单明细表中列明的由被保险人经营的机动车辆停车场内停放的汽车,在保险期限内,因被保险人的过失造成下列损失,依据中华人民共和国法律应由被保险人承担赔偿责任时,保险人根据保险单的约定负责赔偿。

(1)火灾、爆炸、外界物体倒塌或碰撞、空中物体坠落、他人恶意行为造成的损坏。

(2)全车被盗窃、被抢劫、被抢夺,经县级以上公安部门立案侦查,满三个月未查明下落的。此外,扩展承保停车位车辆的以下损失:

① 不明原因造成的车辆碰撞、划痕损失;

② 机动车辆的玻璃破损;

③ 扩展承保非全车被盗、仅车上零部件或仅附属设备被盗发生的损失。发生这一事故必须第一时间内向当地公安部门报案。

投保时需提供停车场车位平面图或照片,出险时若投保车位数不足,需比例赔付;索赔时须提供监控录像资料或公安部门出具的确属在物业公司管理的停车场区域遭受划痕损失的证明,此处"划痕"的定义为"无碰撞痕迹的车身划痕"。

2. 游泳池责任险

在保险合同中列明的游泳池馆内活动的泳客,由于下列原因遭受人身伤害,并在保险期间内首次向保险人提出损害赔偿请求,依照中华人民共和国法律应由被保险人承担的经济赔偿责任,保险人依照本保险合同的约定负责赔偿:溺水、摔伤、划伤等意外事故;消毒剂泄露;因接触游泳池水而导致罹患法定传染性疾病;被保险人或其雇员的过失;火灾、雷击、爆炸。

3. 电梯责任险

电梯责任险主要承保在保险期间内,保险单中列明的电梯在正常运行过程中发生事故,导致第三者遭受财产损失或人身伤亡。

4. 物业共用部位、共用设施设备财产保险责任险

在保险期间内,在保险合同列明的保险标的坐落地址范围内,由于自然灾害或意外事故造成的保险标的直接物质损失,保险人按照本合同的约定负责赔偿。

5. 雇主责任险

雇主责任险,又称劳工保险,是指被保险人所雇佣的员工在受雇过程中从事与保险单所载明的与被保险人业务有关的工作而遭受意外或患与业务有关的国家规定职业性疾病,所致伤、残或死亡,被保险人根据《劳动法》及劳动合同应承担的医药费用及经济赔偿责任,包括应支出的诉讼费用,由保险人在规定的赔偿限额内负责赔偿的一种保险。

(1) 根据《工伤保险条例》认定属于或视同工伤的事故属于本保单的保险事故。

(2) 对于本保单项下的保险事故,被保险人有权选择向本保单或工伤保险进行索赔。

(3) 被保险人如果有工伤保险或其他类似保障,本保险单的伤残和死亡赔偿责任不因此而受影响,本保险单的医疗费用赔偿责任与被保险人的工伤保险或医疗保险互为补充。

(4) 上下班期间发生交通事故属于本保单的保险责任。

6. 团体人身意外伤害险

团体人身意外伤害保险是指以机关、团体、企事业单位中身体健康能正常劳动或工作的在职人员为保险对象,当被保险人在保险期内,因意外事故造成伤残或死亡,由保险人给付保险金的一种人身保险。其投保人是机关、团体或企事业单位,被保险人则是该单位的在职人员。保险费由机关、团体或企事业单位汇总支付。

7. 物业人身保险

人身保险按保险的危害来分类,可分为三种:一是人身意外伤害保险;二是健康保险,有的也称疾病保险;三是人寿保险。

8. 公众责任险

公众责任险又称普通责任险。其主要承保各种团体及个人在固定场所从事生产、经营等活动,以及日常生活中由于意外事故而造成他人人身伤害或财产损失,依法应由投保人所承担的各种经济赔偿责任。它是一种无形财产保险,它承保的是投保人的损害赔偿责任,无实际标的。

思 考 题

1. 保险的定义是什么?物业保险的定义是什么?
2. 物业保险的原则是什么?
3. 保险合同的定义与法律特征是什么?
4. 物业管理涉及的险种有哪些?投保范围分别是哪些?
5. 物业管理责任险附加险有哪些?投保范围分别是哪些?

第十五章 各种不同业态物理管理与服务

【教学目的与重点难点】

通过本章的学习，学生可了解不同业态物业的类型、特点、管理要求和各种不同业态物业的管理与服务重点、难点，掌握针对不同业态的物业管理与服务的组织实施方法与措施。学习本章时，学生应该注意不同业态物业的各自特点，这些特点实质上揭示了某一类型物业的管理重点及难点，如工业园区侧重于确保水、电供应和区内道路的畅通，写字楼管理侧重于电梯管理、消防安全和安全保卫，住宅小区管理侧重于为业主提供温馨、舒适、方便的居住环境等，对于掌握该业态物业管理与服务的组织实施极有帮助。

第一节　住宅小区物业管理与服务

一、住宅小区的概念

城市居民的居住生活聚居地称为居住区。居住区是指具有一定的人口和用地规模，以满足居民日常物质生活和文化生活需求的，为城市干道所分割或自然界限所包围的相对独立的区域。在规划设计中，居住区按居住户数或人口规模分为规模居住区、居住小区和住宅组团三级。

一个完整的居住区由若干小区组成。同样，一个完整的居住小区由若干居住组团组成。每一个级别均需配套建设相应数量和级别的公共服务设施。达到一定规模、基础设施比较齐全的居住区称为住宅小区（含居住小区、住宅组团）。

二、住宅小区的功能

从物业管理服务的角度来看，住宅小区是一个集居住、服务、经济和社会功能于一体的社会的缩影。

1. 居住功能

居住功能是住宅小区最基础的功能。根据居民的需求，住宅小区提供各种类型的住宅，如多种类型的居住单元、青年公寓和老年公寓等。在居住功能中，最重要的是住宅小区能够提供人们休息的场地和环境。

2. 服务功能

住宅小区的服务功能是随着城市规划建设要求、房地产综合开发而来的，即要求住宅小区的公用配套设施和住宅小区的管理应能为居民提供多项目、多层次的服务，包括：教卫系统，如托儿所、幼儿园、小学、中学、医疗门诊、保健站和防疫站等；商业餐饮业系统，如饭店、饮食店、食品店、粮店、百货店和菜市场等；文化、体育、娱乐服务系统，如图书馆、游泳池、健身房和电影院等；其他服务系统，如银行、邮局、煤气站、小五金和家电维修部等。

3. 经济功能

住宅小区的经济功能体现在交换功能和消费功能两个方面。交换功能包括物业自身的交换，即开展住宅和其他用房的出售或出租经纪中介服务和小区管理劳务的交换，即业主通过合同的方式将住宅小区的管理委托出去。消费功能指的是随着城市住房制度改革的不断深化，住宅小区中的住宅将不断地商品化并进行商业化的管理，包括住宅在购、租两方面的逐渐商品化及小区的管理和服务都是有偿的，业主与物业使用人将逐渐加大对居住消费的投入。

4. 社会功能

住宅小区的主体是居民，居民的活动是社会活动，聚集在住宅小区的各种社会实体，如城管执法、治安管理、居民委员会、商业服务业和文化教育等是以住宅小区为依托，共同为居民服务，发挥各自的功能。这些实体之间、实体与居民之间、居民相互之间组成了住宅小区的社会关系和人际关系,形成了一个社会网络,彼此相互影响和相互制约。

5. 党建引领功能

近年来,全国各地以构建党组织领导下社区、物业服务企业、业主三方联动运行机制为重点,积极构建党建引领社区物业组织、工作、运行、服务"四个体系",全面凝聚社区治理合力。

三、住宅小区的主要特点

住宅小区相对于一般单体住宅或单幢住宅楼来说更注重物业的整体性和相关性。住宅小区,尤其是新建住宅小区具有以下主要特点。

1. 统一规划,综合开发

由于城市建设的发展和人们物质文化水平及居住条件的提高,住宅小区的规划布局有了很大变化。在"统一规划、合理布局、综合开发、配套建设"原则的指导下,全国广大城镇统一规划,综合开发的新型住宅小区成片地兴建起来。这些新建住宅小区规划布局合理,配套设施日益完善,改变了过去单一的、分散的结构和功能,向节约用地、高密度、综合化和现代化方向发展。新建住宅小区一般是以多栋居民住宅楼为主体,配以商业、服务业、饮食业、邮电、储蓄、托儿所、文教卫生、娱乐和庭院绿化等配套设施,组成一个功能齐全的居民生活小区。

2. 规模大,功能全

新建居民住宅小区多为多层、多栋楼体建筑群,面积小的有几万平方米,面积大的有十几万平方米,甚至百余万平方米。住宅小区已不仅是人们避风雨、御严寒、生活休息、繁衍后代的栖身之处,而且是学习、工作、教育和科研的重要园地,还是休闲、娱乐、文化和体育活动的乐园,也是进行区域内购物、饮食、生活服务的场所,更是建设社会主义和谐社区的基地。住宅小区的多功能性给小区的物业管理工作带来了很大的挑战。

3. 房屋结构整体化,配套设施系统化

住宅小区内多座单体楼宇构成一个小区房屋系统;每栋楼房的地上建筑与地下建筑构成一个整体;区域内供水、排水、供电和各种热力、煤气管网构成一个网络系统,而这些系统交融组合形成了一个庞大的、复杂的、多功能的大系统。各种服务设施、配套设施,区域内绿化、道路,各种供水、供电、热力管网都是统一设计规划的,除个人住宅专有部分外,几乎都是为全住宅小区服务的,是无法分割的,使住宅小区变成一个小社会。

4. 产权多元化,物业种类多样化

由于住宅建设投资的多渠道、住宅的商品化及房改的深入,使房屋的产权结构发生了变化。在市场经济条件下,房屋产权由单一所有制变为产权多元化。一个居住区、同一栋楼宇内,全民、集体、个人等不同的产权共存。住宅小区规划、设计、建设的统一性、系统性、功能的多样化、房屋结构与配套设施的系统化,再加上产权的多元化,给住宅小区的物业管理造成了极为复杂的局面,导致物业管理工作变得复杂。

四、住宅小区物业管理的基本特点

1. 业主成分复杂性要求物业管理与服务的多样性

住宅小区内居住着不同阶层、职业的家庭,其不同的生活习惯、爱好、文化程度、道德水准和经济收入水平等决定了他们对居住环境要求和居住行为的差异。这些差异有时会产生各种各样的问题、矛盾和纠纷,这也给住宅小区的物业管理提出了更高的要求。为避免减少和妥善处理这些问题、矛盾和纠纷,有必要在居民自治自律的基础上对居民的居住行为做出某些限制和约束,制定一个大家共同遵循的居住行为的规范,即管理规约,其核心是任何人的行为不得违反社会公共利益和损害他人利益。

2. 住宅小区的房屋产权的多元化要求管理上的权威性和统一性

不同产权性质的住宅在物业管理上的侧重点不同,因此针对产权的多元化实行统一的物业管理具有一定的复杂性。

3. 住宅小区的物业管理在实施过程中要涉及部门的多元性

物业管理与服务工作涉及市政各部门、公安、街道办事处、社区等多个部门和单位,如何协调好相互间的关系,明确各自的职责和管理范围,对做好住宅小区物业管理至关重要。

4. 物业服务费用筹集的复杂性

不同产权形式下物业服务费用的筹集渠道不同,物业管理服务收费的计算原则不同,收缴方式不同。当前,我国的物业管理主要是在普通住宅小区推行,其住宅小区物业服务费用的筹集既要考虑到物业管理实际运作的成本费用,又要考虑到人民群众经济收入的实际水平。这种费用与支付能力的矛盾构成了现阶段住宅小区物业服务费用筹集的复杂性,给费用的具体筹集带来了比非住宅物业更大的困难,需要认真研究,制定稳妥可行的收费标准与办法。

五、住宅小区物业管理目标

住宅小区物业管理的目标概括起来就是,要通过科学的管理手段和专业化管理技术来实现社会效益、经济效益和环境效益的统一。

1. 社会效益

住宅小区物业管理的社会效益,首先体现在为居民提供一个安全、舒适、和睦和优美的生活环境。这一环境不仅是指居室、楼宇内的,而且还是指整个社区的治安、交通、绿化、卫生、文化、教育和娱乐等方面。住宅小区管理的社会效益对于调节人际关系、维护社会安定团结都有着十分重要的意义。其次,体现在为政府分忧解难。实施住宅小区物业管理以后,住宅小区复杂烦琐的管理工作和各种投诉的处理都由物业服务企业负责,政府不再为此花费大量的时间与精力,只需制定有关的政策规定对住宅小区物业管理实行指导、协调和监督。

2. 经济效益

住宅小区物业管理的经济效益可从多方面得以体现。

(1) 从政府的角度看,未实行住宅小区物业管理的住宅区,政府不仅要补贴大量资金用于住宅小区房屋的维修,还要在环卫、治安、绿化和其他公共市政设施上投入财力。而实行住宅小区物业管理的住宅区,政府不需要投入资金,其物业服务企业还需要缴纳税款。从这两方面看,经济效益是很明显的。

(2) 从开发企业角度看,实行住宅小区物业管理不仅有利于房产销售,加速资金的周转,而且有利于开发企业以较高的价格售房,获取更多的销售利润。

(3) 从住宅小区物业服务企业的角度看,住宅小区物业管理的经济效益不仅体现在开发企业身上,还体现在物业服务企业本身。住宅小区物业服务企业从单纯收取物业服务费用来讲是微利的,但如果善于经营,通过开展各种有偿服务仍会取得较好的经济效益。

(4) 从业主的角度看,物业服务企业管理好、维护好房屋住宅及附属设备、设施,延长它的使用寿命,可以保障业主的经济利益。

3. 环境效益

住宅小区内的水、电、天然气、采光、空气、通风以及建筑和人口密度等方面都与居民的身心健康有着密切的关系。住宅小区物业管理有利于从根本上治理城市住宅内脏、乱、差现象,进而改善居住环境。因此,做好环境的绿化、净化,不仅有利于人们的身心健康,还将对整个城市的建设、格局和风貌产生积极影响。

六、住宅小区物业管理原则

由具有独立法人资格,实行独立核算、自负盈亏的物业服务企业来进行城镇居民住宅小区的物业管理,与旧体制下那种政企不分、权责不明的福利型管理是截然不同的。住宅小区物业管理应遵循以下主要原则。

1. 业主自治自律与专业化管理相结合

业主自治自律是基础,但住宅小区的管理又具有技术性、专业性强的特点,必须以专业化管理为主;住宅小区的日常管理工作是大量的、烦琐的,离不开居民的支持。因此增强居民的群体意识,依靠和组织群众参与管理,发挥业主自治自律的作用是遵循这一原则的关键。

2. 服务至上,寓管理于服务之中

住宅小区的物业管理是一项服务性很强的工作,关系到千家万户的生活、休息、文化娱乐、安全、卫生、教育和体育等诸多方面。住宅小区物业管理中的服务工作具有长期性和群众性的特点,服务时限很长,往往几十年以上;服务对象范围很宽,包括男女老幼、各行各业,且流动性大、变化快。因此,物业服务企业必须坚持"服务至上,寓管理于服务之中"的原则,树立"为民服务、对民负责"的指导思想。

3. 所有权与经营管理权相分离

实行所有权与经营管理权两权相分离是现代物业管理与旧式的房屋管理的本质区别之一。这是针对城镇居民住宅小区,特别是旧有居民住宅小区存在的"两权"不清问题提出来的,目的在于解决分散管理与统一管理的矛盾。房屋及住宅小区环境内各种设备是一个有机的统一体。若按分散的产权权属由产权单位或产权人自行管理,显然弊端很多。因此,必须实行所有权与经营管理权两权分离,在依法确认产权权属的前提下,实行经营管理权的集中统一。由一家物业服务企业对某一居民住宅小区实行统一管理、综合治理和全方位服务。

4. 企业经营，独立核算

改革原有管理体制，实行政企分开，使管理机构成为经济实体，并具有相对独立的经营自主权，从而逐步实现住宅经营管理的市场化。

5. 有偿服务和费用合理分担

物业服务企业要做好管理，实行优质服务，就必须有资金来源。对于物业服务企业而言，资金的主要来源是业主与物业使用人，因此要坚持"有偿服务、合理分担"的原则。物业服务企业提供的管理和服务是有偿的，应得到价值形态的实现和物质形态的替换。在费用分担方面，应该本着"量出为入、公平合理"以及"谁享用，谁受益，谁负担"的原则，由建设单位、物业服务企业和业主及物业使用人共同合理分担。

七、住宅小区物业管理的内容

住宅小区物业管理是指物业服务企业对住宅小区的房屋建筑及其设备、市政公用设施、绿化、卫生、交通、治安和环境容貌等管理项目进行维护、修缮与整治，包括管理、经营与服务三方面的工作，概括起来包括以下基本内容。

(1) 住宅小区内，房屋及设备的维护与修缮管理。

(2) 住宅小区环境的维护管理。具体包括：① 违章建筑的管理；② 公用市政设施的维护管理；③ 环境卫生的维护管理；④ 绿化管理；⑤ 治安管理；⑥ 消防管理；⑦ 车辆道路管理。

(3) 开展多种形式的便民有偿服务。住宅小区物业管理的便民服务是在常规服务基础上向所有的业主与物业使用人提供的专项服务和特约服务。便民服务是物业服务企业有偿提供的、供业主与物业使用人自愿选择的服务。

便民服务的内容很多，根据物业管理的实践，当前物业管理便民服务的内容可以归纳为衣、食、住、行、娱乐和购物等各个方面，具体来讲主要包括以下几个方面。

① 衣着方面，包括服装干洗服务、裁剪、制衣和补衣等。

② 饮食方面，包括开办餐饮店、酒吧、茶馆、咖啡店的便民服务、代送餐服务等。

③ 居住方面，包括房屋装修，房屋设备修缮、看管、房屋清洁、房屋绿化养护，物业租赁，代缴水电气费用，代搬家服务等。

④ 行旅方面，包括接送幼童上学及入托服务，车辆租赁，代订车船机票等，各类车辆的寄放、清洗、保养与维修等。

⑤ 娱乐方面，包括成立棋牌俱乐部，开展各类健身娱乐活动，举办各类比赛，承办各类家庭晚会聚会等。

⑥ 购物方面，包括日用百货供应、水果蔬菜供应等。

⑦ 文教体卫方面，包括在文化方面开办图书馆、举办展览和开展文化知识讲座等，在教育方面开办托儿所、幼儿园和各类培训班等，在体育方面可经营健身室、游泳场、网球场等，在卫生方面开设社区健康中心、经营药店及提供日常医疗护理服务等。

⑧ 其他方面，包括美容美发服务、代聘保姆服务、代介绍家庭教师、代办房产证和申报户口、代办保险、提供中介咨询等。

常见的便民服务有家庭维修服务、代客购物服务、家庭钟点服务和会所（文化活动中心）

的娱乐服务等。随着社会经济的发展和科学技术的进步,人们的生活水平在不断提高,日常生活呈现出丰富性、多样性。信息时代、网络服务给人们的生活带来了变革,网上金融、教育、游戏、聊天、购物、视频点播、网络咨询和家政服务等层出不穷,人们的生活变得更加快捷方便。以前物业管理能提供的便民服务都可"一网打尽",现在物业管理也随之增加了智能化网络社区服务等功能。在新经济时代、科技时代和信息时代,物业管理提供的服务需要紧随时代步伐,进行不断创新,要始终以"业主满意"为核心来分析、挖掘业主与物业使用人的各种潜在需求,包括精神的、心理的需求,及时延伸物业服务企业能提供的服务,让物业管理跟得上时代步伐,充分发挥物业管理的作用。

(4) 住宅小区的社会主义精神文明建设。

住宅小区的社会主义精神文明建设具体包括以下几个方面。

① 开展精神文明建设,制定住宅小区居民精神文明公约。居民要自觉遵守住宅小区的各项规章制度,遵守和维护公共秩序,爱护公共财物,提倡居民邻里互助、文明居住、文明行为,关心孤寡老人和残疾人。

② 完善、充实娱乐场所和文体活动设施,开展丰富多彩的文体活动,丰富小区居民的业余生活,密切邻里感情,协调人际关系,提高广大居民的参与意识,促进安定团结和社会稳定。

③ 建设高雅的社区文化,培育健康的社区精神。"社区"是地域、社会互助和社会关系的综合体,即一群人居住于某一地理区域、具有共同关系和社会服务体系的一种生活共同体。住宅小区居民长期生活、学习、工作在同一空间,彼此之间相互交往、沟通和影响,造成了特定的社会关系,形成了一个小社会。"社区"精神是住宅小区居民的精神状态和思想行为的综合反映。而社区文化则是社区精神的载体。住宅小区精神文明建设活动应以灵活多样、适合居民特点的方式进行。

第二节　写字楼物业管理与服务

一、写字楼的概念

写字楼是指供政府机构的行政管理人员和企事业单位的职员办理行政事务和从事业务活动的大厦。现代写字楼一般具有现代化的设备、智能化的设施,由办公用房、辅助用房和交通系统三部分组成。

二、写字楼的分类、特点与管理要求

(一) 写字楼的分类

目前,我国对写字楼的分类尚无统一的标准,专业人员根据工作需要,通常依照建筑面积、使用功能、现代化程度和综合条件等进行不同的分类。

1. 按建筑面积划分

(1) 小型写字楼,建筑面积一般在1万平方米以下。

(2) 中型写字楼,建筑面积一般在 1 万～3 万平方米。

(3) 大型写字楼,建筑面积一般在 3 万平方米以上。

(4) 超大型写字楼,建筑面积在十几万甚至几十万平方米以上。

2. 按使用功能划分

(1) 单纯型写字楼,基本上只有办公一种功能。

(2) 商住型写字楼,具有办公和居住两种功能。

(3) 综合型写字楼,以办公为主,同时也具备其他多种功能,如具备公寓、餐厅、商场和娱乐厅等提供不同功能的场所。

3. 按现代化程度划分

(1) 非智能型写字楼,也就是自动化程度较低的普通写字楼。

(2) 智能型写字楼,通常包括通信自动化、办公自动化、大楼管理自动化和建筑设备自动化等。

4. 按综合条件划分

(1) 甲级写字楼,具有优越的地理位置和交通环境,建筑物的物理状况优良,建筑质量达到或超过有关建筑条例或规范要求,有完善的物业管理,包括 24 小时的设备维修与保安服务。

(2) 乙级写字楼,具有良好的地理位置,建筑物的物理状况良好,建筑质量达到有关建筑条例或规范的要求,但建筑物的功能不是最先进的,有自然磨损存在,收益能力低于新落成的同类建筑物。

(3) 丙级写字楼,物业使用年限较长,建筑物在某些方面不能满足新的建筑条例或规范要求,建筑物存在较明显的物理磨损和功能陈旧,但仍能满足低收入承租人的需求,租金低,尚可保持合理的出租率。

(二) 写字楼的特点

1. 建筑规模大,机构和人员集中

写字楼多为高层建筑,层数多,建筑面积大,少则几万平方米,多则几十万平方米。因此,可供租售的面积也不断增加,业主或租赁单位多,人口密度很大。

2. 建筑档次高,设备先进

写字楼构建安装的设施设备都是比较先进的,如供电系统一般设有两路电源供电,同时设有柴油发电机组作为应急电源;大厦设计安装中央空调以保证大厦冬暖夏凉;根据客流量的大小,设计安装多部电梯。另外,大厦内一般都配有楼宇智能系统保证大厦内秩序井然,正常运转。

3. 地理位置优越,交通便利

写字楼多位于城市中心的繁华地段,经贸活动频繁,与公共设施和商业设施相邻,有便利的交通条件,方便人员往来。

4. 使用时间集中,人员流动性大

写字楼的作息时间比较集中,上下班时间及办公时间人来人往、熙熙攘攘、川流不息;下班后人走楼空,冷冷清清。

5. 功能齐全,设施配套,自成体系

现代写字楼一般拥有大小会议室、小型酒吧、娱乐餐饮、健身房和停车场等。综合型写字楼还有餐厅、商场、商务中心、银行和邮电等配套服务场所设施,能为客户的工作和生活提供很多的方便,满足他们高效办公的需要。

6. 经营管理要求高,时效性强

写字楼本身规模大,功能多,设备复杂先进,写字楼具有收益性物业的特点,高出租率是其获得良好稳定收益的保证,经营管理不当就不能赢得客户。

(三)写字楼的管理要求

写字楼主要是办理行政事务、从事业务活动的场所。这里公务来往频繁,商业洽谈不断,这些特点决定了对其物业管理的独特要求。

1. 要求确保设备能完好运行,正常使用

写字楼内单位、人员众多,电脑、传真机、通信设备和打印机等全天使用,必须保证供电系统的正常运行,否则将会影响办公人员的工作效率,甚至会给客户带来巨大的损失,导致客户的投诉或索赔。

电梯是高层写字楼中最重要的交通工具,所以电梯要制定严格的运行和养护制度,保证其正常使用;中央空调、通信设备等都是大楼的重要设备,要经常检修、维护,保证其完好,不影响办公人员的正常使用。

2. 要求加强安全管理,提供安全保障

高层写字楼人员流动大,且隐蔽死角多,必须加强治安秩序维护。对电梯间、楼梯间及各隐蔽地方,保安员要定时巡逻检查,并建立严格的督促机制。楼内的各种管道、通风口和竖井等极易给不法分子提供便利,要有安全措施。节假日对进入写字楼办公区域的人员要有严格的登记查证制度。

因此,必须做好应对突发事件的各类预案。如高层楼宇造成火灾的因素很多,一旦发生火灾,后果难以想象,必须特别注意预防各类火灾的发生,保证消防设施的完好和消防通道的畅通。一旦有突发事件,物业管理服务人员应冷静处理,将损失控制到最低。

3. 要求保持环境幽雅、整洁

写字楼由于人员出入量大,容易出现脏、乱和建筑材料损坏问题。为了保持干净、整洁的办公环境,写字楼内的电梯间、卫生间、走廊和大堂等公共区域的卫生及办公区域的卫生应由专业的保洁员进行定时、定期的清洁维护,力争做到无杂物、无灰尘。同时,为了改善写字楼的形象,大楼外墙也应定期清洁,以保持楼宇外表美观;楼内垃圾要及时清运,定期消毒,预防疾病的传播。

写字楼内应摆放适当的花卉和绿色观赏植物,既增加了美感,又净化了环境,使楼内的人员感到舒适、优雅。

4. 写字楼的高科技含量要求物业管理服务人员有更高的专业技术和专业知识

写字楼自身规模大、功能多,特别是智能化的写字楼设施设备都很先进,这些先进的设施设备的使用与维护要求具有与之相适应的专业技术知识,所以对物业管理服务人员的要求自然更高了,许多设施设备的维修养护按照国家有关规定要持证上岗。同时,指导业主与物业使用人正确地使用设施设备,避免因不正常的使用操作而导致设施设备损坏也是物业管理的工作之一。

三、写字楼物业管理的组织实施

(一)写字楼使用前的准备工作

(1)物业服务企业与大厦业主委员会签订物业服务合同,明确责、权、利关系,并制定管理规约。

(2)制定物业管理服务方案,草拟写字楼各项管理制度、服务质量标准、各工作岗位考核标准和奖金办法等。

(3)根据写字楼的具体情况编写物业管理维修公约,计算出楼宇各部分所占的管理份额,使入住者公平地负担物业服务费用及管理专项维修资金的支出。

(4)根据写字楼的特点及周边环境,制定出物业管理的规划和具体的实施方案,并落实到各部门。

(5)按照有关规定,做好写字楼的接管、验收工作。

(二)写字楼的维修维护管理

1. 写字楼装修监督管理

在物业服务企业和业主与物业使用人共同签订的物业服务合同中都会约定"装修条款",将房屋装饰装修中的禁止行为和注意事项告知业主与物业使用人;业主与物业使用人在进行装修前,装修方案应经物业服务企业审核批准;物业服务企业应对施工过程进行必要的监控;装修工程结束后,物业服务企业要进行检查和验收。

2. 日常维护

对建筑物各部位做好日常检查工作,如检查发现问题,应由检查部门提出申请,经批复后技术部门人员到场,做好损坏部位的原因分析与鉴定工作,并进行维修。要保障写字楼外观的完好整洁,引导标志齐全完好。应使房屋完好率达到98%以上,零修及时率达到98%以上,零修合格率达到100%,并建立健全用户回访制度,做好回访记录。

3. 大修改造

对于需大修改造的项目,应制订大修改造计划,经业主、业主大会或业主委员会讨论通过后方可实施。工程施工过程中应跟踪监理,完工后应进行工程验收。

(三)写字楼的设施设备使用管理及维修养护

为了保证设施设备能够正常运行,延长使用年限,应制定严格的设施设备养护和维修制度,做好设施设备的日常养护、检修工作。此外,设施设备管理人员应实行24小时值班制度,以最短的时间处理突发运行故障。

(四)写字楼的安全管理服务

(1)根据实际需要建立安全管理组织机构,配齐安全管理人员,包括保安人员和消防管理人员。

(2) 建立有效的安全制度,如保安人员交接班制度、值班制度、电视监控管理制度、写字楼门卫管理制度、保安巡逻管理制度、消防管理制度和车辆管理制度,并保证安全制度的实施。

(3) 确立保安巡逻的岗位和路线,做到定时、定点、定线巡逻与突击检查相结合,特别注意出入口、仓库和停车场(库)等隐蔽处。

(4) 在主要入口处、电梯内、贵重物品存放处及易发生事故的区域或重点部位安装闭路电视监视器,发现异常及时采取措施。

(5) 建立24小时固定值班、站岗和巡逻制度,做好交接班工作。

(6) 配备必要的消防设施设备,建立消防管理档案。定期组织及安排消防检查,消除消防隐患,迅速处理消防事故。

(7) 做好停车场管理工作,加强车辆进出与停车的引导服务和及时疏导来往车辆,使出入写字楼的车辆井然有序,保证车辆及行人的安全。

(五) 写字楼的清洁服务

写字楼的清洁卫生工作要实行标准化清扫保洁,制定完善的清洁细则,明确需要清洁的部位,所需清洁次数、时间,由专人负责检查、监督。指定地点设有垃圾箱、果皮箱和垃圾中转店等保洁设备。

写字楼的清洁卫生服务项目包括清洁保养工作,外墙的定期清洁,公共区域、走廊及通道的清洁,空调机房、变电房及楼房的配电室清洁,电梯清洁保养,消防系统及其设备的清洁,供水、排水、泵房系统及其设备的清洁,公共照明设备的清洁,公共洗手间的清洁和写字楼外围区域的清洁等。

(六) 写字楼的绿化服务

绿化、美化管理既是一年四季日常性的工作,又具有阶段性的特点,必须按照绿化的不同品种、不同习性、不同季节、不同生长期适时确定不同的养护重点,安排不同的落实措施,保证无破坏、无践踏,保证写字楼内四季常绿。

(七) 写字楼的前台服务

写字楼的前台服务主要项目有:通信、引导服务和留言服务,信件报刊订阅收发、传送服务,客人行李搬运、寄送服务,物品寄存服务,预订餐饮、文化体育节目票务服务,出租车预约服务,洗衣、送衣服务,提供旅游活动安排服务,航空机票订购、确认服务,文娱活动安排及组织服务,花卉代购、递送服务,代购清洁物品服务,其他委托代办服务。

(八) 写字楼的商务服务

1. 硬件配置

写字楼的商务中心应配备一定的现代化办公设备,如电话、传真机、电脑、打印机、电视、录音机、投影仪及其他的办公用品。商务中心设备的配置可根据服务项目的增加而逐步添置。商务中心人员在使用过程中应严格按照操作程序进行操作,定期对设备进行必要的保养,设备一旦发生故障,应由专业人员进行维修。

2. 商务中心工作人员的要求

商务中心的服务要周到、快捷。商务中心工作人员应具备良好的品德和修养；有良好的服务意识；有流利的外语听、说、读、写能力；有熟练的中英文录入能力；有熟练操作各种现代办公设备的能力；懂得商务管理、秘书工作知识和一定的设备清洁、保养基本知识。

3. 商务中心的服务项目

写字楼商务中心的服务项目应根据客户的需要进行设置，主要包括各类文件的处理打印服务；客户外出期间保管、代转传真、信件等服务；电视、录像、电脑、投影仪等办公设备的租赁服务；印刷文件、名片等印刷服务；商务会谈、会议安排服务；翻译服务；电话、传真、电信、互联网服务；邮件、邮包、快递等邮政服务；商务咨询、商务信息查询服务等服务内容。

4. 商务中心的工作程序

(1) 接待客户并了解客户所需服务项目、服务时间及服务要求。

(2) 向客户讲明收费情况，开具收费通知单，并按规定收取押金。

(3) 按客人的服务项目、服务要求及时、准确地完成服务。

(4) 填写《商务中心费用收据单》，并陪同客人到财务部结账。

写字楼内部人员因工作需要使用商务中心的设备，应填写《商务中心设备使用申请单》，经其所在部门的同意方可使用，使用后应在《费用结算单》上签名。

(九) 写字楼的租赁管理(营销推广)

写字楼是收益性物业，除了业主少部分自用外，大部分用于出租。如果物业服务企业接受业主的委托代理物业租售业务，则营销推广是其一项经常性的管理工作内容。

要使写字楼保证较高的出租率和较高的收益，物业服务企业必须做好营销服务，如开展写字楼营销的市场调研和营销计划制订；设计整体形象、宣传推广；引导潜在承租人考察物业；联络潜在承租人，帮助潜在承租人和业主沟通业务。

第三节 超高层建筑物业管理与服务

一、超高层建筑的概念

超高层建筑俗称摩天大楼，在国际上把高度超过30层或100米以上的高楼称之为超高层建筑，在城市节约用地、提升城市形象、拉动社会投资、扩大旅游和商贸活动等方面有其独特作用，也远非普通建筑可以比拟。随着都市化进程的加快，越来越多的超高层建筑正在拔地而起。

二、超高层建筑自身的特殊性给物业管理带来的影响

众所周知，超高层建筑是结构工艺比较复杂、材料性能要求高、自重大、对基础要求高、施工难度大、建筑造价很高，同时对所配套的智能化、交通、消防等设施设备要求很高的物

业,绝不是简单的玻璃幕墙、钢筋丛林或混凝土丛林。正因为它的这些特殊性给物业管理带来了非常大的影响和特别的挑战。

三、超高层建筑物业的特点

1. 先天"怕"火直接影响物业管理的消防工作

超高层建筑由于自身特点而形成的先天火灾隐患比较多,施救也相对困难,主要有以下几个方面。

(1) 可燃性材料与火源集中,诱发火灾的因素多。

(2) 火灾蔓延途径多,在水平方向和垂直方向都可以蔓延,而且发展速度快。超高层建筑内有大量的竖向贯穿空间或井道,在烟囱效应作用下,烟气会以极快的速度向上蔓延。

(3) 人员疏散比较困难。超高层建筑层数多,垂直安全疏散通道有限而且距离长。一旦发生火灾,烟气的毒性和遮光性等特点使疏散人员产生恐慌心理,容易在疏散通路上造成拥挤堵塞,给安全疏散带来极大的困难。

(4) 灭火救援难度大。超高层建筑火势蔓延快,而且火灾容易发展成立体火灾,由于登高困难,消防人员正确判断火情、实施灭火和救援都十分困难。

(5) 有一些超高层建筑消防设施的布置规划不规范,合格率参差不齐,室内装修不符合消防规定,室内消防给水局部水压不足等问题都经常在摩天大楼出现。

2. 超高层建筑的高耗能性直接挑战物业管理的能力

从全球范围来看,建筑活动是对自然资源和环境影响最大的活动之一,在全球的资源消耗中,50%的能源、42%的水资源和50%的原材料均用于建筑活动。我们知道,现在我国全国上下都在推行绿色建筑,超高层建筑作为功能相对集中的建筑物代表在能耗方面显得更为突出。

(1) 超高层建筑的通风与采光问题影响到能耗指标。超高层建筑日益增多,往往会大大妨碍日照和阻碍空气的流通。而现在的超高层建筑往往多采用有色的玻璃幕墙,透光性差、吸热性强,这样导致超高层建筑整日灯火通明,中央空调 24 小时运行。

(2) 超高层建筑多为功能齐全的建筑物,其内部的设施设备多、功率大而且运行频率极高,其能耗自然就不言而喻了。

(3) 超高层建筑往往代表着城市的形象,这一点决定了它所处的位置通常是最为繁华的地段。所以,超高层建筑内部人流量大、物业使用人多,那么就使得其水资源的消耗量增高。另外,有些超高层建筑为了增设人为景观往往会做一些外墙水幕布、水帘墙、露天的音乐喷泉等,这些都增大了耗水量。

3. 超高层建筑吸纳性强给物业管理的安防工作带来很大的影响

超高层建筑往往处于一个城市的 CBD 地带或者人流量极大的中心城区,而且超高层建筑一般在用途上集办公、商务、会议、会所、展示、购物、住宿、餐饮和娱乐等于一体,那么以超高层建筑物为载体的商流、物流、人流和车流就在其中高速地运转起来。超高层建筑的这种强吸纳性自然会给物业管理的安防工作带来不小的挑战,并且大幅度地增加了安防工作的难度。

4. 超高层建筑的智能化给物业管理工作带来很大的挑战

超高层建筑功能复杂、系统繁多,确保各系统的高效、安全、协调运行是超高层建筑智能化的最基本任务。按照国际惯例,凡是超高层建筑均应是现代化的"智能型建筑",这种智能化技术涵盖了中央监控、通信、办公、设备、巡更和消防自动化等子系统,并通过最先进的计算机将各种子系统集成在一起,哪个部位"东窗事发",尤其是当发生火灾时,以消防监控中心为主的计算机系统就会发出最高级别的命令,相关的子系统会立即运作,以确保楼宇内人员的安全疏散和逃生。为此,超高层建筑的智能化给物业管理工作带来了不小的挑战。

四、超高层建筑的物业管理组织实施

1. 加强超高层建筑物业前期介入管理工作

(1) 前期物业管理是后期物业管理的一项基础性工作。在超高层建筑的前期物业管理中,物业管理师及物业"三总工程师"(总会计师、总经济师和总审计师)可以从图纸开始,把物业管理的思想注入物业的规划、设计、施工进程中,使物业尽量满足安全、节能、可持续发展及业主的其他要求,从而发挥出超高层建筑的最大功效。

(2) 管理者要从前期物业管理开始,为物业服务企业设计合理的人事组织架构,制定各部门之间的配合协调程序与岗位职责;为物业服务企业各部门制定具体管理制度与规定,对各部门主要管理人员进行现代物业管理概念与操作手法的培训,就物业服务项目的设计、物料、能源分布、设备安装等向建设单位提出有关建议,以最大限度地降低日后的维修与使用成本。同时为项目管理拟定一切有关日常管理所需的文件与表格,为规范长期物业管理奠定了基础,从而能快速适应超高层建筑的各项管理工作。

2. 加强物业管理高端人才的培养及人才库的建立

超高层建筑对所配套的智能化的设施设备要求很高,这自然对从业人员有更高的要求。因此建立一个懂管理、懂技术、懂经营、有全局观念的高端人才库是十分必要的。

在加强高端人才培养方面,物业服务企业应注重培养从事智能化楼宇设备的运行维护、能源和室内环境管理及大型物业管理的应用型高级技术人才和管理人才,要求其掌握建筑、机械、热工、电工电子和计算机应用等技术基础知识,以及智能化楼宇设施设备(如暖通空调、给水排水、建筑电气和建筑智能系统)的构造与性能。

3. 加强安防工作系统的建设与安全运行

超高层建筑吸纳性强,以超高层建筑物为载体的商流、物流、人流和车流都在高速地运转,其安全防范工作自然是物业管理工作的重大挑战之一。

安全防范包括人力防范、技术防范和实体(物理)防范三个范畴。目前在超高层建筑安防技术所包括的技术领域主要有:防爆炸、安全检查、防盗(劫)报警、出入口控制、电视监控及其相应的安全防范系统工程等。

物业管理行业应该从以下专业方向加强建设,以确保安全防范工作的协调和高效运行:① 防爆安检系统;② 实体防护系统;③ 入侵报警系统;④ 电视监控系统;⑤ 出入口控制系统;⑥ 移动目标防抢劫报警系统;⑦ 要害部门紧急报警联网系统(与110报警服务平台和119报警服务平台联网);⑧ 报警信号传输系统;⑨ 集成(综合)报警系统(消防、安防联动等);⑩ 安防系统工程设计与施工;⑪ 安防系统工程验收与管理。

4. 加强消防工作系统的建设与安全运行

超高层建筑有一个致命的弱点就是先天"怕"火。根据超高层建筑的自身特性,加强消防工作系统的建设和安全运行是尤其重要的工作。

超高层建筑现常用的四大消防系统是火灾自动报警系统,自动(运行)灭火控制系统,防排烟控制系统及消防电梯、火灾疏散照明等其他消防设施。保证四大消防系统功能的正常发挥对建筑物的消防安全起着决定性的作用。

四大消防系统安全运行的前提是必须做好日常的保养和维护工作,其主要措施有:

(1) 制定保障建筑消防设施正常运转的法规体系,包括行政法规和技术法规(可以由物业管理行业协会会同有关部门和组织进行制定);

(2) 强化建筑消防设施维护保养资质管理,实行市场准入制度;

(3) 增加维护保养市场透明度,以防恶意竞争,使建筑消防设施维护保养公平合理;

(4) 严禁技术封锁和价格垄断产品,切实提高消防设施维护保养公平合理;

(5) 定期向消防部门报告建筑消防设施维护保养的现状;

(6) 对建筑消防设施应由专业机构定期对其运行情况加以鉴定,并出具报告。

5. 其他特殊措施

超高层建筑"超高"这一特性决定了它在物业管理方面有与其特性相适应的特殊措施,具体包括以下几个方面。

(1) 物业服务企业可以在前期物业管理时建议建设单位在超高层建筑的特别高度处设计若干层火灾避难层和一定容量的消防蓄水池用于消防。

(2) 物业服务企业可以在摩天大楼的特别之处摆放一些救险系统或装备。

(3) 物业服务企业应定期组织消防演习。通过有计划、有组织(分批邀请业主与物业使用人参与)的消防演习,使业主与物业使用人树立消防的相关意识和自我保护意识。

(4) 物业服务企业平时可以利用一定的方式组建消防志愿者队伍(成员可以由超高层建筑里的业主与物业使用人组成)。平时定期组织专业训练,尽可能做到"全民皆兵"和"点、线、面"高度结合的消防状态。

(5) 物业服务企业应利用一定的媒介(如中央广播系统、免费小册子、宣传栏、电梯间的公益广告和洗手间的公益广告等)向业主与物业使用人宣传节水、节电、文明行为等有益于节能和社会文明的优良品德。

第四节 商业物业管理与服务

一、商业物业的类型与特点

(一) 商业物业的概念和类型

1. 商业物业的概念

商业物业是指建设规划中必须用于商业性质的房地产,它是城市整体规划建筑中的一种重要功能组成部分,其直接的功用就是为消费者提供购物场所。其中,公共性商业楼宇是因商业发展而兴起的一种新的房地产类型,与一般零售商店不同,零售商店即使规模再大,仍然只有一个经营实体。而公共性商业楼宇一般会有很多独立的商家从事经营,各行各业的经营服务都有,范围远远超过零售商店,它不仅包括零售商店,而且包括银行、餐饮等各种服务性行业和各种娱乐场所。它的经营范围已远远超出原来商场的概念,是一种集商业、娱乐、餐饮等各种功能于一体的经营场所。由于其物业管理内容主要包括单体商场物业(百货大楼、零售店),所以它与普通住宅小区物业管理既存在共性,又有其特殊性。

商业物业包括各类商场、购物中心、购物广场及各种专业性市场等。其中,融购物、餐饮、娱乐、金融等多种服务功能于一体的大型商场物业也称综合性商业楼宇。随着房地产商品化进程的发展,这些商场物业的产权性质也出现了各种形式,其经营方式多种多样。

2. 商业物业服务的类型

从建筑结构上来分,商场物业有敞开式的市场和广场型市场,同时也有封闭式的购物中心。从功能上来分,有综合性的专业购物中心,也有商住两用型的。商场物业一般可根据建筑规模、建筑功能、建筑结构和物业的档次等进行不同的分类。

(1) 按建筑规模划分。

① 居住区商场:建筑规模一般在1万平方米以下,商业服务区域以某一居住小区为主,服务人口通常在5万人以下,年营业额一般在3000万~1亿元之间。

② 地区购物商场:建筑规模一般在1万~3万平方米,商业服务范围以某一区域为主,服务人口在10万~30万人,年营业额一般在1万~5亿元。

③ 大型购物中心:建筑规模一般都在3万平方米以上,其商业辐射区域可覆盖整个城市,服务人口在30万人以上,年营业额一般在5亿元以上。

(2) 按建筑功能划分。

① 综合型商业购物中心:包括购物、娱乐场所、餐饮店、影剧院和银行分支机构等。

② 商住两用型物业:低楼层是商场、批发部等,高楼层为办公室、会议室和居住用房。

(3) 按建筑结构划分。

① 敞开型:商业场所多由露天广场、走廊通道并配以低层建筑群构成,其中设有大型停车场和小件批发市场等。

② 封闭型:商业场所为商业楼宇,如商场、商厦、商城、购物大厦、购物中心和贸易中心等。

(4) 按物业的档次划分。

① 经济型:指出售大众化的一般商品,装修较为普通的物业,开支少,成本少。

② 豪华型:指大型商场、高级商场乃至著名的专卖店,出售高档商品,其建筑也独具风格,设施设备齐全,装修装饰豪华,设有彩电监控器、玻璃破碎感应器、手动或脚动应急报警开关、红外线区域设防系统以及消防系统、收款联网系统、空调系统、客货分用电梯、购物车辆和停车场等。

（二）商业物业的特点

1. 建筑空间大，装饰设计新颖、别致，有特色

建筑内部一般用大间隔、大空间设置；外观设计讲究宏伟、富丽，有的还配置休闲广场，内部装饰追求典雅、奇特。建筑外部、进出口处都要有鲜明的标志。

2. 设施齐全，现代商业设施设备先进

除一般现代楼宇拥有的基本设施设备外，还有滚梯、观光电梯、餐饮和娱乐设施等。

3. 客流量大，商场进出人员复杂，消防隐患较多

因为客流量大，所以安全管理困难，因为商场进出人员的复杂性决定了顾客发生各种意外的可能性较高，所以安全保卫就显得特别重要，还有些商品属于易燃易爆品，消防安全管理更加需要高度重视。

4. 商业楼宇要精心策划，合理布局

商业楼宇的布局、规模、功能和档次要更加合理，更加适合经济发展的要求，规划设计的合理是指合经济规律之理，合经济发展之理，合提高经济效益之理。商业楼宇的建设一定要与周围地区的人口、交通、购买力、消费结构、人口素质和文化背景等特点紧密联系起来，要因地制宜规划设计方案，规模可大可小，功能宜多，即一切从实际需求出发。

5. 选址和规模要满足不同层次的需求

商业楼宇的选址和规模要依据城市人口的数量、密集程度、顾客的多少、分散与集中来确定。

商业物业的服务对象主要分为建设单位、租户和消费者三类。三类服务对象不同，对物业管理的要求也不相同。建设单位的要求侧重于商场的外观形象，如清洁卫生和绿化，标志和广告设置、灯光效果的保持，共用设施设备的有效管理和使用，商场秩序的正常维持，建筑物及设施设备的完好率。租户的要求侧重于装修时的配合程度，合理的营业时间，商铺商用设备的安装条件，购物中心的灯光照明、广告效果、空气调节、声音控制，营业厅通道、楼梯、货运电梯的畅通，秩序维护措施等。消费者所关注的除了品种、价格、服务外，对物业管理的要求侧重于创造文明礼貌、舒适方便的消费环境。

二、商业物业管理的要求

商家是商业物业的灵魂，虽然业主是物业的所有人，但商家才是商业物业的主角。因此做好商业物业管理必须有共赢理念。商业物业管理在正确处理好与业主、与商家的关系的同时必须一手托两家，在业主和商家间充当润滑剂，积极发挥协调作用。当然物业管理服务优质、功底扎实是前提。

1. 树立商场的良好形象

企业的良好形象就是一种无形资产，因此要保持商业楼宇的美观、整洁和有序。商业物业必须具有良好的形体环境和商业特色，以增大知名度、扩大影响力。因此，物业服务企业要认真做好广告宣传活动，扩大商场的知名度和影响力，树立良好的商业企业形象和声誉。

2. 确保商场的安全性

商场建筑物类型复杂、楼层高、功能多、建筑面积大、进出口多,造成人流量大,人员复杂。这些人在进出商场时又不受任何的限制,尤其是敞开式的大型超市堆满了各种商品,给制定和落实安全措施带来了很多困难。物业服务企业应通过完善的技防和人防措施,最大限度地保证业主与物业使用人、顾客的利益,保证他们的安全。

商业物业的许多商品属于易燃易爆物品,火灾的防范工作尤为重要。物业服务企业平时应做好对消防设施设备的维护保养工作,同时制定完善的应急预案,保证应急措施实用。

3. 确保顾客消费的便利性

商业物业内部要保持各种引导、提示标识的完整性,为前来消费的顾客提供一个明确的休闲、消费导向,为顾客提供消费便利。物业服务企业应该经常对各种标志进行巡视检查,如有损坏应及时更新,如有变化应及时更换。

4. 确保设施设备的可靠性

商业物业设施设备的正常运行是开展经营活动所必需的保证,任何一种设施设备的故障都会给销售者和顾客带来不便,甚至会带来巨大的混乱,造成不安全因素。因此,要对商业物业的设施设备精心养护、及时维修,保证其运行可靠。

5. 确保齐全、先进的设施设备正常运转

有的商业物业已属于现代化的智能化建筑,尤其是豪华型商业楼宇的设施设备配置齐全、先进。因此,商业物业管理要确保这些设施设备的正常运转。

6. 建立商业楼宇识别体系

企业识别系统是强化商业企业形象的一种方式,它包括理念识别系统、视角识别系统和行为识别系统。三者互相促进、互相作用,能产生良好的商业效果。企业识别系统是通过改变企业形象,注入新鲜感,增强企业活力,从而吸引广大消费者的注意、提高销售业绩的一种经营手段。它的特点是通过对企业一切可视事物,即形象中的有形部分进行统筹设计、控制和传播,使商业楼宇周围的消费群体以商业楼宇所特有的和专用的文字、图案、字体组合成的基本标志作为顾客和公众识别自己的特征。

第五节 酒店物业管理与服务

一、酒店的概念与特点

(一) 酒店的概念

酒店也称饭店,主要是为宾客提供饮食和临时住宿的场所。为了吸引宾客、方便宾客,现代化的高档饭店配备并向宾客提供舞厅、卡拉OK、游泳池、高尔夫球、台球、保龄球、酒吧和健身房等娱乐及健身设施和服务。

酒店赖以生存、吸引宾客的基础就是优质的服务。20世纪90年代末,我国一些物业服务企业也开始意识到服务的重要性,于是在物业管理日常操作中引入了酒店的一些做法,以期提高物业管理水平,达到提升物业服务企业品牌形象的目的,于是酒店式物业管理应运而生。

(二)酒店的特点

1. 宾客流动频率高

酒店的主要功能:一是餐饮,二是临时住宿。宾客到餐厅吃一餐饭少则半小时(早餐),多则2~3小时(中餐和晚餐)。客房住宿亦是(长期包房的除外),今天来明天走,即使开会也至多一个星期,宾客流动频率高。因此,需要的服务人员不仅数量多,而且专业技术熟练、素质高,这一点在高档酒店管理中尤其明显。

2. 服务时间既短又长

这主要表现在餐饮和其他各种娱乐活动服务项目中,饭店的餐饮一日三餐,对每餐或每批宾客服务的时间看上去是短的。但是,餐厅一天要翻几次台,有的酒店要深夜一两点钟才结束营业,为此,服务时间较长。

3. 卫生管理、服务标准要求高

酒店是为宾客提供餐饮与住宿的公共场所,因此对卫生条件要求特别高。酒店提供的各种食品必须新鲜清洁、无毒无害;餐厅、餐桌、餐具必须经过严格消毒,无尘无污;服务人员必须衣着干净整洁;客房必须按规范要求每天清扫换洗。下榻酒店的人员来自四面八方,对所提供的服务有着各异的需求,这就要求物业管理服务人员具备较高的素质。服务人员从穿戴、化妆到站姿、坐姿,从迎送宾客的礼貌语言、微笑服务到端菜、送菜、报菜名等都有严格的规范要求。

4. 建筑规模大,档次高

为了吸引宾客,现代高档的酒店一般都富丽堂皇,特别是商务会议型与度假休闲型酒店,其主体建筑加上配套设施,多数建筑面积都在10万平方米以上。而且,设计造型各具特色,建筑使用的主要材料、设备如钢材、木材、石材、涂料、电器材料、洁具、餐具以及制冷、供电、空调、监控、供暖、供水等主要设备大多是进口产品。

二、酒店物业管理的组织实施

1. 客人接待服务

酒店一般设有专门接待客人的前台或总台,客人到来时,前台服务人员要主动接待,安排好客人的住宿、吃饭或娱乐等。服务人员的礼仪服务要求包括以下几个方面。

(1)服务人员形象要美,统一着装。男服务员穿西装系领带,女服务员要化妆,淡抹素描,端庄大方。

(2)迎送客人要热情大方、不卑不亢,使用礼貌用语,表达欢迎与欢送之情。

(3)热情服务,有问必答。有客人来时主动接待,客人要办的事如住宿、吃饭或娱乐等都要有着落,对不属于自己职责范围内的事要报告领导解决。

2. 酒店钥匙的管理

(1) 客房门钥匙由前厅总服务台负责管理。在客人办理住宿登记时,由酒店总服务台发给客人,退房时交回钥匙。客人住宿期间丢失钥匙应填写配置调换钥匙登记表,经前厅经理同意、签字并经保安部批准后,方能配置或调换。

(2) 库房钥匙要有专人保管,同时严格执行登记制度。重要库房、保险柜必须采取双人双锁或三人三锁制,钥匙由两个人或三个人分别掌管。

(3) 客房各楼层的总钥匙必须统一放置在前台钥匙柜内,任何人不能将钥匙带出酒店。

(4) 因工作需要,酒店员工需要临时借用客房门钥匙时,必须办理登记和审批手续,并按时交回。

(5) 前台晚班人员清点钥匙并做好记录。如发现钥匙短缺时,应及时做好记录并报告上级主管。

(6) 保安部门负责对酒店钥匙管理的检查和监督,积极配合各部门做好钥匙的管理工作。

3. 酒店建筑及设施设备的养护管理

(1) 做好设施设备的更新改造工作。酒店的物业对设施设备的性能要求较高、变化较快,只有不断地完善设施设备的使用功能才能延长其经济寿命,这就要对物业的设施设备适时地进行更新改造。因此,物业服务企业应帮助酒店制订设施设备更新改造计划,并付诸实施。

(2) 做好建筑及其装饰的养护与维修。酒店的建筑及其装饰是酒店的标志性形象,需加强养护,保持其特有的风貌与格调,切忌破损。

4. 酒店的保洁服务

(1) 做好客房卫生服务。

每天都要按规范清扫、擦拭房间,更换床单、被套、枕巾、拖鞋、浴巾、毛巾和牙具等。及时换补房间内租摆的花卉及小吧台的酒水、饮料等。

(2) 做好餐厅的卫生保洁。

从食品采购开始,要求新鲜,凡能由专卖店购入的食品、饮料,一律由专卖店进货,并应有保鲜期。加工制作要按规范要求并符合卫生标准。餐厅应保持空气清新,温度适中,窗明几净,一尘不染,餐具用后必须清洗消毒。

(3) 其他公共区域的卫生保洁。

其他公共区域主要包括大堂、会议厅、楼道、楼梯、电梯、公共卫生间、楼外广场、绿地、外墙墙面、停车场和娱乐场所等。每个酒店都应设有负责卫生保洁工作的部门,根据酒店和物业服务企业的具体情况制定严格的卫生保洁规范要求、岗位职责、操作规程和标准,具体内容应尽可能细化,便于操作。

(4) 酒店的安全保卫服务。

为了保证宾客的人身、财产安全,物业服务企业应设立专门的保安、消防机构具体负责此项工作,由经过专门培训的保安、消防人员进行管理。保安部应设立监控室,实行24小时监控与巡逻,要害部位应安装自动录像设备。发现隐患及时采取措施,将其消灭于萌芽状态中;万一发生火灾等事故,要按规范要求和程序组织宾客撤离,处理事故,保护现场。

（5）环境绿化管理。

酒店的绿化工作除了对区域内的环境美化外，更主要的是对楼宇内的美化。

（6）多种经营项目管理。

酒店开展的多种经营服务项目，如商务中心、舞厅、台球厅、高尔夫球场、游泳池和保龄球馆等应选派懂专业技术的人才，实行专业化管理。

第六节 工业园区物业管理与服务

一、工业园区物业的概念

工业园区是指按照政府统一规划、建设达到一定规模、基础设施配套齐全、适合生产企业单位集中开展生产经营活动的区域。生产企业单位以工业园区为生产基地，开展产品的开发、研制、生产制造、加工及组装等经营活动。此外，工业园区内还有办公楼宇、生活用房、服务用房设施以及配套的公共设施和相关场地如变电站、污水处理站、停车场、道路和绿化带等。

工业园区物业是指对自然资源或农产品、半成品等进行生产加工，以建造各种生产资料、生活资料的生产活动的房屋及其附属的设施设备和相关场所。

供生产企业、科研单位安置生产设备与试验设备，进行生产活动或科学试验的物业及其附属设施设备称为工业厂房。工厂一般都有储备原材料和储备产品的建筑物，称之为仓库。工业园区是指在一定区域内建造的，以工业生产用房为主，并配有一定的办公楼宇、生产用房（住宅）和服务设施的地方。以上所说的工业厂房、仓库和工业园区等统称为工业园区物业。

工业园区物业与住宅物业不同，工业园区属收益性物业，其物业管理除正常的物业管理外，重点要考虑到物业出租经营状况、客户稳定状况，其管理内容和方式比住宅等非收益性物业管理要丰富和复杂得多。目前理论界对工业园区物业管理的研究比较少。

二、工业园区物业的分类和特点

（一）工业园区物业的分类

工业园区是工业项目集中的地方，根据工业项目对环境的影响情况工业园区物业可分为以下几类。

1. 无污染工业园区物业

物业内的工业项目对空气与水不产生污染，亦无气味、无噪声污染。

2. 轻污染工业园区物业

物业内的工业项目不产生有毒、有害物质，不产生废水、废渣，噪声污染小，无燃煤、燃油的锅炉等设施。

3．一般工业园区物业

物业内的企业项目必须设置防治污染设施。

4．特殊工业区

物业内的工业项目因大量使用有毒、有害的化学品必须设置完善的防治污染设施。

根据生产企业经营工业项目的类别，又可以将工业园区分为高科技工业区、化学工业区和汽车工业区等。

(二) 工业园区物业的特点

1．投资大，投资回收期长

工业园区物业建设需要巨大的资金，从投资决策、规划设计、土地征用、施工建设，到厂房建成投入使用，再到资金的回收，一般需要较长的时间。

2．非流动性强

生产不同的工业产品对工业园区物业的要求是有区别的，再加上一些工业园区物业具有规模大、投资大的特点，使得工业园区物业在房地产市场中交易缓慢，具有非流动性。

3．规划区域大

工业园区一般由当地政府统一规划、统一建设、统一管理，规划占地面积较大，从几平方千米到几十平方千米不等，一般由若干栋厂房及配套用房组成。按使用功能划分，工业园区可分为生产区、仓储区、公用设备区、职工宿舍区和绿化带等区域。新技术革命带来功能更先进的设备，这对原有的技术设备是一个很大的冲击，这一点无疑会增加投资者的风险。因此在远景规划时，投资者应以审慎的态度，通过增加物业的租赁用途等方法尽量防范这种风险。

4．对周围环境容易产生污染

生产企业对环境造成污染主要包括以下几种情况。

(1) 空气污染。

造成空气污染的因素有：直接燃煤，排放过多的二氧化硫气体；机动车排放尾气，经强紫外线照射形成光学烟雾污染；基建扬尘形成尘烟污染。

(2) 水体污染。

工业废水含有大量有毒、有害污染物，进入水体后形成水体污染。

(3) 固体废弃物污染。

固体废弃物污染是指人们在生活和生产中扔弃的固体物质形成的污染。

(4) 噪声污染。

工业企业造成的噪声污染主要有交通噪声和生产噪声。

(5) 电磁波污染。

电磁波污染是指工业生产中的电子设施设备、电气设施设备产生的污染。

5．建筑独特，基础设施齐全，基础设施配套要求高，交通条件好

工业园区厂房通常采用框架结构的大开间建筑形式，室内采光、通风好。房屋抗震性、耐腐蚀性和楼地面承载能力强，工业园区物业内一般有高负荷变电站和污水处理厂，邮电、

通信设施齐全,以满足企业的生产要求。工业园区是生产企业的生产基地,为了使产品生产出来之后能够迅速地销往国内外各地,工业园区一般远离交通拥挤的市区,交通条件较好。

三、工业园区物业管理的主要特点

1. 风险性

风险性是指工业园区物业服务企业在租赁、服务和管理过程中会遇到来自客户、自身管理、外部环境等方面的风险。与住宅类物业管理相比,工业园区物业管理的风险来自更多的方面,如客户的经营状况、遵章守法情况、劳资纠纷和政策等方面的风险,必须靠内容更广泛的综合管理加以规避。

2. 租赁、服务和管理的高度关联性

在工业园区物业管理中,租赁、服务和管理三者环环相扣、相互影响,具有高度的关联性。其中租赁是服务和管理的前提和基础,只有招进客户、稳定客户,服务和管理才有对象;而服务是租赁和管理的必要条件,只有优质的服务才能更好地稳定客户,并吸引更多的客户入园。管理是租赁和服务的保证,规范的管理才能保证园区客户的正常经营,才能得到政府部门的大力支持。三者的关系相辅相成、高度关联。

3. 效益互动性

物业服务企业、业主与物业使用人之间的效益是互动的。工业园区规划不科学、配套设施不完善会影响物业管理的难易程度和物业招租与价格;物业服务企业的管理不到位,势必影响到客户经营,经营不正常,反过来又不能按时足额缴交相关租费,影响业主和物业服务企业的效益。近年来,一些面向国际市场的加工企业,国外客户在下订单时要求提供工厂生产环境条件和工人生活保障措施,这些条件和措施要求工业园区规划合理、配套设施齐全。物业服务企业要提供优良的服务满足各方面的要求,这样工厂才能正常组织生产,也只有客户正常生产才有各方长期的合作。

4. 管理综合性

一是管理的范围广泛,涉及一般的物业管理服务内容、客户的生产经营、员工权益保障和工业园区的生活秩序管理等内容;二是管理的专业性强,如配套设施、消防管理等与生产环节联系紧密、专业化程度高,要求从业人员有较高的专业技能;三是管理的政策性强,如工业园区内承接政府的部分职能,如劳动关系协调和计划生育管理等,都需要管理人员切实掌握国家政策,依政策办事。

5. 企业自律性

正因为工业园区物业管理具备经营风险性、效益互动性和管理综合性,工业园区的物业服务企业才必须以较高标准建立起一套完整的经营机制,在多个环节严格要求自己、约束自己,以确保从开发、服务到经营的顺利完成。

四、工业园区物业管理的要求

工业园区物业管理包括工业厂房与仓库等房屋建筑的管理,以及厂房、仓库以外工业园区地界桩、建筑红线以内的给排水系统、围墙、道路、绿化带等公用设施及场地的管理。工业园区的物业管理是一项难度较大的管理工作,如厂房储存易燃易爆货物与材料容易造成火灾,笨重的机器和存量过多的货物,其重量往往超出楼面结构的负荷,机器开动时会造成震荡,损耗严重,且噪声污染严重,固定资产比例大,维修、养护费用高。

由工业园区管理委员会或工业园区业主结合工业园区的特点、工业园区具体情况以及物业管理的服务需求,制定工业园区的管理规约。该管理规约是工业园区内所有业主与物业使用人必须共同遵守的规章制度,其内容覆盖对物业服务企业、业主与物业使用人对物业的使用、维修和养护要求。

1. 对安全管理和消防工作有更严格的要求

工业园区内地区域较广,建筑物类型繁多,功能各异,生产单位连续作战,生产产品数量大,人员、车辆繁杂,生产区与生活区混杂。此外,各生产企业有各自不同的管理方法,物业服务企业不可能过于干预,只能同各生产企业及生活区的管理单位密切合作。物业服务企业应根据工业园区的规模和保安工作量的大小配备相应的保安员,采取重点保安与一般保安相区别的方式,对重点部门和相对集中的区域要实行24小时巡逻,对财务室、仓库等重点部位要安装报警装置和监控系统。高科技型生产企业从原材料到产品、成品,不仅价格昂贵,而且技术保密性强,一旦丢失或损坏会给企业生产带来很大的损失。因此,必须加强安全防范,建立一套有效的制度,防患于未然。

生产企业会使用和接触一些危险品,如果管理不善,易发生火灾、爆炸事故。因此,物业服务企业要做好危险品的管理工作,定期检查,消除不安全因素。消防管理的基本目的是防止发生火灾,为业主、生产企业、员工和住户等的工作、生产提供安全保证,以预防为主,防火灭火相结合。

2. 要求加强对重点设施设备的管理

工业用水、用电不同于生活用水、用电,其耗水量大、耗电量大。停水、停电都会造成相当大的负面影响,尤其是有的企业是连续生产的,一旦发生停电、停水就会带来巨大的损失。因此,工业厂房必须保持持续的供水、供电,如果确实因维修、抢修而需要临时中断时,必须要提前做好安排。

3. 对保洁、绿化等常规性服务标准要求高

由于使用功能的特殊性,有的生产用房难以保持清洁;有的工业厂房要求清洁度相当高,甚至要求车间内一尘不染。因此,对不同的工业厂房应有不同的卫生保洁制度和方法。对难以保持清洁的工业厂房应勤清洁、勤清理和勤清扫。对清洁要求高的厂房平时要采取高新保洁技术,保护好厂房设施设备。同时,做好对工业垃圾和生活垃圾的分离及处置工作,尤其对有毒有害的工业废弃物更要做好妥善的处理。绿化方面应根据工业厂房的生产特点种植一些适合排除工厂异味和废气的植物,能够为员工的工作、生活、娱乐提供一个优美的环境。

4. 对物业管理的专业性要求强

各类生产企业有其各自的生产设施设备,专业性强。这就要求物业服务企业了解不同

行业的有关知识,有针对性地制定具有权威性和约束力的管理规定,养护好工业园区物业辖区内的设施设备,维护工业园区物业辖区内正常的生产经营秩序。

五、工业园区物业管理的组织实施

(一)制定严格的管理制度

(1)工业厂房与仓库的管理规定。
(2)各个岗位的工作职责与操作规定。
(3)机器设备的安装、管理和使用规定。
(4)材料领取、加工、检验和耗用等规定。
(5)产品入厂、入库的规定。
(6)成品发货出厂、出库等制度。
(7)安全保卫制度。
(8)消防制度。
(9)根据工业园区物业的具体情况以及物业管理服务的要求制定管理规约。

(二)工业园区厂房和仓库公用部位的管理

(1)厂房和仓库等公共场所,工业企业不得随意堆放物品。
(2)加强对企业员工爱护公共部位及维护公共场所清洁卫生的教育。
(3)工业企业不得以任何形式占用公用部位,不可占用园林绿地。
(4)为确保厂房和仓库的建筑安全、消防安全和人员安全,工业企业不得在规定范围内的基地上或屋顶、外墙、技术层搭建和安装设备。若在外墙或屋顶设置企业标志和广告,应事先向物业服务企业申请,经批准后方可实施。

(三)工业园区厂房和仓库的内部管理制度

(1)因用水、用电不当而给其他企业造成损失的,其损失由责任者承担。
(2)工业企业根据生产需要,对厂房和仓库进行分割改造和内部安装设备时,不可损坏楼面结构和超过楼面允许的载荷。工业企业施工前应向物业服务企业提供图纸,并取得认可,施工时接受物业服务企业的监督和管理。
(3)工业企业的工业废弃物要妥善处理,不得随意倾倒排放,可以由物业服务企业集中处理。
(4)工业企业应按照楼层的承受负荷要求放置设备和货物。如有超载放置,物业服务企业有权要求修复到正常状态,由此造成的损失由责任企业承担。
(5)未经允许,不得擅自改变物业的用途和功能。除经公安部门批准同意设立专用库房外,禁止在厂内堆放易燃、易爆、有腐蚀性的危险品和有害物品。

(四)工业园区物业设施设备的管理

工业园区物业设施设备大体可分为工业生产专用设施和设备、工业生活共用设施和设备以及工业园区物业附属设施和设备三大类。工业生产专用设施设备由工业企业自管,工业生活共用设施设备以及工业园区物业附属设施设备可委托物业服务企业管理。

(1) 物业服务企业要定期对道路路面加以维护,保证其完好,以便工业企业的正常使用。道路上不得随意占用、堆放原材料和其他物品,以保障道路畅通。

(2) 维护工业园区物业辖区内各种公共标志的完好性。这些标志为进入辖区内的车辆和人员提供向导和警示的作用。因此,需要经常地、定期地进行检查、维护及核对,及时修复或更换破损的标志或已作了内容调整的标志。

(3) 工业园区内的地下管线包括热力管线、燃气管线、生活污水管线、生产废水管线、电力管线、自来水管线和雨水管线等,其所经过的上方应设置明显标识,以防止因重载车辆的碾压和施工对管线造成的意外损坏。物业管理服务人员要定期对这些管网进行检查、测试及维护,以保证这些管线的正常使用。

(五) 工业园区物业的环境管理

1. 工业园区物业内环境污染的防治

环境污染的治理包括防与治和预防为主、治理为辅两个方面。

(1) 空气污染的防治。

尽可能消除扬尘,减轻工业园区物业辖区内空气中二氧化硫气体和机动车尾气的含量。提示工业企业改变能源结构,减少直接燃煤的比例;硬化地面,减少尘土;绿化净化空气中二氧化硫和机动车尾气;限制车辆驶入,减少尾气排放。

(2) 水体污染的防治。

禁止和防止工业废水排入;在工业园区物业辖区内的沟渠、池塘里饲养水草、种植荷花以净化水体。

(3) 噪声污染的防治。

绿化可以消声、防噪,美化环境;限制车辆进入工业园区物业辖区,同时,区域主路可以采取曲线型限制车速。进行技术革新改造,减少噪声。

(4) 固体废弃物污染的防治。

建立垃圾分类收集系统,做到从工业园区物业辖区及时输出或处理。有条件的自己处理,没有条件的应把垃圾送到城市垃圾处理中心集中处理。

(5) 电磁波污染的防治。

绿化能防止和阻碍电磁波的穿入,减轻电磁波的直接影响。

2. 绿化和保洁工作

绿化能改善工业园区内的小气候,并美化人们的工作、生活环境。

(1) 工业园区物业内绿地的类型有公共绿地,包括工业厂区、生活区域、文化活动场所的绿地;公共场所、公共建筑及公用设施绿地;宿舍、住宅及庭院绿地;道路及广场绿地。

(2) 工业园区物业内环境卫生要注意"扫"和"防"结合,道路要天天清扫、洒水。公共场所必须设置卫生桶、卫生箱,垃圾要日产日清,制定纠正不良卫生习惯的措施。保洁人员按分配区分片包干,责任分明。同时,抓好宣传教育工作,加强职工的文明意识和自觉行为。

(3) 认真清理工业园区物业内的违章搭建。违章搭建是对整个工业园区和谐环境的破坏,它既有碍观瞻,又影响人们的生产、生活,还可能带来安全隐患。

(4) 努力建设新型的人文环境。新型的人文环境应该是和睦共处、互帮互助、温馨文明、轻松有序的生产、办公环境等。新型的人文环境可以令员工焕发热情,提高工作效率。

（六）工业园区物业的安全管理

1．安全保卫管理

（1）工业厂房和仓库都要建立严格的值班守卫制度，对人员、产品的进出都要进行认真的检查登记。

（2）无关人员不得进入厂房和仓库重地。

（3）下班后厂房与仓库要严格执行值班、巡逻制度以及其他的安全措施。

（4）严格执行两人以上进入仓库、锁门等制度。

2．消防管理

（1）建立严格的消防制度，配备专门的消防管理人员。

（2）保证消防器材的正常使用，并配有先进的报警设备、工具等。

（3）不定期地组织消防教育和消防演习并制定紧急情况下的应急措施方案。

（4）保持消防通道畅通无阻，一旦发生火灾能及时疏散人群。

3．车辆管理

（1）建立健全车辆管理制度。

（2）将机动车和非机动车分区，并设专人管理。

（3）配置相应的监控、防盗技术设备。

（4）物业服务企业应与车主签订车辆停放管理合同，明确双方的责任。对工业园区的车辆统一管理，对外来车辆也应做相关的规定。

六、当前工业园区的物业管理普遍存在的问题

调查发现，现今大多数工业园区的物业管理还处于"粗放式"的简单管理，没有认识到物业资产经营的战略价值，存在诸多值得重视的问题，主要体现在以下几个方面。

（一）经营意识淡漠，经营方式被动

（1）缺乏针对性的市场分析，无明显的细分市场，从而使得主动的细分市场分析缺乏对象，在实际工作中只能被动地接受市场带来的租价变化。

（2）受高出租率的经营压力及缺乏市场分析结果，造成租赁人员对客户不能有意识地选择和维护，只能以"守株待兔"的方式进行租赁经营，客户结构分布散乱。

（3）缺乏客户开拓能力，对市场上炙手可热的高端客户和核心客户不能进行主动的开发和引进，"抓到篮子里的都是菜"的选择方式使得优质客户难以成为关键驻商，同时低端客户的进驻降低租赁的整体品质，导致后续的租价持续走低和优质客户远离。

（4）没有品牌或品牌认知度较低，没有利用地理位置的优越性或规避地理位置的不利性，没有融入周边环境中，没有依托环境的影响力，没有借用外力来提升自己物业的价值和品牌度。

（5）客户服务意识不强，客户服务不到位，租赁合同完成后，基本未对客户进行主动、定期的跟踪、回访和维护，未能及时关注客户的动态和变化，从而未能有效降低欠租和逃租发生的概率。

以上问题最终的结果就是物业价值降低，租金逐年下降，出租情况不理想，极大地降低

甚至丧失了物业的资产经营价值。

（二）被动性管理，浪费资源，加大内耗

大部分企业对租赁物业的管理采取的都是"记账式"的思路，割裂了管理环节之间的联系，使管理呈现出一种分散不清晰的状态，其最大的问题就是不能有效地利用资源，容易造成资源的浪费。

(1) 在财务管理上，采用现金方式收租金，不仅占用过多的人力资源，而且加大了发生事故的概率，且每月都会发生客户欠租，引发应收账款管理的问题。

(2) 物业管理与物业经营谁主谁辅，关系理不清，容易相互扯皮、互相推诿，不仅会带来管理上的失误，还会加大内耗，损失效益与利益。

(3) 在维护方面，"坏什么修什么"，租赁维修费用大部分用于被动维修。设备的老化和更换，未将有限的维修资源配置到最能带来收益的物业维修上。这样管理的结果是客户满意率低，经营风险加大，维修成本没有合理的控制体系，资源消耗大，收益却不明显。

七、发挥资源效能，提升工业园区物业管理的效率

企业的成功在很大程度上是基于企业将它的资源转化为产出的效率。提升工业园区的物业管理效率，必须发挥资源的最大时空价值，提高资源利用的深度与广度，并且必须做到各类资源整合互动，相互匹配、相互促进，才能最终形成企业的核心能力和竞争优势，也才能获得优良的经营效益和管理效率。

（一）根据环境区位资源，找准市场定位，引进优质客户

环境区位资源对工业园区的经营至关重要。经营者必须根据国家政策导向和工业园区所在的地理位置、区位特点有针对性地进行市场调研，对潜在的目标客户进行分析，以此来确定工业园区的发展定位和招商对象范围。

确定工业园区的定位后，要及时发布招租方案，供有意租赁者了解工业园区招商招租的基本信息。与此同时，要通过报刊、电视、互联网等发布广告，或者参加专业的洽谈会、展销会和交易会等进行宣传推介，目的是让有意者知道招商的信息。当有客户上门洽谈时，要安排他们到现场参观，进行实地考察，对他们提出的问题进行答疑，并建立客户信息档案。经过多次接洽，确定重点客户后，要对客户的企业性质、产品类型、企业规模、企业信用和投资背景等方向做进一步的评估和核实，通过后再进行合同谈判。

（二）导入 CRM 理念，整合多方资源，提高经济效益

CRM 是客户关系管理(Customer Relationship Management)的英文简写，它是一种遍及整个企业的商业策略。CRM 围绕客户细分来组织企业，鼓励满足客户需求的行为，并通过加强客户与供应商之间联系等手段来提高盈利、收入和客户满意度的。

在工业园区经营中导入 CRM 理念，重点要做好以下五个方面的工作。

(1) 及时建立客户档案，掌握客户的基本情况，这是实施 CRM 理念的基础。以此为平台，分析其经营的主要风险来源及对履行合同的影响；定期(每月、每季、半年)对客户履约能力进行评估，包括对经营状况、员工工资发放、租费缴交和其他债务状况等进行了解，做出综合评估，以此判断客户在履约方面是否存在风险、风险有多大。

(2) 加强客户沟通,做好规范服务,帮助客户解决力所能及的事情,努力提高客户满意度。除开展工业园区的正常物业管理外,还要针对不同客户的特点有针对性地开展个性化服务。特别在物业维修方面更要提前做好调查摸底,制订维修计划,消除"坏什么修什么"的现象。

(3) 加强租费管理,根据各客户履行的情况,对各客户的风险情况进行分类(安全期、风险期和危险期),并分别实行不同的管理。对处于安全期的客户,实行正常管理;对处于风险期的客户,实行"黄灯"管理,密切关注客户的经营情况、货物进出情况和资金周转情况,分析拖欠款的原因,与客户商定具体清缴租费事宜;对处于危险期的客户,要实行"红灯"管理,应采取限制进出货、停止报关业务、终止合同和法律起诉等强制措施收款,尽量减少出租方的损失,并根据情况的严重程度采取不同的措施,迫使客户尽可能缴交租费。

(4) 定期对客户信息进行统计分析,为企业设计和优化业务流程、识别不同客户的价值差别化和需求差别化,从而针对不同的客户采取不同的服务方式提供信息支持。

(5) 为客户提供有效的物业管理。对工业园区的客户来说,园区内保持整洁、安全,电梯正常运行,设备正常运作,并且建筑物维修良好,是他们对物业管理的基本要求。实践证明,物业管理已经成为提升工业园区竞争力的有效手段,也是维护和提高物业价值的根本途径之一。

(三) 强化风险管理,确保资源安全利用

工业园区的主要风险来源于三个方面。一是消防安全风险。工业园区内厂房多,是火灾易发区和高发区,消防安全风险隐患比较大。二是治安安全风险。工业园区内工厂多,是一个"小社会",外来务工人员来自不同的地方,构成复杂,治安问题比较突出。三是社会安全风险。因工厂老板欠薪而引发劳资纠纷,处理不妥将影响社会稳定。

针对这些特点,园区经营者要防患未然,强化风险管理。工业园区的三大风险控制主要靠预防和转移措施。如对于消防安全风险,要普及各类安全消防知识,加强各工厂员工的安全消防能力培训,配备各类安全器材,并时常加强巡查和定期检查,发现隐患及时整改,以此从源头上加强预防。对于治安安全风险,要加大教育疏导力度,加强治安巡防,发现苗头及时化解。对于劳动纠纷,要在引进客户时就高度重视,要引入正规的公司制企业,这类企业即使老板逃匿,所欠的工资也可通过政府的欠薪基金赔付。同时要加强对工厂经营情况的监控,掌握员工工资发放情况,及早做好防备工作,确保工业园区的稳定和谐。

4. 发挥资源最大时空价值,实行综合经营

工业园区拥有大量的厂房、配套宿舍等不动产,具有价值重、土地稀缺性、特殊的价格形成机制(级差地租)和外部经济性等经济特性。这些资源不仅可以用于正常的租赁经营,获得稳定的现金回流,还可以发挥其最大的时空价值,获取更大的利益。一是可以为工业园区各工厂员工提供诸多配套服务,如饮食娱乐场所、购物商场、邮政、电信和银行等,工业园区的物业不仅是一个价值的载体,而且逐步成为提供服务、创造财富的一种手段。二是物业抵押贷款融资、厂房宿舍等资源具有固定性、耐用性和保值性等特点,为贷款人提供了很好的抵押担保,而且这种担保具有期限长、位置固定和产权记录持久等特点,可以为投资者带来诸多好处,如降低投资风险、利用抵押贷款利息来享受税额减免的优惠待遇和实现财务杠杆效益等。三是可以利用工业园区的物业进行不动产的资本经营,包括物业资产重组、收购、转让、房地产投资基金和不动产证券化以及不动产经营的内部管理等经营活动,提升企业价值。

第七节　高校物业管理与服务

一、高校物业管理的概念

高校,即高等学校,是指对公民进行高等教育的学校。高校的建筑大体有办公楼、教学楼、实验楼、宿舍楼、食堂、体育馆、礼堂、购物中心、操场和停车场等物业。高校物业管理要坚持以优质的服务、科学的管理、良好的信誉、规范的形象为基础,树立品牌意识和精品意识,从而赢得学校和广大师生的信赖,努力做到"让学校满意,让老师满意,让学生满意"。高校物业管理既包括管理,又包括服务。管理的对象是物,包括高校的楼体、设施、设备和场地等;服务的对象是人,受雇于学校、服务于师生。高校物业服务企业要生存,就必须以学校、师生的需求为导向,即业主的需求为导向,不断提高服务水平,向服务要效益。"满足业主需求、提供优质服务"是高校物业管理的关键。

高校物业管理是指物业服务企业运用现代经营手段按合同要求对已投入使用的高校各类物业实施多功能、全方位的统一管理,为物业的产权人和使用人提供高效、周到的服务,以提高物业的经济价值和使用价值,创造一个安全方便的居住环境和工作环境。

二、高校物业管理的特点

作为一种新型的物业管理模式,高校物业管理有着和社会物业管理相似的地方,也有着区别于其他的物业管理的特点。

(1) 保洁的面积占整个建筑总面积比例较大,且保洁难度大、要求高,需要很强的技巧性和明确的作业流程。

(2) 工作时间段明确,它要求物业服务企业的保洁、保安、维修工作都要配合学生的作息时间,要做到零干扰服务。

(3) 大学生人员密集,产生的生活垃圾量较大。

(4) 人员流动性大,安全防范难度大。

(5) 维修工作频繁,学生人数较多,设备的使用率与破损率都较高。

(6) 服务工作必须人性化、精细化。

(7) 作息时间相对固定,管理时段性强。学校有寒暑假,在校时学生的作息时间相对比较固定,管理的时间性要求比较强。

(8) 对设施设备的安全性要求很高。学校是青年集中的场所,他们充满活力、行动敏捷、动作幅度大,相对而言,对设施设备的坚固性、耐久性和安全性要求高。

三、高校物业管理的组织实施

(一) 学生公寓的管理

1. 安全管理

(1) 制定学生公寓安全管理工作目标、方案和措施,保证消防器材的正常使用。

(2) 定期组织安全教育活动,抓好各方面安全工作的落实,及时发现和解决不安全问题。可以利用谈心、板报和表扬等形式对学生进行思想教育。

(3) 充分发挥学生的主观能动性,以寝室为单位,抓好各项安全制度的落实,并由寝室长配合物业服务企业全面负责本寝室的安全工作。

(4) 向学生提出明确的安全要求,如不准在公寓内使用大功率加热器,不准在公寓内乱拉私拉电源线、电话线和网线;不准在公寓内吸烟、点蜡烛、焚烧垃圾和废纸、信件等;不准乱动消防器材和设施,不准往窗外扔物品等。

2. 住宿管理

(1) 寝室成员办理住宿登记卡和床头卡,并将床头卡按要求挂在指定位置。

(2) 要求学生按时就寝,如有特殊情况,需要向公寓管理人员请假。

(3) 学生不准擅自调整寝室,如有需要,应按相关规定要求进行调整。

(4) 严禁私自留宿外来人员,如遇特殊情况需留宿,必须携有关证件到公寓管理部门按规定办理手续。

(5) 对学生公寓进出楼的来访人员验证登记,禁止无证来访者及推销商品者进入公寓。

3. 卫生管理

(1) 物业服务企业负责公寓楼外周边的卫生保洁和楼内大厅、走廊、卫生间、洗漱间、楼梯以及公共部位的暖气片、灭火器、门窗等处的卫生保洁。

(2) 监督管理各寝室内部卫生,物业服务企业应专门成立考评小组,制定完善的考核体系,每周不定期、不定时地检查各寝室的卫生情况,促进学生寝室内部卫生管理。

4. 公共关系管理

学生公寓管理要处理好物业服务企业、学校和学生三者之间的关系,要建立三者共同参与、相互协作的关系。由物业服务企业和学校组成学生公寓管理委员会,物业服务企业负责学生生活后勤的保障和资产运作,为学生提供良好的后勤服务保障;学校负责学生的思想政治教育与学习管理,提倡学生民主管理,定期召开各种会议,收集学生意见、反映、建议和要求,参与决策和管理,真正形成促进学生全面发展的良好氛围。

(二) 教学楼的管理

1. 教学楼内外的卫生保洁

(1) 按要求清洁教室、大厅、走廊、楼梯、电梯、厕所和道路等公用地方,做到无污迹、无水迹、无废弃物、无杂物、无积水和无积雪。

(2) 为屋顶、墙角除尘,做到墙面无灰迹、无蜘蛛网。

(3) 常规性保洁可安排在上课时间或课后。保洁人员工作时要轻、要快,工作性交谈也尽量小声,不可干扰教学。

(4) 每天上课前,教室内必须擦拭黑板、黑板槽和讲台,拖净讲台踏板,掏空讲桌内的垃圾,各种教具摆放整齐有序。

2. 设备的管理

(1) 每天检查门、窗、桌椅、灯和开关的完好情况,发现损坏及时修理。

(2) 每天检查各楼层,注意电线等设施设备是否有损坏,同时记录需修理的电灯、线路,并及时维修,保障电的正常供应,如发现停电,要立即抢修,确保及时供电。

(3) 保证空调的正常使用,检查地漏、下水管道是否通畅,确保无堵塞、外溢现象,检查厕所内设施的完好情况,发现问题及时维修。

(4) 保证电子教学设施设备的完好和正常使用。

(5) 楼内要备有应急灯和手电筒,以备急用。

3. 环境管理

(1) 协助学校做好绿化美化的总体规划和设计,在实施校园绿化总体规划过程中,根据校园内天然的地形地貌,逐渐形成树木、花草兼观赏树木的阶梯式绿化美化格局;做好花坛绿地等集中地段的绿化美化工作,做到绿化图案美观,密度合理,时间适宜,以美化校园环境。

(2) 及时完成绿化带内缺株树木的补栽和花草的更换,特别是要及时对老化树木进行修枝,保证学生安全。枯死树木淘汰后应及时补栽,确保整体协调。

(3) 保证绿地卫生,清除纸屑、烟头、石块等杂物,禁止践踏草坪。

(4) 根据实际需要建设多种建筑小品,如石桌、座椅、休息亭廊和假山等,既可美化环境,又可供学生课后休闲使用。

(5) 教学楼内的墙壁上可装饰艺术品、字画等,保持其卫生干净,烘托学习气氛,为师生提供一个清新、优美而典雅的良好环境。

四、高校物业管理中应注意的问题

高校物业管理的服务对象既是物,也是人,而且它更突出对物的良好管理,为师生提供的良好服务。高校物业管理应注意以下问题。

(一)"满足业主需求,为广大师生提供优质服务"是高校物业管理的立足点和生命线

高校物业管理的目的就是为了满足业主(包括学校和师生)对工作环境的要求,对保洁、绿化、维修服务以及特约服务的需求。概言之,高校物业管理是"始于业主要求,终于业主满意"。高校物业服务企业和员工只有满足了他们的当前需求,他们才会对物业服务企业产生信任,进而才会有进一步的需求,从而,高校物业服务企业才能不断地完善服务类别和职能,才能不断地发展和壮大。服务贯穿在整个高校物业管理的工作当中,因此,满足业主需求是高校物业管理生存和发展的立足点,提供优质服务是高校物业管理的"生命线"。

(二)制定好高校物业管理优质服务的标准

高校物业服务企业与业主之间的一切往来都是在为学校、师生服务。优质服务的具体标准表现在以下几个方面:

(1) 高校物业服务企业上下各部门员工都与业主友好相处,对师生的问询以及师生碰到的难题迅速做出反应;

(2) 及时回访学校各部门、分院、师生,根据服务需求,调整服务内容;

(3) 尽量为每位业主提供有针对性的个别服务;

(4) 对服务质量做出可靠承诺,尽量满足业主的需求;

(5) 与业主交往中表现出礼貌、体贴和关心;

（6）永远诚实、诚信、尽责地对待业主。

在高校跨越式发展的背景下,高校物业服务企业起步晚、管理弱,如何提高服务水平,做到管理、服务齐头并进,把握市场机遇,发展壮大高校物业服务企业,"满足业主需求,提供优质服务"是关键。

（三）如何更好地为广大师生提供优质服务

1. 建立和完善各项高校物业规章制度

一是建立和完善学校房屋及维修管理的规章制度;二是建立和完善学校设施设备管理的规章制度;三是建立和完善环境卫生管理的规章制度;四是建立和完善秩序维护、消防管理的规章制度;五是建立和完善覆盖学校各类物业的规章制度。

通过这些规章制度的制定与施行,使高校物业管理的管理、服务、经营和收费等各方面各环节做到依规管理和运作,使高校物业管理竞争得以有序化、规范化。

2. 树立"客户满意(Customer Satisfaction,CS)"的企业价值观,导入CS评价体系

导入CS评价体系,就是赋予传统意义上的"服务意识"以时代的精神,要求高校物业服务企业主动进行换位思考,以"客户满意"作为企业文化的精髓不断地向员工灌输,激发员工实现客户满意的积极性和创造性,使"客户满意"成为高校物业服务企业一切经营活动的出发点和归宿。

3. 关注科技进步,提高管理服务水平

当代科技的发展速度很快,日新月异的技术进步会越来越多地应用到物业建设和物业管理中来。面对新技术的挑战,高校物业服务企业必须重视各类专业管理技术的掌握,从劳动密集型向技术密集型转变,不断更新、学习新的管理服务技术,适应现代物业管理的技术要求,加强管理技术的学习,努力提高管理技术水平,这样才能保证自己的管理实力始终与物业设备的科技进步同步。

4. 加强与业主的沟通,加大物业管理的透明度

与业主的充分沟通,首先有利于掌握业主的需求、服务评估和改进意见,提升管理服务水平;其次有利于物业服务企业的长远发展,不仅能够保住其在管项目,同时还可以去争取新的项目,并形成良好的口碑。通过双向沟通,相互理解,互相关心、支持和帮助,实现"业主满意""企业发展"的双赢目标,可以较好地解决"企业与业主"之间的矛盾。加大物业管理的透明度则是要充分调动业主的积极性,让他们自觉参与物业管理,使业主和高校物业服务企业一道积极参加物业管理活动,增强高校物业管理的凝聚力。

5. 大胆进行服务创新,研究业主需求,拓展延伸服务内容

物业服务企业要研究不同群体不同的服务需求,以和其他相似物业相比照的形式确定服务项目;还要敢想敢做,服务是无止境的,不怕做不到,就怕想不到,谁先想到了、做到了,谁就领先了。

6. 多渠道、多形式加强培训,优化人力资源,增强企业发展后劲

发达、完善的物业管理取决于训练有素的物业服务专门人才,他们不仅要有良好的思想素质,而且要掌握现代管理科学技术,并善于运用于实践。物业服务企业不仅要实行优胜劣

汰的用人机制,更要注意建立一套科学、客观、实用的培训体系,定期以客户满意为标准对员工进行实务技能和职业素养的训练,培养员工的"自我管理"能力,使他们面对客户的不同需求能够真正提供全方位的"周到"(眼到、耳到、心到、口到和手到)服务。

第八节 医院物业管理与服务

一、医院物业的概念

医院是社会医疗保健工作组织体系中最基本的工作机构,是为患者提供医疗服务和进行医学教学、科研的特殊场所。医院物业大体上可分为办公楼、门诊部、住院处、教学楼、宿舍、配电室、机房、库房、锅炉房和停车场等。做好医院的物业管理,首先要清楚医院后勤的功能及运作特点,根据实际情况制定相应的物业管理措施,不断完善物业管理制度,才能做好医院后勤物业管理工作。

医院的基本功能是医治照料病人、增进大众健康和推进医学的进步。其中,对病人开展诊疗和护理,通过医疗与辅助业务密切配合,形成医疗整体,为病人服务是医院最基本的功能和中心任务。作为整个社会卫生工作的一个组成部分,医院处在社会救死扶伤和维护人民群众健康的第一线,也是开展医疗科学实验、医疗保健的场所。医院的后勤保障是医院功能运作中不可或缺的部分和重要保证。

二、医院物业管理的架构

1. 常设机构

从事医院物业管理的机构一般为专业的物业服务企业,实行的是一体化物业管理,组织机构的设置至少要有物业服务项目管理处一级,以下各级和各部门可以根据所承担的物业管理服务的范围和内容相应增减设置。

2. 常设物业管理架构

医院物业服务处、物业服务部、医辅服务中心、机电维修队、保洁绿化队、保安队、导医队、护工队、专业陪护队、商品礼品店、物资配送、餐饮中心和洗衣房等。

三、医院物业管理的特点

1. 工作专业性强

医院每天都会有大量的医疗废弃物产生,这些废弃物携带病菌和有害物质,必须按严格的规定进行分类处理和清运。保洁人员必须执行严格的消毒、隔离和防护制度,防止出现交叉感染的情况。

护工人员的基本素质要求较高,需要和各类病人及医护人员经常接触沟通,这就要求护工人员有一定的医疗、医护知识,清楚突发事件的处理程序。

2. 设备运行具有连续性

医院物业功能的特殊性决定了有些设备需要 24 小时不间断地运行,几乎无法利用停水、停电的方式进行设备维修。这给医院的物业管理工作带来了相当大的难度,无形中增加了物业服务费用的支出。医院设备的维修养护必须做到科学合理,对于不能间断运行的设备,必须保证备用设备的良好适用性,一旦出现故障,立即将备用设备投入使用。

四、医院物业管理的组织实施

(一) 房屋及附属设施设备的维修养护与运行管理

房屋及附属设施设备的维修养护与运行管理主要包括对房屋建筑、中央空调系统、备用发电机、照明系统、给排水系统、制冷系统、电梯、通风系统和污水处理系统等的维修养护和运行管理,保证 24 小时的水、电、气、热供应,以及电梯、变配电、锅炉房和氧气输送系统的正常运行。

为满足临床医疗的要求,后勤设施设备的完好率和安全系数都要达到较高的水平,因此,要求不得出现任何有损业主、患者的安全事故。医院设施设备的维修养护必须适应医疗服务专业性、时效性、稳定、精确性强的特点,根据医疗要求和设备运行规律提高维修的计划性,提高维修效率。在业务技术方面,要求设备技术人员必须具有一定的技术理论水平,又富有维修工作的实际经验,并有独立工作能力和灵活处理技术问题的应变能力。

(二) 安全保卫服务

医院是治病救人、救死扶伤的专业医疗机构,医院的安全保卫工作尤为重要,必须有一个安全有序的环境作为保障,给医务人员提供一个安全的工作环境,使前来就诊的病人感到安全舒适。

(1) 消防无小事,物业从上到下都要给予重视,平时经常巡视,消除安全隐患,一旦发现问题,及时组织有关人员处理解决;要配备专职的消防工作人员,成立义务消防队伍,并不定期举行消防演习。

(2) 保安员要加强对医护人员的安全保护,发生打架、斗殴或医疗纠纷等情况时要及时、慎重地进行处理。

(3) 保安员要有效地开展防盗工作,发现可疑的作案人员,可暗中观察或设法约束,并报告和移交公安机关处理。

(4) 停车场的管理。医院人流量大,车流量也大,一定要规范停车场管理,确保停车场车辆有序停放,行驶畅通。

(三) 保证被褥用品洗涤及供应管理服务

洗衣房担负着医院医护工作人员工作服和住院病人被服的洗涤和消毒工作,要确保送洗被服的清洁和健康卫生,防止院内交叉感染。

(1) 科室回收脏被服要按规定做到分类放袋、分类处理;传染性及带血、便、脓污染的衣物要密封回收;一般病人衣被与医护人员工作服分开回收。

(2) 为防止交叉感染,各类衣物执行分类洗涤原则,回收的脏被服要及时消毒浸泡。

(3) 清洁被服按时下发到科室,双方做好清点登记,每天做好日工作量统计。

（四）环境管理服务

医院物业的环境管理对于医院的形象十分重要，也是防止内部交叉感染的主要途径之一。

（1）严格遵守医疗医护消毒隔离制度。医院是各种病原体大量存在的地方，若有疏忽则极易造成交叉感染。传染病区尤其如此，不能将传染病原带出传染病区。严格区分无污染区和污染区的地拖、桶、扫帚、手套等清洁工具，不能混淆使用。

（2）保持安静的就医环境。环卫人员工作时动作要轻快，更不要高声说笑，工作性交谈也必须小声进行，不可干扰医护人员的工作和病人的休息。

（3）保洁要勤快。医院人流量大，地面、厕所等公用地方容易脏，保洁人员要经常巡查，并发动其他的工作人员，发现垃圾要随时清扫，随时保持清洁。

（4）保洁人员服务态度好。建立首问负责制，遇到病人的提问要耐心解答，自己不清楚的要协助病人找到相关部门解决，切忌一问三不知。

（5）在垃圾处理时要区分有毒害类和无毒害类，定期消毒杀菌。医用垃圾的销毁工作要统一管理，不能流失，以免造成大面积感染。

（6）做好消杀工作。保洁人员应熟练地使用各种消杀药物，熟知作业过程的规范，保证医院内没有虫鼠传播病菌和白蚁侵蚀物业设施。

（7）有效开展对医院公共区域的绿化美化工作，定期对树木和绿地进行养护、灌溉和修剪，保证无破坏和随意占用绿地的现象。

（五）医院的饮食管理

医院的饮食管理功能要满足患者的医疗康复、职工的生活服务和院内的综合服务这三个方面的要求。医院餐饮的服务对象是特定的群体，出品的食物除追求色、香、味之外，更注重营养搭配、医疗辅助作用，要实行制作、销售过程的卫生监管。

（1）配餐员要熟悉治疗饮食的种类，掌握饮食搭配的基本原则，根据医嘱与病员饮食计划，按时、准确、热情地将热饭热菜送到病员的床边。送餐过程中需保持卫生。

（2）提前一天统计第二天的饮食，及时收回餐具，避免损失，便利周转。洗餐具时小心操作，做好消毒，节约用水。每天清洗配餐间、餐车和残渣桶。

（3）配餐员要注意个人的清洁卫生，工作时穿戴工作衣帽和口罩。

（六）护工服务管理

护工服务是医院物业管理的特色，它是对医生和护士工作的延续和补充，是医护人员的得力助手。护工必须掌握必要的专业医疗医护知识，必须遵守医院和公司的各项规章制度及操作规程。

1. 护工的工作内容

（1）负责为病人打开水，协助生活行动不便及卧床的病人进行各种必要的活动。

（2）保持病房整洁，物品摆放整齐。

（3）及时收集送检人的化验标本并取回报告单，急检标本立即送检；递送各种治疗单划价、记账，特殊检查预约和出院病历结算等。

（4）护送病人做各项辅助检查和治疗，特殊危重病人必须有医护人员陪同。

(5) 点收医护人员的工作服、患者的脏被服和病人服,污被服不能随地乱扔乱放。

(6) 认真与洗衣房清点收送给科室的洗涤物品。

2. 专业陪护

专业陪护人员为病人提供专业化、亲情般服务,并作为整体化护理的一个重要补充,是一种新型的护理模式。陪护人员要认真地做好病人的生活护理、心理护理、健康宣教、饮食指导和病情观察等,治疗处置时要协助护士再次做好查对病人用药过程中的反应,发现异常情况及时报告。做好病人的基础护理,落实各项护理措施,预防并发症的发生。

3. 导医、导诊

导医员、导诊员的职责是正确引导病人就诊,为病人的就诊提供方便、快捷、优质的服务。导医员、导诊员要清楚院容、院貌、科室设备、医院设施、专业技术水平和特色专科,做到有礼貌,有问必答,百问不厌,引导患者挂号、候诊、检查,指导最佳就诊系统,合理安排检查项目,指导就诊。

(七) 开设便民服务

根据医院的实际情况开设一些便民设施,如OTC(自助药店)、鲜花店、礼品店、自动售货机和自动饮料机等,既方便就医患者及前来探望的客人,其收入还可弥补物业管理经费的不足。

五、医院物业管理的实施

(一) 环卫工作方面

1. 严格遵守医疗医护消毒隔离销毁制度

医院是各种病原体大量存在的地方,若有疏忽则极易造成交叉感染。传染病区尤其如此,不能将传染病原带出传染病区。医院地面经常受到病人排泄物、呕吐物和分泌物的污染,由于人员的流动量大,要及时清除地面污染,以免造成病原菌的扩散。因此严格区分无污染区和污染区的地拖、桶、扫帚和手套等清洁工具,不能混淆使用,特别要注意的是不仅每个病房的清洁用具不能交叉使用,病床与病床之间的擦布更不能交叉使用,防止病菌交叉污染。凡医院工作人员工作时必须穿戴好工作衣、帽。进入传染病区和肝炎、肠道门诊应穿戴隔离衣、裤、鞋、口罩。对工作服(隔离衣)应定期或及时更换,统一进行清洁消毒。工作人员不得穿工作服进入食堂、宿舍、哺乳室、图书馆和到医院以外的地方。手术室、产房、婴儿室等部门的工作人员应配备专职的清洁员,不准穿该室的衣服到其他的病房、科室。因各个科室的消毒隔离要求不同,可采用日光暴晒、紫外线灯照射、臭氧消毒及用各种消毒溶液擦拭、浸泡等方法进行消毒。各个科室要制定详细的清洁卫生制度及作业指导书,并严格执行。还要做好医用垃圾的销毁工作,医用垃圾要统一管理,不能流失,以免造成大面积感染。

2. 保持安静的就医环境

医院是人们看病养病的地方,需要保持肃静。保洁人员工作时动作要轻快,不要高声说笑,工作时交谈也必须小声进行,不可干扰医护人员的工作和病人的休息。

3. 保洁要勤快

医院人流量大,地面、厕所等公用地方容易脏,保洁人员要经常巡视,并发动其他的工作人员,发现垃圾要随脏随扫,随时保持清洁。

4. 服务态度好

因医院的服务对象大多是前来就诊的患者,他们有病在身,大多心情不太好或行动不太方便,因此工作人员必须做到耐心、细心,还要虚心地听取各方面的意见并加以改进,这样才有利于工作的全面开展。建立首问负责制,遇到病人的提问要耐心解答,自己不清楚的要协助病人找到相关部门解决,切忌一问三不知。

5. 提高警惕维护安全

医院是公共场所,难免会有医托、小偷等混杂其中,工作人员要时时提高警惕,发现有可疑情况时应及时报告相关部门并协助处理解决。

(二) 消杀工作

消杀工作主要是除四害。由于老鼠和蚊子是多种病菌的主要传播途径,所以医院的消杀工作和保洁工作具有相等的重要性。消杀人员须熟悉院区环境,掌握四害常出没的地点,熟练地使用各种消杀药物,熟知作业过程的规范,保证医院内没有虫鼠传播病菌和白蚁侵蚀物业设施。要做好医护人员的工作服及病人服、床上用品的消毒管理,还要按照国家相关法规做好污水、污染和尸体的处理工作。

(三) 医院的饮食管理

1. 医院饮食管理的特点

现代医院餐饮管理追求的不仅仅是食物的外在质量和内在质量,还包括医院的社会服务的附加值。它的作用不仅仅使顾客本身受益,还包括医院的社会公众形象,以及医院对服务对象的感召。所以说,餐饮管理在现代医院管理中扮演着越来越重要的角色,这是不容忽视的。

2. 营养配餐工作管理

(1) 配餐员在营养食堂管理员的领导和病房护士长的指导下,负责做好病人饮食的供应工作。

(2) 配餐员要熟悉治疗饮食的种类,掌握饮食搭配的基本原则,根据医嘱与病员饮食计划,按时、准确、热情地将热饭热菜送到病员床边。送餐过程中需保持卫生。

(3) 负责提前一天统计第二天饮食及时收回餐具,避免损失,便利周转。洗餐具时小心操作,做好消毒,节约用水。

(4) 虚心听取病人的意见,并向领导反映,及时改进。

(5) 了解患者的饮食习惯,将注意事项记录在案,加强完善下次饮食的服务质量。

(6) 每天清洗配餐间、餐车、残渣桶。

(7) 注意个人清洁卫生,工作时穿戴工作衣帽、口罩。

(四) 医院设施设备的维修养护

(1) 医院设施设备的维修养护必须适应医疗服务专业性、时效性和精确性的特点,根据医疗要求和设备运行规律加强维修计划,提高维修效率。

(2) 医院设施设备分布广,数量大。维修部门必须加强管理,做出合理安排,提高维修及时率。

(3) 医院的设施设备技术标准高。为实现医疗的优质服务,满足临床医疗的要求,后勤设施设备的完好率和安全系数都要达到较高水平,因此对管理水平的要求较高,特别是安全管理方面,要求不得出现任何有损患者的安全事故。

(4) 维修技术人员的素质要求要高。在业务技术方面,要求设备技术人员必须具有一定的技术理论水平,又富有维修工作的实际经验,特别需要具备一专多能的素质,并有独立工作能力和灵活处理技术问题的应变能力。

(5) 维修部门要有切合实际的工作方法和有效的再教育培训措施,要制定出现紧急情况时的应对措施。

第九节　交通类物业管理与服务

一、交通类物业的概念

交通类物业是指与交通运输有关的各类路面、轨道、隧道、房屋及与之相配套的附属设施和相关的场地。

对于交通类物业实行专业化的物业管理,目前在我国物业服务企业开展得还不多,还没有成熟的管理模式和成功的服务经验。要做好交通类物业的物业管理,首先必须了解此类物业的特点,然后结合实际采取有针对性的管理服务措施。

二、交通类物业的分类

(1) 地面交通,如公路、车站、机场、码头、高速公路、桥梁和停车场等。

(2) 轨道交通,如铁路和地铁等。

(3) 与交通有关的物业,如铁路机务段、地铁车辆段、交通枢纽、转换层区域、接驳站区域、地铁沿线商业街和商铺等。

三、交通类物业的特点

1. 独特性

每种交通类物业的设施、自身结构、外部环境、主要通行车辆类型和交通运输过程中的重要程度等都有所不同,特别是在科技日新月异的今天,政府或大型公司在进行每一项大型的基础设施建设时均会采用一些国际先进的技术和设备。所以每一类交通物业都有其自身的特点。

2. 耐久性

交通类物业服务于社会的时间较长,一般具有较长久的使用价值。

第十五章 各种不同业态物业管理与服务

3. 建设投资量大

交通类物业大多为政府工程，需要巨额投资，建设周期长、投资量大。

4. 具有形象功能

特别是城市地铁类物业均代表着一个城市的形象和面貌。

5. 保密性、安全性要求较高

某些交通类物业特别是铁路、地铁相关的车辆段物业，对出入人员的检查要求严格，以保证车辆段内设施设备的安全。

6. 交通类物业类型多样

交通类物业并非像住宅小区那样可直接用多层或高层、别墅简单定义。交通类物业可能是住宅、办公、商业和工厂等多种物业的混合搭配，如深圳地铁竹子林车辆段内既有办公用房，又有员工单身公寓、食堂、宿舍，还有地铁维修保养库，更有路轨穿梭其中。

7. 对外联系接口较多

一般交通类物业均为政府物业，各类交通线路还有各自的运营部门，故物业服务企业同时还会涉及与运营部门、公安、城管和交警等多个相关部门的联系。

8. 开放式且人流量大

交通类物业一般属于公共物业，特别是一些交通枢纽地带任何人均可通过，往来人员众多。

9. 突发事件可能性大，影响广

有些公共交通体系为整个城市的主动脉，一旦发生紧急情况，则影响面、波及人数会较多，社会影响会很大。

10. 运输功能的不间断性

交通类物业的使用功能主要为不间断的运输，特别是公路和高速公路，该物业的使用均需保证 24 小时的通畅。

四、交通类物业管理与服务的实施

机场物业、铁路物业、高速公路物业、地铁物业、码头物业和车站物业等交通类物业等在国内物业管理专业实务课教学中被划分为"特殊物业"系列。但无论特殊也好，普通也罢，此类物业与住宅小区物业、工业园区物业、写字楼物业等物业形式的工作相比，确实具有许多特点，如高安全性、高封闭性和高污染性等。正是这些特点决定了交通类物业管理工作存在许多困难与特殊性，像旅客流量大、危险系数高、作业时间长等。限于国内物业服务企业从事交通类物业管理成熟的经验较少，更加缺乏理论的总结，下面仅就机场物业管理与服务的特点和实施难度及对策作为一个典型进行研究与分析。

（一）机场物业管理与服务的特点

机场物业管理与服务主要在航空港内为旅客提供地面服务，机场有各种设施，包括旅客服务设施、生活保证设施和行政办公用房等。旅客服务设施包括售票、登记客票、交通和提取行李、安全检查、海关检查、问讯等柜台，旅客登机设施和迎送厅等，并配备有进出港航班动态显示装置、广播设备和行李分拣装置、行李车等。生活保证设施包括休息室、游乐室、餐厅、卫生间、售品部、邮局、银行、书报摊和出租汽车预订柜台等。机场内部还设置了用于保障的"绿色通道",为广大的航空旅客、旅行社、航空货运代理人和物流供应商提供无缝隙对接服务。随着经济的迅猛发展,各大城市机场年旅客吞吐量翻番增长,航空业的迅速发展有利于在航空方面为市民出行提供便捷的服务。它是城市对外开放的一个新窗口,也是方便群众、服务群众的又一个平台。

因此,机场物业管理与服务有以下特点。

1. 高安全性要求

机场不同于纯粹的住宅小区、商住混用小区以及写字楼,它主要体现在其高度的安全性方面的要求。机场是航空器(飞机)起飞、滑行、停靠和运行的场所。飞机庞大的体积和宽阔的机坪区就足以证明了其造价的高昂,况且它还需要承担每年运载成千上万名乘客的任务,并同时承载着旅客们旅行、经商、考察和探亲等目的和梦想。所以,机场的安全性是不言而喻的。我国的每一个民用机场里几乎都设置了公安、护卫、武警和保安、检验、检疫等安全机构。这些机构每天都在为旅客的安全而忙碌着,用各种手段进行探测,对任何可能对机场和旅客以及国家公共秩序构成安全威胁的因素进行排查。机场全天候工作集中体现着一个目的,那就是在保障乘客安全的同时,保证机场的安全。

2. 高封闭性

从功能和职能上来划分就可以发现,机场实际上是为那些乘机、到达以及从甲地飞往乙地需要在此地中转的旅客提供一个安全、舒适的候机"大厅"。同时,机场也是飞机停靠和维修、检审和加油、上下乘客和迎送乘客的临时"站台"。另外,机场同时也承载着迎送国家领导人、外宾、重要旅客等人士的重要职能。故机场有其明显的高封闭性,不像商场那样可以随便进进出出。但是机场按照相关的规定非常严格地划定了控制区、隔离区、候机区、货运区和维修机区等,这些区域都是封闭性的,只有持专门的和指定的证件的人员和车辆才能进入其中。

3. 高畅通性

为保障旅客的乘机顺利和航班准时以及提高机场服务水平,机场内外均设置了许多专门的通道,如国内通道、国际通道、工作人员通道、绿色通道和残疾人通道等。另外,近几年来,商家冠名的各种候机厅成为机场新的亮点,机场控制区内还专门设置了巡场道、跑道和滑行道。正是这些通道保障了人流和物流的畅通无阻。

另外,为了让旅客上下飞机方便和快捷,机场控制区内还专门设置了廊桥、走道、活动舷梯等专门保障旅客顺利出发和到达的交通设施。为方便旅客,机场内设置了若干个分布在不同区域的卫生间和残疾人卫生间;在国际出发区和国际到达区专门设置了免税商店,并在候机厅向旅客免费提供开水,还设有民族工艺品店、茶叶店、候机酒店等;在机场设置了旅游咨询服务、商务考察服务、贵宾服务、政要候机服务、中西餐饮食服务、医疗急救服务以及其他关乎旅客衣食住行的各种服务。在机场外围还专门为前来送行的客人设置了快车道、公交车道和出租车道等。设置这些通道、卫生设备、商业零售设施的目的就是让旅客按照自己所需,在固定区域内选择自己喜欢的东西和服务,减少因乘机等待带来的烦躁和无聊,保证旅客按照一定的次序上下飞机,减少因机场人流量和车流量大而带来的不便,使旅客在乘机的同时享受到人性化的服务,有贵宾般的享受。

4. 高污染性

这里说的"污染"主要是指人为制造的污染,如噪声、油污、生活垃圾等。这些污染中,首当其冲的就是旅客在整个候机、乘机、咨询过程中因高声喧哗产生的噪声。其次就是旅客在登机和下机时所产生的酒水、油污,如有的旅客携带和托运的一些液体物品往往因包装不牢导致破损,继而形成了污染。再则就是卫生间的污染,有的旅客没有冲洗马桶,对卫生间和卫生间四周造成了人为的污染。生活垃圾污染更是机场污染的重中之重,果皮、烟头、鼻涕、呕吐物和塑料袋等垃圾成为机场的主要垃圾来源。

另外,机场内的驻场单位因提供的服务所产生的垃圾也是机场垃圾的来源之一,如为了向旅客提供延误餐所产生的餐饮垃圾,向旅客提供餐饮和水果、咖啡等所产生的垃圾,向旅客提供吸烟服务所产生的烟头、烟灰等垃圾。

(二) 机场物业管理与服务的实施难度

1. 保洁难度大

机场必须为旅客提供一个干净、整洁、卫生和舒畅的候机环境和到达环境,这也是机场本身的职能所决定的。和安全、畅通、准时一样,保洁也是衡量一个机场文明程度高低、服务质量好坏的标准之一。只有清洁的候机环境、整齐的设备设施、无异味的卫生间才能让旅客在候机和到达的时间里充分享受到机场为他们提供的服务。洁净的机场卫生环境,"碧水蓝天""窗明几净""一尘不染"的机场内外环境是旅客评价机场的重要考量因素。

2. 危险系数大

机场物业保洁还包括了为飞机进行清洗和定期保洁,以及设备设施的维修与养护等工作,这些工作责任很大,工作强度很高,危险性较大。

3. 对绿化要求标准非常高

机场环境复杂,人员众多,污染严重,对绿化要求标准非常高。对物业服务企业的保洁工作、绿化工作提出了许多新要求。如高空玻璃清洗、机舱准点清洁、货舱定时打扫、花卉的养殖、插花盆景和大型绿色植物的维护等工作都是要求较高的工作。同时因为飞机是可移动的物体,随时有移动的可能,这样就给保洁员造成了某种程度上的安全威胁。高空项目的保洁同样如此,楼梯的牢固性、操作员的警惕性都是危险发生的诱因。此外就是货舱,同样给保洁工作带来危险。

4. 安全与卫生的检查标准严

机场作为为旅客提供乘机服务的公共场所,对安全与卫生质量的要求和标准自然是很严格的。如某国际机场历来对物业服务企业的保洁质量有很高的要求。机场物业管理部专门成立了负责检查卫生保洁工作的"质量监察室",对口负责检查、监督并监控保洁工作。其检查标准大到灰尘清除、垃圾收集、污渍清理和玻璃擦洗,小到员工保洁区域的安排、工作计划、区域巡检时间等都是每天必检的内容。每逢重大节假日和迎送重要旅客、贵宾时,这些检查更为苛刻严格。

5. 进场工作人员证件办理难

为防止那些利用进入机场的机会做出危及安全的事情,机场护卫部门对于进入机场的人员和车辆都有一套严格的证件办理程序,如背景调查、理论考试、证件管理、证件知识培训和车辆合法来源证明等制度。从目前的情况看,机场物业保洁行业的员工文化层次普遍不高,对于机场证件不熟悉,更不了解相关知识。曾经有一段时间,控制区证件办理难成了提高保洁质量的障碍。因为没有控制区证件,大部分员工只能在机场控制区外上班,而机场控制区内因辞职、合同到期以及其他因素离开的部分岗位就没办法及时补上空缺。

6. 加班加点时间较长

因为气候和技术以及其他因素的影响,飞机有时不能准时到达目的地,这就带来了另外一个问题,那就是物业保洁部门不得不在员工夜间正常时间下班后,留下少量人员值班,以保证彻底清除滞留旅客所产生的垃圾。在物业服务企业,有的员工每月因此而加班的时间达到数十小时。

7. 员工的文化程度低

在候机楼的物业服务企业的大部分保洁员工都是初高中文化程度。这些人对于企业的规章制度、考勤制度、奖励制度和作息制度等理解得不够彻底和明晰,文化低还体现在对机场知识理解不到位,对企业文化不了解,对现代礼节礼仪不能掌握等方面。

(三) 如何做好机场物业的管理与服务

1. 制定严格管理制度

制度是企业的制胜法宝,没有严格的制度和人性化的管理是谈不上持久发展的。这其中严格的制度包含了两个含义,第一就是遵守企业的制度,第二就是遵守机场的各种制度。只有遵章守纪的员工才能使物业服务企业长期保持和机场的合作关系,才能使机场和物业服务企业双方达到双赢局面。如机场检查制度的严格,本身就是考验员工对保洁工作和绿化工作的熟知程度,以及管理人员称职与否、与机场的配合程度和服从管理监督意识等。

2. 狠抓安全教育

物业服务企业首先应该树立安全第一的思想,要将安全放在所有工作的首位来抓,并且长期坚持对员工进行安全教育,使他们树立牢固的安全意识,只有这样才能尽量避免安全差错和安全事故的发生,减少因此给物业服务企业带来的经济损失以及给员工带来的安全隐患。

3. 实行严格奖惩制度

对那些成绩突出的员工进行奖励,提高其积极性;反之,对于那些违反物业服务企业的规定和机场管理规定、安全程序的人,必须严惩不贷。物业服务企业要制定一套严格的奖励惩罚制度,如年度优秀班组、员工评选制度、奖励休息制度、加班补助制度、过失签单制度和联检扣分制度等,这些制度的制定有利于提高员工的积极性,也是保证物业服务企业长期可持续发展的重要因素。

4. 加强员工外语培训与专业教育

很多的物业服务企业把对于员工的在岗教育当作企业长期发展战略之一,有的企业还成立了自己的企业培训大学,专门培养出类拔萃的人才作为后备力量。因为只有留住优秀的人才,企业之树才能常青。要对员工进行短期或者长期的专业知识培训,以提高其业务水平与工作能力。尤其是机场有大量的外籍旅客进入,迫切需要加强物业服务人员外语口语的培训,以便提供国际化的服务。

5. 提高服务水平与服务能力

机场物业的设备设施与场地智能化程度高,设备先进,建设成本高,维护费用也高,机械化作业的水平比一般物业服务项目要求更高,只有提高员工的服务水平,尤其是服务能力才能适应未来高性能、高流量、高吞吐量的现代化机场管理的需要。

交通类物业每天有大量的旅客出入,而且环境复杂,人员拥挤,污染严重,货物吞吐量大,管理面积大,安全保障要求高,对物业服务企业的各项管理与服务工作将会提出更多的新要求与新标准,未来的物业服务企业将会更多地介入此类物业服务项目,相信其管理经验会更加成熟,管理水平会逐步提高。

第十节 其他类型物业的管理与服务

一、其他类型物业

除了上述几节讨论的住宅小区物业、写字楼物业、超高层建筑物业、商场物业、酒店类物业、工业园区物业、高校物业和医院物业等以外,还有许多类型的物业,如文教娱乐、卫生、体育与寺庙物业等。为了学习方便,我们统称其为其他类型物业,人们一般接触的其他类型物业有以下几类。

(1) 文化类物业,包括学校、图书馆、博物馆、档案馆和展览馆等。
(2) 体育类物业,包括体育场、健身房、游泳馆和网球场等。
(3) 传媒类物业,包括电台、电视台和音像影视制作基地等。
(4) 卫生类物业,包括医院、卫生所、药检所和疗养院等。
(5) 餐饮类物业,包括酒楼、饭店、咖啡屋和啤酒屋等。
(6) 娱乐类物业,包括电影院、游乐场、夜总会和舞厅等。
(7) 宗教类物业,包括寺庙、教堂和宗祠等。

以上的物业有些是公益性的,有些是收益性的。在传统管理体制下,一般为系统管理,在投资、维修和保养等方面由主管部门承担主要责任。在市场经济体制改革中,按照政企分开的原则以及物业管理企业化、社会化和专业化的要求,这些物业可以由主管部门委托物业服务企业进行管理,也可由主管部门按照现代化物业管理模式进行自治管理。

二、其他类型物业管理的特点

1. 服务对象不同

其他类型物业的服务对象首先具有年龄、文化、性格、兴趣和信仰等方面的差别,其次具有滞留时间上的差别。如游乐场各种年龄层次的对象都可能参与,一般在2小时左右,流动性很大,清洁和疏散成为管理的主要对象;宾馆、饭店除了少部分包间外,其余绝大部分都滞留时间较短,其规模和规格差别也甚大,因此服务对象有较大的差异,要能为不同需求的顾客提供服务。

2. 服务需求不同

在某些类型物业中服务场所要求灯光柔和、环境宁静,一般应铺设地毯;医疗卫生场所特别强调通风并配置足够的坐椅,供患者和家属等候使用,并且应该限制住院部的探视时间;影剧院、医院、图书馆和博物馆等区域要有吸烟限制等。

3. 管理要求不同

物业用途不同,其管理侧重点也有差别。如图书馆中的资料、文物对环境保护提出了更高的要求,在防火、防盗、防潮、防尘、防虫、防鼠和防有害气体等方面必须采取专门的有效措施;医院化疗、放射性工作室应作防护测定,并配以警示装置等。

4. 经费来源不同

在其他类型物业的管理中,凡属营业性的,如舞厅、娱乐和健身房等可采取自负盈亏的方式实施管理;半营业半公益性的,如疗养院、卫生所等基本上由主管部门补贴;凡属公益性的,如图书馆基本上依靠财政拨款,同时开展复印、翻译和展览等收费性服务来补贴。

思 考 题

一、简答题

1. 住宅小区的物业管理目标及管理原则是什么？
2. 写字楼物业管理要求有哪些？
3. 商业物业管理的要求有哪些？
4. 工业园区物业管理的要求是什么？
5. 酒店的保洁服务包括哪些内容？
6. 学校教学楼的管理包括哪些内容？
7. 医院护工的工作内容有哪些？
8. 交通类物业的特点是什么？

二、案例分析题

1. 家住某大厦的张女士因不满物业服务企业的物业管理而拒交物业服务费用达半年之久,物业服务企业在多次催交不成的情况下将张女士家的水停了,若干天后,又将电停了。张女士遂向法院提出诉讼,要求物业服务企业停止侵权行为,并赔偿相应的损失,物业服务企业提出反诉,要求张女士支付物业服务费用。

请问：你认为物业服务企业的这种做法正确吗？

2. 某物业服务企业大厦管理处值班经理(保安领班)接到客人投诉,该大厦2号门广场车位上的一辆白色的奔驰轿车,车头上有被划过的痕迹。保安领班接到投诉后,立即与车管员、车主赶到现场查看。经检查,发现该车车头确有一道划痕。该车车主说,19:45停车时轿车车头是完好的。现在车头有了划痕,是广场车管员的责任,要求广场车管员和大厦管理处承担损失。保安领班当即表示,如果此车被划确系停在大厦2号门广场后发生的,大厦管理处应该承担相应责任,但划痕好像是条旧痕,如果拿不出确切的证据证明这条划痕是停车后发生的,要请内行或权威部门的专家来鉴定、确认后,再行处理。

　　车主认可这一建议后,保安领班随即拨打"110"与交警大队取得联系。"110"巡警赶到现场后,对划痕进行了细致的查看和分析:此划痕为深度划伤,已显露了第三层底漆。如果此划痕确系停在大厦2号门广场后出现的,那么划痕垂直下方的地面上一定会留有漆屑。经双方确认,地面没有清扫过,也未见丝毫漆屑;新的划痕两旁也应有漆屑卷边的残余,但现在车头上的划痕边是光滑的。他们得出的结论是此划痕为旧痕。面对这一结论,车主无言以对,面露愧色。保安领班见状不但没有责怪车主有栽赃之嫌,而且充满诚意地向车主致歉,承认自己的工作还有不周到之处。如果车子刚来广场停车时,车管员对车子前后检查一遍,发现划痕,并请车主确认一下,就不会有之后的事情发生。

　　请问:你如何评价该管理处对此事的处理?今后应注意什么问题?